Anhui Sheng Gonglu Shuiyun Zhongdian Gongcheng Xiangmu

安徽省公路水运重点工程项目

Jianshe Zhiliang Guanli Zhinan

建设质量管理指南

（第三版）

尹 平　高学华　等　编著

人民交通出版社股份有限公司
China Communications Press Co.,Ltd.

内 容 提 要

本书系统地分析了安徽省公路水运重点工程项目建设的质量状况和质量管理中存在的问题;全面地总结了安徽省公路水运重点工程质量管理中,特别是开展"高速公路创精品工程""高速公路施工标准化""混凝土质量通病治理活动"以来的好做法、好经验。本书以工程建设项目为研究对象,以项目实施准备阶段、施工阶段、交(竣)工阶段为研究范围,从质量监督管理的角度,抓住影响工程质量的主要矛盾,突出施工质量监管特点,内容涵盖项目程序管理、项目环境管理、施工技术控制和质量通病防治等方面。

本书可供安徽省公路水运重点工程建设、施工、监理单位的质量管理人员使用,亦可供其他省市相关技术、管理人员参考使用。

图书在版编目(CIP)数据

安徽省公路水运重点工程项目建设质量管理指南／尹平等编著. — 3 版. — 北京:人民交通出版社股份有限公司,2016.6
ISBN 978-7-114-13083-0

Ⅰ.①安… Ⅱ.①尹… Ⅲ.①道路施工—项目管理—安徽省—指南 Ⅳ.①U415.12-62 ②U615.1-62

中国版本图书馆 CIP 数据核字(2013)第 250693 号

书　　名:	安徽省公路水运重点工程项目建设质量管理指南(第三版)
著 作 者:	尹　平　高学华　等
责任编辑:	孙　玺　尤　伟
出版发行:	人民交通出版社股份有限公司
地　　址:	(100011)北京市朝阳区安定门外外馆斜街 3 号
网　　址:	http://www.ccpress.com.cn
销售电话:	(010)59757973
总 经 销:	人民交通出版社股份有限公司发行部
经　　销:	各地新华书店
印　　刷:	北京市密东印刷有限公司
开　　本:	787×1092　1/16
印　　张:	14.25
字　　数:	328 千
版　　次:	2012 年 4 月　第 1 版　2013 年 11 月　第 2 版　2016 年 6 月　第 3 版
印　　次:	2017 年 4 月　第 3 版　第 2 次印刷　总第 5 次印刷
书　　号:	ISBN 978-7-114-13083-0
定　　价:	60.00 元

(有印刷、装订质量问题的图书由本公司负责调换)

《安徽省公路水运重点工程项目建设质量管理指南》
（第三版）
编委会

主　　任：何　光

顾　　问：殷治宁

副 主 任：卞国炎　尹　平

委　　员：周基群　高学华　马贤贵　倪良松
　　　　　肖光辉　熊　伟　韩　宁

主　　编：尹　平　高学华

副 主 编：吉小军　王乐远　徐洪海　赵文好

编写人员：尹　平　高学华　吉小军　王乐远
　　　　　徐洪海　赵文好　韩　宁　康家鼎
　　　　　刘　荣　王程兵　魏文江　王　婧
　　　　　丁　涛

统　　稿：王程兵

审　　稿：周基群　马贤贵　倪良松　熊　伟

第 三 版 序

适值"十三五"开局之年,安徽省交通建设工程质量监督局主编的《安徽省公路水运重点工程项目建设质量管理指南(第三版)》(以下简称"《质量指南》3.0版")即将发行,这是全省交通建设工程质量管理工作的一件大事。

理论的意义在于指导实践并接受实践检验。自2012年4月《质量指南》1.0版问世以来,立足项目管理、着眼施工现场,以工程实施准备阶段、施工阶段、交竣工验收阶段为研究范围,从管理的角度,抓住影响工程质量的主要矛盾,系统总结和提炼集成为"安徽经验",其实用性、科学性、先进性、可靠性,立即受到业界领导和专家的高度关注。2013年11月安徽省交通建设工程质量监督局适时修订形成《质量指南》2.0版,被广泛应用于指导安徽省公路水运工程建设实践,为促进全省"十二五"交通建设质量水平整体提升发挥了十分重要的作用,受到全省各级交通运输主管部门以及建设、施工、监理、检测等单位一致好评。

立足新起点,适应新要求。《质量指南》始终坚持在继承中创新,在创新中发展。此次再度升级的3.0版更加突出"工作质量决定工程质量"的管理意识,强调项目管理规范化;更加突出"以人为本"的时代主题,强调项目环境管理标准化;更加突出"现代工程管理"的要求,强调施工精细化;更加突出安徽地方特色,体现以"勇于挑战的创新精神,精益求精的严谨态度,操作行为严于规程、质量指标高于标准的执着追求"为主要内涵的"安徽精度"。用好《质量指南》,全面理解其内涵,准确把握其要义,充分发挥其对全省"十三五"交通建设的指导作用,意义重大。

坚持新理念,打造"品质工程"。当前在交通建设投资多元化、工程管理模式多样化等新形势下,公路水运质量管理工作面临着转变政府职能、强化事中事后监管,以及质量管理的压力、难度和责任不断增大。广大的工程质量监管者,一定要以"创新、协调、绿色、开放、共享"五大发展理念为指导,以践行"安徽精度"为己任,以问题为导向,进一步加强项目管理,不断提升工程内在质地和外在品味,合力打造"品质工程"。

"十三五"安徽公路水运工程建设的蓝图已经展开、目标已经明确、进军的号角已经吹响。新征程中,愿《质量指南》3.0版能为大家提供有益的帮助,为打造"综合交通、智慧交通、绿色交通、平安交通、法治交通、文明交通",构建"畅通安全、布局合理、衔接高效、绿色智能、文明和谐"的现代综合交通运输体系作出应有的贡献。

安徽省交通运输厅巡视员:

2016年4月6日

第 一 版 序

质量问题是经济社会发展的一个战略问题,关系可持续发展,关系人民群众切身利益,关系国家信誉和形象。改革开放以来,党中央、国务院制订实施了一系列政策措施,质量发展的社会环境逐步改善,初步形成了中国特色的质量发展之路。党的十七大报告又提出了"以质取胜"、"确保产品质量和安全"、"实现速度和结构质量效益相统一"的发展要求。2012年2月国务院印发的《质量发展纲要(2011~2020年)》把"重大建设工程的耐久性、安全性普遍增强"、"工程质量通病治理取得显著成效"、"人民群众对工程质量满意度明显提高"列为建设工程质量发展目标。

交通基础设施是一种特殊的公共产品,具有极强的公共性和社会性,"质量可靠、安全耐久、环境协调"是其最基本的内在要求。"筑放心路、造百年桥",更好地满足广大人民群众的出行需求,是当代交通人的不懈追求,更是义不容辞的职责!

现代管理科学中有一个概念叫"木桶理论",亦称"短板效应"——一只木桶盛水的高度并非取决于最长的那块木板,而是取决于其中最短的那块木板。同理,人民群众对交通建设工程质量的满意度,乃至对整个交通运输行业的满意度,不仅取决于交通建设完成投资额,更取决于有无"豆腐渣"工程。如何对建设工程质量实行有效监督和管理,提高人民群众对工程质量的满意度,是摆在广大交通建设者面前的一项艰巨任务和光荣使命。

安徽省交通建设工程质量监督局组织编写的《安徽省公路水运重点工程项目建设质量管理指南》(简称《建设质量管理指南》),突出建设工程质量管理内在规律的分析研究,找准了质量管理中的"短板"和"长板";突出"工作质量决定工程质量"的管理意识,强调项目管理规范化,进一步规范建设各方行为;突出"以人为本"的时代主题,强调项目环境管理标准化,明确项目环境建设标准和实施要求;突出"现代工程管理"的要求,强调施工精细化,提出各专业关键环节的施工技术控制意见;突出安徽地方特色,强调质量通病防治的可操作性,提出了针对性的预防和治理措施。

《建设质量管理指南》与2011年出版的《安徽省公路水运重点工程建设项目安全生产管理指南》,共同构成了我省公路水运工程重点项目建设质量、安全生产管理制度体系,回答了建设质量、安全生产监管工作重点是什么,施工现场监管人员管什么,如何管,施工行为、工艺和实体质量应达到什么标准等问题。

质量管理工作,只有起点没有终点。"十二五"是安徽交通运输发展的"重要战略机遇期"和"黄金发展期",也是转变交通运输发展方式的关键时期,面临的建设任务更加繁重,质量工作任务更加艰巨。我们既要看到来之不易的成绩,更要认真研究解决面临的新问题,精益求精,注重细节,真正将质量工作各项要求落到实处,促进交通运输科学发展、安全发展。

安徽省交通运输厅厅长:

2012 年 4 月 5 日

第三版前言

为了适应交通建设管理体制改革要求,融入"创新、协调、绿色、开放、共享"发展新理念,结合《安徽省十三五交通发展规划》,突出本书指导性、适用性,在充分调研、广泛征求意见的基础上,对本书第二版中项目管理模式、质量现状与特点、项目程序管理、临时工程建设标准、质量通病防治、内河水运工程、交通安全设施工程等部分内容进行了修改完善,附录中增减了部分内容。同时,对第二版中存在的错漏,也尽可能作出修正。

借此机会,谨向本书第一版原创团队、第二版修编团队,以及新老读者和出版、发行人员表示诚挚的问候和衷心感谢!热忱欢迎广大读者对本书提出批评、指导意见。

编 者
2016 年 4 月

第二版前言

本书自2012年4月出版以来,历经两次印刷,受到了各级交通运输主管部门以及建设、施工、监理、检测等单位的领导和专家的重视,在工程建设中得到广泛应用,有力地推动了安徽省公路水运工程建设项目的标准化建设、精细化管理,促进了工程建设质量管理整体水平提升。

为了更好地落实新政策、新规定,加快新技术、新工艺、新材料、新设备"四新"技术的应用,在充分调研、广泛征求工程建设者意见的基础上,按照适度超前,突出普遍性、实用性的思路,对本书第一版中,质量管理的一般概念、质量监督范围的划分、驻地和场站建设标准以及标志标牌设置、交通标志标线、质量通病防治等部分内容进行了修改完善,补充了项目策划、商品混凝土、生态混凝土、模袋混凝土、钢筋数控加工、智能张拉、智能压浆以及改扩建工程等内容。同时,对第一版中存在的个别疏漏和错误,也尽可能地作了修正。

借此第二版付梓之际,谨向本书第一版原创团队,主编:何光、马中南,副主编:尹平、周基群、王乐远,编写人员:何光、马中南、尹平、周基群、王乐远、徐洪海、黄志福、胡分、武黎明、江红、康家鼎、许左前、陈传明、薛峰、董磊、王书文、许宏妹、吉小军、陆学元、奚勇、沈国栋、李忠清、李家聪、马乙一、刘荣、武新贺,统稿:汪慧,审稿人员:赵文好、高胜、郭红雨、魏文江、陈正呙、汪云飞等,以及新老读者和编辑、发行人员表示诚挚的问候和衷心的感谢。

编　者
2013年9月

第一版前言

公路水运工程建设涉及面广、社会影响大、社会公益性强，其质量关系到国家经济建设和人民生命财产安全。安徽省交通运输行业历来高度重视工程建设质量管理工作，通过健全质量管理体系、完善制度、创新模式、强化监督，保证了工程建设质量，杜绝了重大质量事故。但不容忽视的是，省内公路水运重点工程建设中依然存在施工精细化水平不高，质量通病反复出现等问题。为适应交通运输事业发展的新形势，实现交通运输科学发展、安全发展、快速发展、协调发展，进一步规范质量监督与管理工作，提高安徽省公路水运重点工程建设质量，按照现代工程管理理念新要求，我们组织编写了《安徽省公路水运重点工程项目建设质量管理指南》（以下简称《建设质量管理指南》）。

《建设质量管理指南》立足项目管理、着眼施工现场。为增强《建设质量管理指南》的科学性、实用性和可操作性，我们认真学习了近年来国家、交通运输部有关公路水运工程建设法规、技术标准、规范规程；系统分析了安徽省公路水运重点工程建设质量状况和质量管理中存在的问题；全面总结了安徽省公路水运重点工程质量管理中，特别是开展"高速公路创精品工程"、"高速公路施工标准化"、"混凝土质量通病治理活动"以来的好做法、好经验；从安徽省交通建设重点工程项目中挑选了20多名长期从事项目管理工作、具有丰富实际工作经验的业务骨干从事编写工作。在编写过程中，编委会通过召开座谈会、专家审查会等形式，广泛吸取监督、建设、施工、监理等单位相关专家的意见和建议，八易其稿，历时一年半编写完成。

本书以工程建设项目为研究对象，以项目实施准备阶段、施工阶段、交（竣）工阶段为研究范围，从质量监督管理的角度，抓住影响工程质量的主要矛盾，突出施工质量监管特点。全书共分5章，即概论、项目程序管理、项目环境管理、施工技术控制和质量通病防治。

第1章概论：简要介绍了质量管理的一般概念、现代工程项目管理的基本理论、发展趋势和特点，分析了当前公路水运工程建设质量现状与特点、影响工程质量的主要要素及质量管理难点。本章由何光、马中南和黄志福编写。

第2章项目程序管理：明确了施工、监理、建设、设计和政府监督单位，在工程项目实施施工准备阶段、施工阶段、交（竣）工验收阶段的主要职责、内容、程序及工作要求。本章由尹平、胡兮、武黎明和江红编写。

第3章项目环境管理：提出了项目环境的概念、内容以及管理目标，重点对驻地、工地试验室、场站、施工现场等环境管理提出指导性意见。本章由徐洪海和许左前编写。

第4章施工技术控制：重点梳理了国家、交通运输部有关建设技术标准、规范和规程中"严禁"和"必须"的内容，对施工中的关键工艺、关键工序、关键部位，提出具体的质量管理与技术控制要求。本章由周基群、康家鼎、陈传明、薛峰、董磊、王书文和许宏妹编写。

第5章质量通病防治：梳理了公路水运工程建设中质量通病的种类和表现形式，分析了质量通病的成因，提出有针对性的预防和治理措施。本章由王乐远、吉小军、陆学元、奚勇、沈国栋、李忠清、李家聪、马乙一、刘荣和武新贺编写。

本书的编写工作得到了交通运输部工程质量监督局、安徽省公路局、安徽省地方海事局、安徽省高速控股集团公司、安徽省交通投资集团公司及安徽省港航建设投资集团公司的大力支持，在此表示由衷的感谢！由于水平有限，《建设质量管理指南》中的观点和内容，难免有错误和疏漏，敬请读者在实践工作中加以修改完善，并提出批评意见。

编　者
2012年2月10日

目 录

1 概论 ··· 1
　1.1 质量管理的一般概念 ··· 1
　1.2 现代工程项目管理 ·· 4
　1.3 公路水运工程项目质量管理 ·· 7
2 项目程序管理 ·· 10
　2.1 施工准备阶段 ·· 10
　2.2 施工阶段 ·· 17
　2.3 交(竣)工验收阶段 ·· 23
　2.4 质量监督机构 ·· 26
　2.5 从业单位信用评价 ·· 30
3 项目环境管理 ·· 37
　3.1 驻地管理 ·· 37
　3.2 工地试验室管理 ··· 41
　3.3 场站管理 ·· 46
　3.4 施工现场环境管理 ·· 50
4 施工技术控制 ·· 60
　4.1 基本要求 ·· 60
　4.2 通用工程 ·· 62
　4.3 路基工程 ·· 70
　4.4 路面工程 ·· 79
　4.5 桥梁工程 ·· 89
　4.6 隧道工程 ·· 98
　4.7 交通安全设施工程 ·· 104
　4.8 内河水运工程 ·· 107
5 质量通病防治 ·· 120
　5.1 通用工程 ·· 120
　5.2 路基工程 ·· 124
　5.3 路面工程 ·· 125
　5.4 桥梁工程 ·· 128
　5.5 隧道工程 ·· 134

5.6　交通安全设施 ··· 138
　5.7　内河水运工程 ··· 139
附录 1　建设工程质量管理条例
　　　（2000 年 1 月 30 日　国务院令第 279 号）······················· 143
附录 2　安徽省公路水运工程质量监督实施细则
　　　（皖交建管〔2013〕190 号）··· 152
附录 3　交通运输部关于进一步加强公路项目建设单位管理的若干意见
　　　（交公路发〔2011〕438 号）··· 178
附录 4　中国土木工程詹天佑奖评选条例 ······································· 182
附录 5　中国建设工程鲁班奖（国家优质工程）评选办法 ············· 185
附录 6　标志标牌设置标准与制作 ··· 196
参考文献 ·· 209

1 概论

质量是工程建设永恒的主题，搞好工程质量不仅是一个技术问题，也是一个经济问题，更是一个社会问题。党中央和国务院历来要求工程建设要始终坚持"百年大计，质量第一"的指导思想。《中华人民共和国国民经济和社会发展第十三个五年（2016—2020年）规划纲要》中提出，实现发展目标，破解发展难题，厚植发展优势，必须牢固树立和贯彻落实创新、协调、绿色、开放、共享的新发展理念。创新是引领发展的第一动力。协调是持续健康发展的内在要求。绿色是永续发展的必要条件和人民对美好生活追求的重要体现。开放是国家繁荣发展的必由之路，共享是中国特色社会主义的本质要求。坚持创新发展、协调发展、绿色发展、开放发展、共享发展，是关系我国发展全局的一场深刻变革。创新、协调、绿色、开放、共享的新发展理念是具有内在联系的集合体，是"十三五"乃至更长时期我国发展思路、发展方向、发展着力点的集中体现，必须贯穿于"十三五"经济社会发展的各领域、各环节。

近年来，党中央、国务院提出了"以科学发展为主题，以加快转变经济发展方式为主线"的总体要求，实施"质量强国"战略，要弘扬"工匠精神"，勇攀质量高峰，实现由中国制造向中国创造的转变，由中国速度向中国质量的转变，由中国产品向中国品牌的转变，推动我国经济社会又好又快发展。长期的工程建设实践充分证明：一个工程项目质量好，就会给社会积累财富，就会给人民带来实惠，就会给国家增强实力。因此，做好工程项目的质量管理，是项目建设管理者对社会、国家和人民应尽的责任和义务。

1.1 质量管理的一般概念

工程质量是指工程实体固有特性满足要求的程度。具体到公路水运建设工程中，质量就是指所建工程符合现行有关法律、法规、技术标准、规范规程、设计文件以及承包合同中对工程的安全、适用、耐久、经济、美观、环保等综合要求的程度。工程质量的好坏，是业主、设计、监理、承包人等在各方面、各环节的工作质量的综合反映。因此，在广义上，工程质量除工程实体质量外还包括工作质量，即包括完成工程项目工程中为达到指定质量标准所涉及的管理工作和技术工作的质量。也就是说，工程质量不仅包括项目建设活动或过程的结果，还包括了项目建设活动或过程的本身。

质量缺陷：根据我国有关质量、质量管理和质量保证方面的国家标准的定义，凡工程产品质量没有满足某个规定的要求，就称为质量不合格；而没有满足某个预期的使用要求或合理的期望（包括与安全性有关的要求），则称为质量缺陷。

质量事故：由于质量不合格或质量缺陷，而造成或引发经济损失、工期延误或危及人的生命和社会正常秩序的事件，称为工程质量事故。

质量通病：一般是指工程建设过程中经常发生和反复出现的质量问题。质量通病属于质量缺陷的范畴,治理质量通病的过程,就是减少或消除质量缺陷,保证工程质量满足适用、经济、安全和美观要求的活动过程。

质量管理:通常是指为了实现质量目标而进行的所有管理性质的活动。在质量方面的指挥和控制活动,一般包括制定质量方针、质量目标,进行质量策划、质量控制、质量保证和质量改进等。

1.1.1　质量管理发展历程

任何一门社会科学都有其核心概念,对核心概念进行解析和溯源,可以进一步了解该门科学的研究对象、范围及其内在的特点和规律性。只有对这些特点和规律进行剖析和解读,才能抓住这门科学的真谛。

质量管理的发展大致经历了以下三个阶段。

(1)质量检验阶段

20世纪前,产品质量主要依靠操作者本人的技艺水平和经验来保证,是"操作者的质量管理"。20世纪初,以F·W·泰勒为代表的科学管理理论的产生,促使产品的质量检验从加工制造中分离出来,质量管理的职能由操作者转移给工长、检验员,是"工长的质量管理"或"检验员的质量管理"。这些做法都属于事后检验的质量管理方式。

(2)统计质量控制阶段

1924年,美国数理统计学家W·A·休哈特提出控制和预防缺陷的概念。他运用数理统计的原理提出在生产过程中控制产品质量的"6σ"法,绘制出第一张控制图并建立了一套统计卡片。从此开始了由事后检验式的质量管理向数理统计法用于质量管理的转变。

(3)全面质量管理阶段

20世纪50年代以来,随着生产力和科学技术的迅速发展,人们对产品的质量从注重产品的一般性能发展为注重产品的耐用性、可靠性、安全性、维修性和经济性等,在生产技术和企业管理中要求运用系统的观点来研究质量问题。我国自20世纪70年代末开始推行全面质量管理。

1.1.2　全面质量管理

(1)全面质量管理概念

全面质量管理(Total Quality Control,简称TQC)是指在企业中所有部门、所有组织、所有人员都以产品质量为核心,把专业技术、管理技术、数理统计技术集合在一起,建立起一套科学、严密、高效的质量保证体系,控制生产过程中影响质量的因素,以优质的工作、最经济的办法提供满足用户所需产品的全部活动。所谓全面管理,就是进行全过程的管理、全企业的管理和全员的管理。

(2)全面质量管理基本工作程序

PDCA管理循环是全面质量管理的基本工作程序(活动),即计划(Plan)—执行(Do)—检查(Check)—处理(Action)。这是美国统计学家戴明(W. E. Deming)发明的,因此,也称为戴明循环。

第一个阶段为计划阶段,又叫P阶段(Plan)。这个阶段的主要任务是通过市场调查、用户访问、国家计划指示等,了解用户对产品质量的要求,确定质量政策、质量目标和质量计划等。

第二个阶段为执行阶段,又称 D 阶段(Do)。这个阶段是实施计划阶段所规定的内容,如根据质量标准进行产品设计、试制、试验,其中,包括计划执行前的人员培训。

第三个阶段为检查阶段,又称 C 阶段(Check)。这个阶段主要是在计划执行过程中或执行之后,检查执行情况是否符合计划的预期结果。

第四个阶段为处理阶段,又称 A 阶段(Action)。这个阶段主要是根据检查结果,采取相应的改进措施。

(3)全面质量管理的主要特点

①全面性:从质量管理的对象看,是生产建设的全过程,如设计、施工、运营;从组织角度看,涉及参建各单位的上层、中层、基层人员。

②全员性:指全面质量管理要依靠全体职工。质量是项目建设各单位、各部门、各环节全部工作的综合反映,建设中任何一个环节、任何一个人的工作质量都会不同程度地直接或间接地影响着工程质量,因此工程质量人人有责。

③预防性:指全面质量管理应具有高度的预防性,强调生产活动的可测度和可审核性,以预防为主,防检结合,重在提高。

④科学性:质量管理必须科学化,必须更加自觉地利用现代科学技术和先进的科学管理方法。

1.1.3 质量管理原则

(1)"质量第一"原则

质量管理应满足国家、行业建设工程技术标准以及工程项目的质量要求。

(2)"安全至上"原则

安全生产是工程建设的永恒主题。质量、安全相辅相成,安全生产对工程质量的影响举足轻重。在追求质量目标的同时,不可忽视安全生产。

(3)"预防为主"原则

质量管理应坚持"预防为主"的原则,按照策划、实施、检查和处置的循环方式进行系统运作和管理。

(4)"三全管理"原则

"三全管理"即全员、全过程、全方位的管理,通过对人员、设备、材料、环境、工艺等要素的过程管理,实现产品的质量目标。

1.1.4 理解工程项目质量管理

工程项目的质量管理在不同阶段、不同方面有着不同的内涵。

(1)按照工程项目的生命周期分

工程项目具有全生命周期和局部生命周期两种属性。工程项目的全生命周期是指从工程项目概念的提出到工程项目最终报废的全过程,包括工程项目的概念阶段、规划设计阶段、实施阶段、运营阶段和报废阶段。工程项目的局部生命周期是指从工程项目的概念阶段到收尾阶段的全过程,包括项目建议书、可行性研究、规划设计、建设准备、建设实施和竣工验收交付使用六个阶段。工程项目质量管理贯穿于工程建设决策、勘察、设计、施工和使用的全过程。

（2）按照工程项目质量的含义分

工程质量分为狭义和广义两种含义。狭义的工程质量是指工程项目符合业主需要而具备的使用功能。这一概念强调的是工程的实体质量。广义的工程质量不仅包括工程的实体质量，还包括形成实体质量的工作质量。工作质量是指参与工程的建设者，为了保证工程实体质量所从事工作的水平和完善程度，包括管理工作质量、技术工作质量和后勤工作质量等。工作质量直接决定了实体质量，工程实体质量的好坏是工作质量的综合反映。

1.2 现代工程项目管理

工程项目，是以建筑物或构筑物为交付成果，有明确目标要求并由相互关联的活动组成的载体。现代工程项目管理是采用科学方法对项目实施的管理，以系统理论为基本思想，以控制论为基本理论，以目标管理为基本方法，以 PDCA 循环为基本活动。

1.2.1 工程项目管理基本思想

（1）工程项目管理的基本思想是系统论

所谓"系统"，是指一个复杂的对象。该对象处在一定的环境之中，是由相互作用、相互依赖的若干组成部分或元素结合而成的具有特定功能的有机整体。系统方法就是从系统整体目标出发，对系统内部和外部环境之间的关系进行综合，站在全局或整体的角度进行总体分析，从而使得系统总体实现最优。

（2）工程项目是一个系统

按照项目管理的元素分，工程项目包括项目管理组织子系统、项目管理目标子系统、项目管理方法子系统、项目管理要素子系统等。按照项目工作的内容分，工程项目包括项目的内部施工系统和外部关联系统。在内部施工系统中，建设工程由单项工程组成，单项工程由单位工程组成，单位工程由分部工程组成，分部工程由分项工程组成。在外部关联系统中，有投资方、建设方、设计方、监理（咨询）方、检测方，以及承包人、分包商、材料供应商和质量监督机构等。

1.2.2 工程项目管理基本理论

（1）工程项目管理的基本理论

工程项目管理的基本理论是控制论。所谓"控制"，是指一定的主体，为保证在变化着的外部条件下实现其目标，按照事先确定的计划和标准，通过各种方式对被控对象进行监督、检查和纠正的过程。对系统的控制，需要通过检查（检测）得到反馈的结果，并将其与计划、标准相对比，这是控制过程的重要特征。任何一个被控对象都必须有明确的控制目标，否则就失去了控制的意义。

（2）工程项目的控制主体与控制客体

工程项目的控制主体是指承担控制责任的人员或组织。一项工程涉及众多相关方，每个相关方都需要承担相应的控制职能，每一个相关方就是一个控制主体，如建设方、施工方、监理方、质量监督机构等。被控对象是控制的客体，也就是所控制的工程项目，或者是某项活动。

(3)工程项目管理的目的

管理的实质就是控制。控制最直接的目的就是使项目始终处于受控状态,避免出现失控状态。受控状态是指工程建设项目管理者对项目的实体质量、安全生产、工程进度和造价成本等状态了如指掌,能够及时发现问题、分析问题和解决问题。

1.2.3 工程项目管理基本方法

(1)工程项目管理的基本方法是目标管理

目标管理是以目标为导向,以人为中心,以成果为标准,从而使组织和个人取得最佳业绩的现代管理方法。工程项目的目标管理,是指以工程项目的建设目标为中心,将这一目标加以分解,通过实施和控制,实现项目管理任务。目标管理的精髓是目标指导行动,是一个动态管理过程。在实施目标管理中,要注意新情况的出现,要及时、全面、准确地获取新的信息,适时地做出决策分析、目标调整和措施落实。

(2)工程项目管理阶段

工程项目目标管理,可以分解为五个阶段。

①明确目标。在工程项目实施前,首先要明确项目建设总目标,包括目标的确定和描述。

②分解目标。项目建设总目标确定后,应将其分解和展开,化为子目标,形成目标体系。

③落实目标。将分解后的目标落实到相关机构、部门和个人,确定各类目标的主要责任人、次要责任人,建立目标责任制,制定检查标准。

④控制目标。在项目实施过程中,目标控制主要包括两方面内容:一是确定目标管理点,并对目标管理点进行重点控制;二是不断掌握项目目标实际状态,并根据实际状态采取有效措施,使项目建设处于受控状态。

⑤考核目标。某项活动、工序或工作完成后,应对完成者进行目标考核,以确认目标完成情况。

(3)工程项目目标确定原则

①科学性原则。根据项目特点,确定科学、合理、先进的目标。

②和谐性原则。要体现质量、安全、效率、效益和生态环境的协调统一。

③针对性原则。要反映项目的特点,不能脱离实际。

④最佳化原则。要通过多种形式,进行优化,以寻求目标最佳。

⑤相关性原则。项目的子目标间,既是相互矛盾的,又是相互统一的,应考虑目标之间的相关性,使项目整体实现最优。

1.2.4 现代工程项目管理趋势

新时代、新形势必然对管理提出一系列新课题、新挑战,它不仅孕育着社会发展方式的转变,而且对社会组织的形成与运作也产生积极的影响,给现代管理带来新的变化。"十二五"后期,安徽省交通运输系统顺应现代工程项目管理的发展要求,提出"安徽精度"概念。"安徽精度"是安徽省交通工程建设者在实践中提炼出的更高管理要求,即勇于挑战的创新精神,精益求精的严谨态度,操作行为严于规程、质量指标高于标准的执着追求。

(1)管理理念由传统的以事为中心转向为以人为本的管理

传统的管理侧重于管理规范和要求，强调人如何去满足和实现这些条件的要求，即关心的是事对人的要求，把人作为这些任务完成的技术条件。近年来，备受崇尚的管理理念是以人为本的自主管理以及工程产品的宜人设计。这种项目管理、项目建设的实质是以人为中心、顺应人性、尊重人格，不断满足人的精神和物质的需要。

(2) 管理组织结构由传统的"金字塔"组织结构转向为扁平化组织结构

由于信息网络技术的发展，信息传递迅速、广泛，竞争日益激烈，必须尽量减少组织结构中的中间层次。通过减少组织层次、压缩职能机构、裁减冗余人员等方式建立一种扁平形结构，可加快组织的反应速度，增强组织的应变能力，节约管理成本，提高组织效率。

(3) 管理职能由传统的注重"管"转向为注重"理"

组织结构的集中化和扁平化，组织人员的专业化与紧密化，是当前组织管理中的两大特点。管理者与被管理者逐渐形成一种双向、互动、合作的关系，管理活动以"管"为主的模式被打破，朝着合作和协调的方向发展。工程项目建设参建各方的合作与协调，组织与内部员工的理解与关心，都将使单位与单位、部门与部门、人与人之间乐于奉献，愉快合作。

(4) 管理方式由传统的层次控制转向为平等的协作

管理者依靠行政赋予的权力进行管理，这是权力的作用。如果管理者更多地依靠非正式权力，也就是发挥人格魅力的作用，强调沟通协助、平等协作，将刚性制度与柔性沟通相结合，把一些重要的信息传递给大家，让所属部门、员工了解组织发展战略与目标，将组织的战略意图转变成为员工自觉的行为准则和努力方向，那么可以最大限度地调动员工积极性，以最低成本完成组织目标任务。

1.2.5 现代工程项目管理特点

伴随着信息技术的普遍应用和对生态环境保护的高度重视，现代工程建设管理呈现"五个新特点"：一是在管理理念上，从过去只关注工程实体建设，向更加关注以人为本、资源节约、文化传承、与自然环境和谐相处等社会领域延伸；二是在组织结构上，更加注重集成团队优势，强调专业化管理，突出项目法人、设计、施工、监理等有关各方的分工负责与目标统筹，关注管理能力和管理人员的专业素质；三是在管理行为上，更加注重程序管理、规范管理、标准化管理和精细化管理；四是在管理手段上，更加注重信息技术的推广应用；五是在管理目标上，更加追求质量、安全、效率、效益和生态环境的协调统一。

从"五个新特点"带来的启示看，在当前和今后一段时间内，公路水运建设管理工作要在推动"人本化、专业化、标准化、信息化、精细化"上下功夫。"五化"既是五项工作要求，也是一个工作体系；既是推行现代工程管理的重要抓手，也是提高项目建设管理水平的重要途径。

(1) 发展理念人本化

发展理念人本化，就是深刻理解科学发展观的内涵，坚持以人为本，将满足人的发展、调动人的积极性、突出人的创造性作为建设管理的核心理念。工程设计阶段的以人为本，要充分考虑社会发展和环境保护的需要，注重工程建设与自然环境的和谐统一。工程施工阶段的以人为本，要高度关注安全生产，保证参建人员的人身安全，维护劳动者的合法权益。项目运营阶段的以人为本，要进一步拓宽服务领域，丰富服务内涵，为使用者提供安全、便捷、舒适的出行条件。

(2) 项目管理专业化

管理学原理告诉我们,组织机构决定组织行为。项目法人作为工程项目的组织者、协调者和集成者,对于工程建设的成败起着决定性作用。他们所具备的专业技能素质,对工程质量优劣标准的把握,对项目建设目标的认定,直接影响着建设项目的最终成果。从某种程度上讲,项目法人的眼光、眼界决定了项目的建设管理水平。在建设项目专业分工越来越明晰、技术要求越来越高的情况下,要实现对项目管理的投资控制、进度控制、质量控制和安全管理、合同管理、信息管理,就需要具有高水平的专业化组织机构和专业化人才队伍,就需要根据项目建设规模和技术难易程度组建专业化的组织管理机构,就需要加强不同专业技术人员和管理人员的合理配置。

(3) 工程施工标准化

没有规矩不成方圆,标准就是规范建设行为和管理行为的规矩和尺度。只有通过统一的技术标准、管理标准和检验标准,才能打造统一、规范、有序的施工标准体系,进而实现对建设过程、安全、质量、工期的有效控制。

(4) 管理手段信息化

通过广泛应用信息技术、网络技术和通信技术,搭建管理信息平台,可以实现管理过程的全控制,达到规范管理流程、提高管理效能、降低管理成本的目的;同时,也要充分利用信息技术手段,加快市场信用体系建设,实现对公路建设从业单位的管理与服务。

(5) 日常管理精细化

注重细节、立足专业、科学量化,是精细化管理的三大原则;精、准、细、严,是精细化管理的四大要求。提倡日常管理精细化,就是要以建设精品工程、推行精细化管理、开展精细化控制为载体,促进建设各方把粗活做细、把细活做精,保证工程局部和细节都满足技术要求。

1.3 公路水运工程项目质量管理

1.3.1 现代公路水运工程项目管理模式

我国从20世纪80年代初期开始引进建设工程项目管理的概念。目前,公路水运工程建设项目模式仍处在不断发展与完善之中。管理模式不同,建设、施工、监理等单位的管理方式、方法和重点也不同。但是,施工企业的主体责任、建设单位的主导责任、政府质量监管部门的监管责任,是始终贯穿于项目建设全过程的。常见的工程项目管理模式如下。

(1) 业主自行管理模式

业主自行组织项目管理机构进行项目全过程管理,项目完成后,项目管理机构解散或转入运营管理。

(2) 委托咨询公司(专业机构)管理模式

业主委托咨询公司进行前期的有关工作。在项目的实施过程中,业主又委托其代表进行工程管理。

(3) 工程代建制模式

业主通过招标等方式,选择专业化的项目管理公司,负责项目的投资管理和建设组织实施,项目建成后交付业主。

(4)设计施工总承包模式(Engineering Purchasing Construction,简称EPC)

业主与承包人之间签订设计与施工一体的合同,承包人通常是设计企业与施工企业的联合体。

(5)BOT建设模式(Build-Operate-Transfer,建设—运营—移交)

BOT建设模式就是由承包人按照业主要求投资建设与管理,并通过一定时期的运营收回投资和获取利润,最后再移交给业主。

(6)PPP建设模式(Public-Private-Partnership,政府—社会资本—合作)

PPP建设模式是指政府通过特许经营权、合理定价、财政补贴等事先公开的收益约定规则,引入社会资本参与城市基础设施等公益性事业投资和运营,以利益共享和风险共担为特征,发挥双方优势,提高公共产品或服务的质量和供给效率。

1.3.2 公路水运工程建设质量的现状与特点

"十二五"是我国公路水运建设快速推进的时期。在公路水运工程建设中,"三个转变""五化工程管理""品质工程"等发展现代交通运输业理念成为行业共识。建设与管理者始终把质量和安全作为交通建设的永恒主题;始终把对质量的"零缺陷"、对事故的"零容忍",作为"以人为本"贯彻落实科学发展观的核心理念;始终把坚持发展速度与质量安全的有机结合作为建设工程监管工作的必然要求;始终把统筹兼顾作为交通建设质量安全监管工作的根本方法。各地狠抓施工标准化工作,基本实现了由被动接受向主动作为的转变;由单一工地标准化向设计、工地、工艺、管理标准化等全方位推进的转变;由重点工程向国省干线公路、水运工程全覆盖的转变;由追求"优质工程"向争创"品质工程"的转变。交通建设工程标准化、精细化、信息化"三化融合"已成为新的奋斗目标,标准化建设长效机制初步形成。总体呈现出公路水运重点工程争创"品质工程",国省干线公路争创"优质工程",农村公路争创"放心工程"的局面。

公路水运工程建设中,仍存在着问题和困难:在管理机制体制方面,交通建设投资的多元化带来了管理模式多样化,出现了专业技术人员紧缺、管理人员经验不足等问题;工程质量安全新理念未真正付诸实践;在工程实体质量方面,主体工程质量好于附属工程,重点工程质量好于一般工程;工程实体精细化有待提高;在工程质量管理方面,重施工工艺的规范操作,轻施工现场的环境建设;存在不同程度的质量通病,管理标准化刚刚起步。

交通工程建设质量的监管工作任重道远:一是党中央国务院对转变发展方式、以人为本、强调民生、注重发展质量的要求更高;二是随着人民生活水平的明显改善,全社会对交通基础设施工程质量和安全关注度更高。同时,在工程建设实践中,一是网络化和升级工程多,在开放交通的环境下,立体交叉跨线施工,作业环境复杂,致使质量安全风险叠加;二是跨江跨河工程多,工程地质和水文条件复杂,对工程结构的特殊要求增多;三是运用新技术、新工艺工程多,施工、管理和监督人员都将面临新的挑战。

1.3.3 影响公路水运工程项目质量的要素

影响公路水运工程项目质量管理的要素,随着实施阶段的不同而不同。在工程项目施工建设阶段,主要有项目的管理组织、进度、技术、安全、环境、费用、资源、信息、沟通以及不可预见的风险等。

(1) 管理组织是指实施或参与项目管理工作,且有明确的职责、权限和相互关系的人员及设施的集合。

(2) 进度是指项目建设的进度目标,以及为实现这个目标而进行的活动和采取的措施。

(3) 技术是指为实现项目工程质量目标,在技术、工艺和管理等方面所采取的措施与方法。

(4) 安全是指生产安全和员工的职业健康安全。

(5) 环境是指项目建设现场及其周边的地形、地质、气候,以及生产所必需的场地与工地文化等。

(6) 费用是指为实现项目建设目标,应该付出的工程直接费用、间接费用以及其他费用的总和。

(7) 资源是指项目建设所需的人力、材料、机具、技术、资金以及各资源要素的配置与处置。

(8) 信息是指对影响质量的信息收集、整理、分析、处理和使用。

(9) 沟通是指在项目管理组织中内外部关系的协调及信息交流。

上述是影响项目工程质量的主要元素,不同的管理主体,从不同角度、不同利益出发,对影响工程项目质量要素的管理范围、管理方式、管理重点也有所不同。施工单位至少要注重和管理好上述所有的要素;建设单位在合同签订后,则更多注重进度、质量、安全、环境;监理(咨询)单位受业主委托,只是对工程项目某一阶段或某几项内容进行管理。

1.3.4 公路水运工程项目建设质量管理难点

(1) 工程规模大,系统性强

一个工程项目由多个单项工程和单位工程组成,彼此之间紧密相关,只有做到每个单位工程质量合格,才能实现工程项目质量的总目标。

(2) 建设周期长,影响因素多

完成一个工程项目往往需要几年,建设过程中涉及面越广,影响质量的不确定因素就越多、越明显。

(3) 施工建设环境复杂

公路水运工程项目建设大多是野外作业,特别是高空、水下作业较多,工程质量控制难度大。

(4) 生产要素的流动性大

公路水运工程项目都含有一定的建筑或建筑安装工程,因此一定在固定的地点施工。工程地点的固定性决定了生产要素的流动性,包括建设材料、施工人员等生产要素,变化频繁。

(5) 施工交叉作业多

近年来,交通建设工程由低向高发展,由地上向地下、水下发展,多工种立体交叉作业增多,影响工程质量的多种因素叠加,质量与安全的风险不断增大。

2 项目程序管理

我国公路水运工程项目质量管理贯彻全寿命周期成本理念。建设单位对工程质量和安全管理负总责,应严格履行基本建设程序,健全工期调整和工程变更管理制度;勘察设计单位对勘察设计质量负主体责任,应完善勘察设计质量后评估制度,落实设计安全风险评估制度,按有关规定和合同要求做好设计后续服务;施工单位对施工质量和安全负主体责任,应建立健全质量保证体系;监理单位必须严格履行合同范围内的监理责任,严格监理程序,严格隐蔽工程和关键部位质量抽检评定和工序验收;试验检测机构要严格落实责任制,健全试验检测数据报告责任人制度,工地试验室存在出具虚假试验检测数据报告等违规行为的,要计入试验检测机构信用评价,并与机构等级管理挂钩。

根据《交通运输部关于深化公路建设管理体制改革的若干意见》(交公路发〔2015〕54号),坚持和完善工程监理制,更好地发挥监理作用。按照项目的投资类型及建设管理模式,由项目建设管理法人自主决定工程监理的实现形式。工程监理在项目管理中不作为独立的第三方,监理单位是对委托人负责的受托方,按合同要求和监理规范提供监理咨询服务。

本章重点对施工、监理、建设、设计和政府监督等单位,在工程项目建设施工准备阶段、施工阶段、交(竣)工验收阶段的主要职责、内容、程序及工作要求提出指导性意见。

2.1 施工准备阶段

2.1.1 施工单位

(1)建立质量保证体系

制订工程质量目标,建立健全项目管理机构,明确项目管理人员职责,建立项目内部各种责任制;编制项目质量策划、质量计划和工作计划;制定、完善现场的各种管理文件、规定及工作程序等制度;根据工程特点合理配置项目的各种资源,确定施工流程、工艺及方法;编制技术复杂或特殊规定要求的工程作业指导书,并经专家论证和审查。

(2)临时设施建设

①办公、生活、生产等临时设施开建之前,施工单位应根据合同文件要求,结合工程现场实际情况,编制临时设施建设总体规划设计图,报监理单位审核。

②临时设施建设总体规划设计图,应统一规划项目部、各工区(工点)驻地建设和机械设备停放场、材料堆放场(仓库)、取(弃)土场、预制场、钢筋加工场、拌和场、便道(桥)、炸药库等平面布置情况,各站点内功能区(如项目部办公室、食堂、宿舍、道路等)分布情况,各站点之间交通、通信联络方式,提供各功能区布局设计、室内装修情况、上墙图表种类和设施设备的配置情况(如消防器材等)。

③临时设施建成后,根据合同约定和工程需要,可以分期、分阶段向监理单位提出验收申请,报请检验确认。

(3)工地试验室建设

①依据施工合同文件、交通运输部和安徽省交通运输厅的相关要求,建立工地试验室。试验人员、仪器设备和试验范围,应与招标文件要求和投标文件承诺相一致,并满足工程建设实际需要。

②施工企业应在施工现场自行或委托检测机构设立工地试验室,开展只为自身合同段服务的试验检测工作,加强对施工质量安全的控制。工地试验室应分类建立试验检测项目台账,应及时向施工项目部相关负责人报告检测工作中发现的不合格或异常品(项),其开展的试验检测工作应严格执行有关技术标准、规范、规程和试验检测标准化管理要求。

③施工企业应加强对工地试验室的管理,并对试验检测工作中的违法违规行为及造成的后果承担相应责任。

④根据现场情况,在重要结构构件施工点或集中拌和场、预制场,可增设若干工地试验室派驻的流动试验站,以满足现场质量控制要求。

⑤工地试验室建设,包括试验室人员、办公设施设备进场,工作制度和管理制度制定,工作环境条件建设,试验仪器设备进场、安装调试、标定或自校,各种记录表格和技术规范规程的准备等内容。

⑥工地试验室建成后,填报工地试验室试验检测能力认定申请书,按规定报审。

(4)编制施工组织设计

①施工组织设计,一般由项目技术负责人组织编写。在开工前规定的时间内,完成内部自审并经过施工单位技术负责人批准后,填写施工组织设计(方案)报审表,报监理单位审批。

②施工单位应按照批准的施工组织设计组织施工。如对其内容做较大变更,在实施前将变更内容书面报监理单位审核。

③规模较大、工艺复杂的工程,群体工程及分期出图的工程,可分阶段报审施工组织设计。技术复杂或采用新技术、新工艺或在特殊季节施工的分项、分部工程,还应编制该分项、分部工程的施工方案,报监理单位审批。

(5)施工测量

①控制网复测。复核测量基准点、基准线和水准点,并在合同专用条款约定的时限内,将施工控制网复测成果资料,报监理单位审核确认。

②施工放样。施工测量采取"双检制"。放样测量完成后,依据计算成果编制控制方案及施工放样报验单,报监理单位审核确认。

(6)人员进场

①项目经理、技术负责人等主要技术和管理人员应按合同约定,进驻现场履职。

②在收到开工通知起的28天内,向监理单位提交项目部管理机构及人员安排报告。其内容包括:管理机构设置、各主要岗位人员名单和资质资历证明材料,以及各工种技术工人的安排计划。

(7)机械设备进场

机械设备进场前,施工单位上报机械设备进场计划,由监理单位审批。设备进场后,施工单位填报机械设备进场报验单,列出进场机械设备的型号、规格、数量、技术性能(技术参数)、设备状况和进场时间,报监理单位核查确认。对塔吊、轨道式龙门吊、架桥机、压力锅炉等特种设备的进场检验、安装调试必须委托有相应资质的单位进行安全鉴定。

(8)材料进场

凡运到施工现场的原材料,应及时依据合同技术条款、材料批次划分和试验检测频率要求,由工地试验室对材料主要技术指标进行检测。经检测合格后,填报进场材料报审表,说明报验材料的进场日期、数量、批次检测报告成果和检验结论以及材料拟订用途等,同时附产品出厂合格证及技术说明书,报监理单位审核确认。

(9)工程分包

初步选定分包单位后,应向监理单位提交分包单位资质报审表。

(10)熟悉图纸

熟悉图纸工作,一般由施工单位自行组织。施工单位记录熟悉图纸过程中所发现的各项问题,提出对存在问题的建议方案,汇总整理形成问题清单,报监理单位审核。

(11)试验准备

①标准试验。在分项工程开工前或合理的时间内,施工单位完成招标文件技术规范中明确的各种标准试验,并报监理单位审查批复。

②工艺试验。

a.编制工艺试验及首件工程的施工方案和实施细则,报监理单位审查批准。

b.依据批准的施工方案组织实施。

c.提交工艺试验总结报告,报监理单位审核批准。

③外委试验。

a.外委试验前,将委托试验检测单位资质材料及所需送检项目的清单,按规定报监理单位审核批准。

b.试验取样应在监理人员见证下进行。密封的试样由施工单位委派的试验人员会同监理见证人员,共同送达委托试验检测单位。

c.外委试验检测报告一式三份,施工单位、监理单位和项目中心试验室各存一份。

(12)技术交底

①技术交底工作分级进行、分级管理。

②技术交底由项目技术负责人负总责。

③对于关键部位、施工难度大及技术复杂的工序,在分项工程开工之前,将技术交底书(或作业指导书)报监理单位审查批准。

(13)申请开工

①划分单位、分部、分项工程,报监理单位审查批准。

②根据施工总体计划安排和工程划分情况,分阶段编制开工报告,申请合同段、单位、分部、分项工程开工。

2.1.2 监理单位

(1)编制审核监理计划(规划)和监理实施细则

①根据监理委托合同,在监理大纲基础上,结合工程具体情况,由总监理工程师组织制订监理计划(规划)。

②监理计划(规划)的编制和报审手续在工程开工前完成。监理单位对监理计划(规划)要组织进行内部审核,经技术负责人签认后,报送建设单位审定,批准后执行。

③根据批准的监理计划(规划),各监理单位组织编制监理实施细则,经总监理工程师批准后执行。

(2)质量保证体系建设

①建立监理质量保证体系。监理质量保证体系,包括机构设置、人员配备、岗位职责、工作制度、监理程序、监理方案、监理手段及监理方法等内容。按照监理计划(规划)和监理实施细则的要求进行报审。

②审批施工单位质量保证体系。

审核的主要内容:

a. 项目部质量管理组织机构设置是否合理,岗位职责是否明确,管理制度是否健全。

b. 质量保证措施、质量检查程序和实施细则等是否结合工程特点,具有针对性并切实可行。

c. 配备的专职质量检查人员(质检工程师、质检员)数量和资质、资历是否符合合同文件和实际施工需要。

d. 用于质量控制的试验检测仪器设备的数量、性能是否符合合同文件和实际施工需要。

(3)临时设施建设

①监理驻地建设。

a. 根据监理合同文件和安徽省交通运输厅《关于印发安徽省高速公路施工标准化活动实施方案的通知》(皖交建管〔2011〕180号)要求,进行驻地建设。

b. 驻地建设完成后,报建设单位检查确认。

②验收施工单位临时设施建设。

a. 审核总体平面图,核查各站点建设与合同文件、标准化建设要求的符合性,上墙图表的数量和规范性等。

b. 审批施工单位临时设施建设计划,并监督实施。

c. 依据施工单位提出的验收申请,会同建设单位,分期、分阶段检查验收已完成的临时设施。

(4)工地试验室

①监理工地试验室建设。

a. 依据监理合同文件和《安徽省高速公路工地标准化建设指南》《公路工程工地试验室标准化指南》的相关要求,建立工地试验室。试验人员、仪器设备和试验范围,应与招标文件要求和投标文件承诺相一致,并满足工程建设实际需要。

b. 工地试验室建设完成后,按规定报建设单位审核。

②初审施工单位工地试验室。

a. 收到施工单位提交的工地试验室试验检测能力认定申请书后,监理应组织现场核查。

b. 对于符合要求的工地试验室,签署检查确认意见,报建设单位审核;对于不符合要求的,签发限期整改指令。

(5) 图纸会审

在熟悉图纸的基础上,结合施工单位报送的图纸问题清单,应组织进行图纸会审,形成审查意见,报送总监理工程师及建设单位。

(6) 审核施工组织设计

①在规定的时间内,组织专业监理工程师审查施工组织设计。提出审查意见后,报总监理工程师审核签认。需要施工单位修改时,由总监理工程师签发书面意见。施工单位完成修改后,再重新进行审核。

②经总监理工程师审核签认的施工组织设计,报建设单位批准或备案。

③规模较大、结构复杂或属于新结构、特种结构的工程,与建设单位协商,组织有关专业部门和有关专家进行评审。

(7) 测量复核

①核查施工单位复测过程及复测成果精度是否满足设计、规范要求。

②核查控制网点的布设密度是否方便施工测量。

③重点核查相邻合同段、相邻项目以及桥梁、隧道等大型结构物起讫点之间施工控制网点的衔接关系。

④复核施工单位施工放样测量成果,依据抽检测量数据签认或否决施工放样报验单。签认的施工放样报验单,作为批准分项工程开工的必要条件。

⑤施工成品的测量结果,作为质量验收的基本数据,纳入分项、分部工程质量检验评定。

(8) 审核项目部人员

①审核项目部主要管理人员是否和投标文件承诺一致。如果不一致,按规定报建设单位审查批准。

②检查重要岗位的一线技术人员到岗情况(如部门负责人、试验员、质检员、测量员等),检查人员资格,协助业主组织专项培训和业务能力考核,对业务水平和管理能力差的人员,责令限期更换调整。

③检查特殊岗位工作人员的持证上岗情况。

(9) 核查进场机械设备

①核查施工机械设备的配置数量是否满足施工要求。依据合同文件,对拖延、短缺或任意更换机械设备进场的行为,签发整改指令,必要时依据相应条款进行处罚。

②现场复验(如开动、行走等)大型、重要施工机械设备的使用性能,以保证投入作业的机械设备状态良好。

③核查塔吊、轨道式龙门吊、悬浇施工挂篮、架桥机、混凝土拌和楼等特种设备安装调试情况,其安全鉴定、审批或进场验收手续符合要求后,方能同意使用。

(10) 检验进场材料质量

①收到进场材料报审表后,现场核对报验材料的进场日期、数量和材料拟订用途,复核检测报告、检验频率的符合性,产品出厂合格证及技术说明书的齐全性。

②对报验的进场材料,按不低于规范要求的抽检频率进行独立取样试验。依据检验结果判定进场材料质量是否合格,签认或否决进场材料报审表。

③合格的进场材料在保管存放过程中,要从防潮、防晒、防锈、防腐蚀、通风、隔热,以及湿度、温度等方面进行监控,督促施工单位改善材料保管存放条件。

④签认的进场材料报审表,作为批准分项工程开工的必要条件之一。

(11)审核工程分包

①核查总承包合同是否允许分包,分包的范围和工程部位是否可以进行分包;核查分包单位资质和质量管理水平,核查特殊专业工种和关键施工工艺或新技术、新材料应用方面操作者的素质与能力。

②不符合分包条件的,不予批准;基本符合分包条件的,需对分包单位进一步调查,根据调查结果签署意见,再报经建设单位核准后,由总监理工程师予以书面确认。

(12)试验复核

①标准试验复核。对施工单位报送的标准试验结果,组织试验人员平行进行复核(对比)试验。根据复核试验成果,确认或否定施工单位标准试验的参数或指标。经复核验证,各项指标达到合同要求后,批准标准试验成果,同意施工单位将其用于施工生产。

②工艺试验认可。

a.依据施工单位准备情况,审批工艺试验施工方案和实施细则,同意进行工艺试验施工。

b.全过程旁站工艺试验,同步记录施工情况,检测试验结果。

c.依据检验结果审核确认工艺方案,并以此为控制标准。

③外委试验申请审核。

a.审核施工单位外委试验申请,核对委托单位资质情况以及试验检测范围的符合性,核准施工单位报送项目清单。

b.见证取样并共同将试样送到外委试验单位。

④独立抽检试验。

a.监理独立抽检试验,由监理单位试验人员按规范规定的抽检频率取样或制备试块,利用监理工地试验室独立检测完成。

b.独立抽检试验频率、试验方法和检测项目(指标)等,按监理合同规定执行,并要满足有关检验评定标准、规范和规程的要求。

(13)审批开工报告

①审查批准单位、分部、分项工程划分。

②依据监理合同授权和监理计划(规划)的职责划分,进行合同段、单位、分部、分项工程开工申请的审核和批复。

③对开工报告的审核,主要审查施工单位人员、机械设备、材料的进场情况,施工方案审批情况,测量放样情况,标准试验符合情况,工艺试验总结批复情况,安全生产条件是否满足等。满足开工条件的,签认开工报告,批准工程开工。

2.1.3 建设单位

(1)建立质量管理体系

建设单位按照交通运输部《关于进一步加强公路项目建设单位管理的若干意见》(交公路发〔2011〕438号)和安徽省交通运输厅有关规定,结合工程实际,规范、合理地设立项目现场管理机构,配备与工作岗位要求相适应的技术和管理人员,建立健全质量管理体系,明确质量管理目标,落实质量责任制,制定工程质量管理各项制度。

(2)组织设计交底

根据图纸会审意见,组织设计、施工、监理单位有关人员,召开设计交底会议。

(3)检查监理单位准备工作

①检查监理单位质量保证体系及各项管理制度的制定等情况,审定监理单位报送的计划(规划)。

②检查监理单位进场人员、设备、工地试验室及驻地建设等是否符合有关要求。

③根据监理合同文件要求,审批监理人员及进场计划。

(4)检查施工单位准备工作

①检查经监理审批的施工单位质量保证体系、各项管理制度、工程量清单核查、工地试验室建设和取土坑、施工便道、驻地建设等工作的完成情况。

②根据合同文件要求,审批施工单位主要技术及管理人员。

(5)批准或核查(备案)施工组织设计

核查(备案)经监理单位审批的施工组织设计。批准技术复杂关键性工程的施工组织设计(技术方案),必要时组织有关专家进行评审。组织施工单位、监理单位对单位工程、分部工程和分项工程进行划分,并报质量监督机构备案。

(6)工地试验室资质审核与报备

按照交通运输部《关于进一步加强公路水运工程工地试验室管理工作的意见》(厅质监字〔2009〕183号)和《安徽省公路水运工程工地试验室建设与管理暂行规定》(皖交质监局〔2012〕6号)的要求,组织对工地试验室进行检查;经检查确认,符合规定后报质量监督机构备案。

(7)办理工程质量监督申请

①在完成开工前的各项准备工作之后,填写公路水运工程质量监督申请书,并按规定分阶段提交下列文件和资料,到质量监督机构办理工程质量监督申请手续。

a.公路水运工程质量监督申请书,包括项目基本概况、建设单位组织机构情况、监理单位人员情况、施工单位主要人员情况等。

b.工程项目审批文件,包括工程可行性研究的批复(核准、备案文件)、初步设计的批复、施工图审查的批复。

c.工程项目勘察、设计、监理、施工、试验检测、相关设备、主要材料供应等招标文件及合同副本。

d.工程从业单位资质证书复印件,主要设计人员、监理人员、施工单位项目经理、技术负责人、质量自检人员,以及各从业单位工地试验检测人员资格证书复印件。

e.工地试验室有关审查结果和申请备案资料。

f.地质水文勘察资料(附验收文件)、施工图纸、监理计划(规划)、监理细则、施工组织设计等。

g.各标段工程概况及主要工程量汇总统计表。

h.交通运输主管部门或质量监督机构要求的其他相关材料。

②收到质量监督机构公路水运工程质量监督通知书之日起30日内,到交通运输主管部门办理项目施工许可证或备案手续。

(8)组织岗前培训考核

针对项目建设特点,组织对项目监理、施工、检测单位的主要技术人员进行岗前培训和业务考核。

2.1.4 设计单位

(1)按合同规定及时提供设计文件及施工图纸

①勘察、设计单位按资质等级及业务范围承担相应的勘察、设计(含优化设计)任务,建立健全内部质量保证体系,严格按照设计质量管理流程开展勘察设计,依据通过验收的外业勘测资料和地质勘察资料进行内业设计,严格执行工程建设强制性标准,并对工程勘察、设计质量负责。

②从事建设工程勘察、设计活动时,坚持先勘察、后设计、再施工的原则;应加强总体设计,大力推行设计标准化,设计文件深度应满足国家规定要求。

③设计依据的基本资料应完整、准确、可靠,设计方案论证充分,计算成果可靠,并符合结构安全要求;设计文件选用的材料、配件和设备,应注明其性能及技术标准,其质量要求必须符合国家规定的标准,但不得指定生产厂家、供应商。

(2)做好设计文件交底工作

①工程施工前,就审查合格的施工图设计文件,向施工、监理单位详细说明勘察、设计意图,解释勘察、设计文件。

②回复图纸会审提出的问题和意见。

(3)建立现场设计代表处

①正式开工前,在施工现场设立代表处,按照合同约定派驻现场设计代表。

②建立健全设计后续服务质量保证体系,完善工作制度,明确责任人。

(4)参加质量监督交底会议

2.2 施工阶段

2.2.1 施工单位

(1)工序检验

①每道工序完工后,按照监理实施细则的具体要求进行工序自检。自检合格的,及时收集资料并填写检验申请批复单,报监理单位审核。

②工序检查,依据施工技术规范、《公路工程质量检验评定标准 第一册 土建工程》(JTG F80/1—2004)、《水运工程质量检验标准》(JTS 257—2008)、交通运输主管部门批准的项目专项质量检验评定标准(以下统称质量验评标准)规定进行。

③工序施工原始记录、测量记录、试验数据等,必须齐全、完整、真实、准确、规范。

④针对支架现浇等涉及结构安全和耐久性的关键工序,要制订专项验收方案,报监理单位

审批后组织实施。

（2）隐蔽工程报验

①隐蔽工程施工完毕，先进行自检。自检合格后，填写检验申请批复单，附上相应的工程检查记录及有关材料证明、试验报告、复试报告等，报监理单位审核。

②重要隐蔽工程施工要进行摄像和照相，并保证监理单位有充分便利条件对其进行检查和检测。

③重要隐蔽工程项目内容，依据施工合同文件和监理计划（规划）的具体规定执行。

（3）分项工程中间交工自检

①分项工程施工完成后，依据质量验评标准规定，进行分项工程质量检验评定；汇总完整的施工原始记录、试验数据、分项工程自查数据等质量保证资料，报监理单位申请验收。

②经监理单位验收合格后，进行下一分项工程施工；验收不合格的，依据监理单位验收意见完成整改，重新报验。

（4）分部工程中间交工自检

①分部工程所属全部分项工程完成后，汇总分项工程质量保证资料，按照质量验评标准的评分方法，计算分部工程评定值，确定评定等级，形成分部工程交验申请报告，报监理单位申请验收。

②经监理单位验收合格后，进行下一分部工程施工；验收不合格的，依据监理单位验收意见完成整改，重新报验。

（5）申报工程变更

①工程变更事件提出后，施工单位参与变更事件的商讨、洽谈过程，通过签认工程变更联系单的形式，记录变更事件的最终商定结果和处理方式。

②依据工程变更联系单的商谈结论或变更设计图纸，实施变更工程。工程施工完成并经自检合格后，按照报验程序向监理单位报验。

③依据验收合格报告和经监理单位复核签认的工程量，填写工程变更申报单，报监理单位审核。

④当工程变更存在无法依据合同条款规定直接引用或套用工程量清单单价的项目时，应在工程变更申报前，先依据投标文件的组价水平，对此类项目进行估价并逐级报审。

⑤工程变更事件确定后，按变更工程量和造价编制工程变更台账，并及时将相关数据在各类工程统计、计划报表中进行更新。

（6）工程质量问题和质量事故处理

①工程质量问题处理。

a. 出现工程质量问题后，依据监理指令要求，编制质量问题调查报告，提出处理方案，并填报监理指令回复单，报监理单位审批。

b. 依据审核批准的处理方案，对存在质量问题的工程进行加固补强或返修、返工处理；自检合格后，报监理单位验收。

c. 总结分析质量问题发生的原因，提出预防措施，经批准同意后方可复工。

②工程质量事故处理。

a. 发生工程质量事故后，依据工程停工指令要求，停止施工，并采取必要措施，防止事故扩大,保护好现场。

  b.按规定向上级主管部门报告。

  c.积极协助事故调查组开展工作,客观提供事故调查所需证据。

  d.依据核签后的技术处理方案,制订施工方案,报监理单位审批。

  e.依据批准的施工方案,组织技术处理施工;完工自检合格后,向监理单位报验。

  f.总结质量事故处理过程,编写工程质量事故处理报告,报监理单位审核。

  (7)工程质量检验评定

  ①分项工程完成后,进行分项工程质量检验评定。依据现场检测数据,填写质量评定表的检查项目,计算分项工程评分值,作为分项工程中间交工报验资料的组成部分。

  ②分部工程完成后,汇总分部工程所属各分项工程质量评定表,填写分部工程质量评定表,计算分部工程评分值,作为分部工程中间交工报验资料的组成部分。

  ③单位工程完成后,汇总单位工程所属各分部工程质量评定表,填写单位工程质量评定表,计算单位工程评分值,作为单位工程交工验收报验资料的组成部分。

2.2.2 监理单位

  (1)工序质量签认

  ①审核检验申请批复单,组织工序检验。工序检验由专业监理工程师负责。

  ②经检验合格,专业监理工程师签认检验申请批复单,批准进行下道工序施工。对检验结果为不合格的工序,签署整改意见,督促施工单位进行缺陷修补或返工处理,直至合格为止。

  ③上道工序未经检查认可,下道工序不得进行施工。

  ④针对支架现浇等涉及结构安全和耐久性的关键工序,组织专项检查验收。

  (2)隐蔽工程验收

  ①收到报验申请后,首先对质量证明资料进行审查,并在合同约定的时间内,到现场检查(检测或核查)。重要隐蔽工程的验收,应通知建设单位和设计单位代表参加。

  ②检查结果符合质量要求的,监理单位在检验申请批复单及工程检查记录上签字确认,准予施工单位隐蔽、覆盖,进入下一道工序施工。

  ③检查结果不合格的,签发监理指令,明确不合格项目,督促施工单位整改;整改完成并经自检合格后,重新组织复查。

  (3)分项工程中间交工验收

  ①审核施工单位提交的质量保证资料和评定资料,确认资料齐全后,组织监理、施工人员(如专业监理工程师、项目部技术负责人、质检工程师以及测量、试验人员)按质量验评标准规定的内容和方法,现场检测工程实体质量。

  ②根据验收检测结果和施工过程中独立抽检的试验数据,评定分项工程质量等级。经评定合格的,签发分项工程中间交工证书;评定不合格的,签发监理指令,明确对验收工程的处理意见,并督促施工单位限期整改。

  (4)分部工程中间交工验收

  ①审核分部工程交验申请报告的真实性、规范性、系统性和齐全性,整理完成所属分项工程的监理资料。

②负责组织分部工程中间交工验收。

③根据验收检测结果和工程监理资料评定分部工程质量等级。经评定合格的,签发分部工程中间交工证书;评定不合格的,签发监理指令,明确对验收工程的处理意见,并督促施工单位限期整改。

(5)审查单位工程中间交工验收申请

①审查单位工程交验申请报告和质量保证资料,并整理完成监理资料,提出审查意见,报总监理工程师审核。

②经总监理工程师审核同意后,报请建设单位组织验收。

③根据验收检测结果和工程监理资料,评定单位工程质量等级。经评定合格的,由总监理工程师签发单位工程中间交工证书;评定不合格的,签发监理指令,明确对验收工程的处理意见,并督促施工单位限期整改。

(6)工程变更审核

①收集有关工程变更的基础资料,组织工程变更协调会议,签认工程变更联系单。

②对变更工程组织验收,确认变更工程量。

③审核变更工程单价,报建设单位审批。

④审核工程变更申报单,填写工程变更审批表,依据职责权限,批准工程变更或在工程变更审批表上签署审核意见,报上级管理部门审批。

⑤依据工程变更审批结果,由总监理工程师签发工程变更令。

⑥依据合同条款规定,计量变更工程。

(7)工程质量问题和质量事故处理

①工程质量问题处理。

a.出现质量问题后,监理单位及时签发监理指令,要求施工单位分析问题,编制质量问题调查报告,提出处理方案。

b.组织工地会议,审查、确认施工单位质量问题处理方案。

c.指令施工单位按批准的处理方案实施处理,并全过程跟踪检查。

d.组织对处理结果进行检测、鉴定或验收,编写质量问题处理报告。

②工程质量事故处理。

a.发生工程质量事故后,总监理工程师应签发工程暂停令。指令施工单位停止施工,并采取必要措施,防止事故扩大,保护好现场。

b.参与或协助事故调查组开展工作。

c.会同相关单位研究质量事故调查组提出的技术处理意见,依据职责权限,组织对设计单位完成的技术处理方案进行审查、确认。

d.审批施工单位制订的施工方案,必要时编制监理实施细则,对技术处理过程中的关键部位和关键工序进行旁站。

e.审核施工单位自检报告,按规定组织对事故技术处理施工进行检查验收或鉴定。

f.总结分析事故处理情况,审核签认工程质量事故处理报告,报上级管理部门。

g.签发工程复工令,恢复正常施工。

2.2.3 建设单位

(1)质量责任登记

开工后,建设单位应督促各参建单位按照安徽省交通运输厅有关文件规定,完成对所承担工程的质量责任登记,报质量监督机构备案。

(2)对重大设备和工程原材料采购的质量管理

①督促工程施工单位机械设备按要求到位。

②审核对工程质量有重大影响的施工机械设备的技术性能报告。

③审查原材料采购各项指标和质量保证资料,按规范要求组织抽检。

(3)合同履约管理

依据合同文件,不定期组织各参建单位对合同履约情况进行检查,规范合同管理。

(4)工程变更管理

①在不降低工程技术标准、使用功能和工程质量的前提下,按规定审批项目参建单位提出的合理变更及优化设计方案。

②根据工程变更等级,按规定程序进行报审报批,经审查批准的工程变更方可实施。

③建立工程变更管理台账,定期对变更情况进行汇总,每半年将汇总情况报质量监督机构备案。

(5)组织开展质量检查

①建立定期质量检查、不定期质量抽查和巡查制度。

②重点检查内容:试验检测工作,标准化和精细化管理措施落实,质量通病治理,施工技术方案执行,工序检查验收程序管理,材料进场管理,重要隐蔽工程、涉及结构安全及耐久性的重点部位、关键工序的质量控制等。

③对检查发现的问题,督促相关单位限期整改,直至合格。检查结果作为质量评比、奖罚、信用评价的依据。

(6)组织召开工程质量例会和质量培训

①定期召开工程质量会议和不定期召开质量专题会、现场观摩会,通报检查情况,分析处理质量管理中存在的问题,总结推广好的管理经验。

②组织开展技术规范、技术方案、管理制度、工艺细则等专项培训工作。

(7)处理质量问题和质量事故

发生质量问题和质量事故后,按照交通运输主管部门的有关规定,及时上报和进行现场处置;根据职责权限,组织、参与或配合调查处理的相关工作。

(8)及时报送各类质量信息

按交通运输主管部门和质量监督机构要求,及时报送工程质量有关文件和报表。

(9)组织单位工程中间交工验收

①核查单位工程中间交工验收申请资料及监理单位审查意见。

②对符合验收条件的,组织中间交工验收。

(10)配合交通运输主管部门质量督查

①主动接受交通运输主管部门及质量监督机构的监督管理,配合质量监督抽检工作。

②对于存在的质量问题,及时督促有关单位整改到位,整改结果应书面报送检查部门核查备案。

(11)开展信用评价、总监述职和项目考核工作

按照交通运输主管部门有关要求,及时组织开展对项目参建单位的信用评价、总监述职和项目考核工作。

(12)积极推行管理创新

按照现代工程"五化"管理理念,结合项目建设实际,积极推广新技术、新材料、新工艺、新设备的应用,大力推行技术及管理创新。如首件工程认可制、示范样板工程管理、四方联合验收制(重要隐蔽工程)、材料准入制管理、施工方法模块化管理等,以设备保工艺,以工艺保质量。

2.2.4 设计单位

(1)做好设计后续服务

①工程实施过程中,现场设计代表,应随时掌握施工现场情况,解决设计的有关问题,及时、规范、合理、高效地提供设计后续服务。

②主动接受并积极配合质量监督机构的监督检查。

③在工程实施过程中,根据工程建设规模,结合工程进度,一般要组织 1~2 次综合检查,主要核对施工质量是否符合设计要求、查找并处理设计中存在的问题,检查情况报送建设单位和质量监督机构。

④建立设计后续服务各类台账和档案。

(2)处理设计变更

①已批准的工程设计,原则上不得变更,确需设计变更的,应按照工程设计变更管理办法的规定履行审批手续。

②根据工程实际,及时按规定完成变更设计。

③建立工程设计变更台账,每月对设计变更情况进行汇总,报送建设单位。

(3)过程质量管理

①对于重要隐蔽工程,涉及结构安全及耐久性的重点部位和关键工序,参与其过程检查与验收。

②参加单位工程中间交工验收。

③参与大型桥梁、隧道等重要工程施工方案的审查。

④参加项目技术质量管理有关工作会议。

⑤协助处理施工过程中出现的质量问题和质量事故。

(4)实行动态设计

①加强建设过程中设计与施工的配合衔接。如:路基边坡开挖后,设计单位要根据实际地质情况,优化边坡坡度、边坡防护、绿化与排水方案;隧道进洞后,要根据围岩实际等级,细化衬砌方案等,认真做好动态设计。

②根据项目具体情况,定期有针对性地发布质量预警和质量动态信息。

③随着工程项目的展开,当施工环境、地质、水文条件等设计基础资料发生变化时,及时进行补充、修改和优化设计。

(5)分析质量事故

参与工程质量事故分析和处理工作,并对因设计造成的质量事故,提出相应的技术处理方案。

2.3 交(竣)工验收阶段

2.3.1 施工单位

(1)配合交工验收
①施工单位完成合同约定的各项工程或工作。
②依据质量验评标准等相关规定对工程质量自检合格。
③按规定完成交工验收文件编制。
④完成项目交工验收施工总结。
⑤提交工程结算报告。
⑥填写合同段工程交工验收申请,提交监理单位审核。
⑦配合、协助交工质量检测,参加交工验收会议。

(2)修复工程缺陷
①完成交工证书中注明的未完成工作及工程缺陷的修复、监理指令的修补工作。
②工作完成经自检合格后,报监理单位核验。
③工程使用过程中产生的新缺陷以及已修复的缺陷又遭损坏的,施工单位负责修复,直至合格为止。
④缺陷责任期自实际交工日期起计算。交工验收合格的工程,实际交工日期以最终提交交工验收申请报告的日期为准。

(3)配合竣工验收
①施工单位完成交工验收遗留问题处理,并报经监理单位验收合格。
②按规定完成竣工验收文件编制。
③参加、协助档案、环保等单项验收,在规定时限内完成存在问题的整改。
④完成项目竣工验收施工总结。
⑤配合、协助竣工验收工作,应邀参加竣工验收会议。

(4)保修责任
①保修期自实际交工日期起计算,具体期限在项目合同专用条款数据表中约定。
②保修期与缺陷责任期重叠期间内,施工单位保修责任等同缺陷责任。
③在缺陷责任期满后的保修期内,对施工质量原因造成的损坏自费进行修复。
④提前验收合格的单位工程,其保修期的起算日期相应提前。
⑤不履行保修义务和责任的施工单位,按合同条款承担相应违约责任。

2.3.2 监理单位

(1)配合交工验收

①依据质量验评标准及相关规定要求,利用独立抽检资料对工程质量检验评定合格,组织进行预验收。
②按规定完成交工验收文件编制。
③完成监理工作总结及水土保持环保工作评价报告。
④审核施工单位交工验收申请,签署意见后报建设单位。
⑤配合、协助交工质量检测,参加交工验收会议。
(2)缺陷责任期监理
①监理缺陷工程施工过程。
②确认缺陷工程修复结果。缺陷工程施工质量检查验收合格后,在约定的缺陷责任期终止后14日内,签认缺陷责任终止证书,终止施工单位工程缺陷责任。
(3)配合竣工验收
①督促施工单位完成交工遗留问题处理,并进行验收。
②按工程交(竣)工验收办法规定的内容完成竣工文件编制。
③参加、协助档案、环保等单项验收,并在规定的时限内完成存在问题的整改。
④完成监理工程的监理总结。
⑤配合、协助竣工验收各项工作,应邀参加竣工验收会议。
(4)保修责任监理
①工程保修期终止后28日内,签发保修终止证书,终止施工单位工程保修责任。
②将存在违约失信行为的施工单位,报告建设单位和质量监督机构。

2.3.3 建设单位

(1)组织工程交工验收
①工程交工验收由建设单位负责。
②各合同段设计、施工、监理等单位参加交工验收工作。路基工程作为单独合同段进行交工验收时,邀请路面施工单位参加。
③拟交付使用的工程,邀请运营、养护管理等相关单位参加。
④交通运输主管部门、公路水运管理机构、质量监督机构,视情况参加交工验收。
(2)交工验收条件
①合同约定的各项内容已全部完成,各方就合同变更的内容达成书面一致意见。
②施工单位按工程质量验评标准及相关规定对工程质量自检合格。
③监理单位对工程质量评定合格。
④质量监督机构组织对工程质量进行检测,并出具检测意见。检测意见中需整改的问题已经处理完毕。
⑤按档案管理有关要求,完成文件资料收集、整理及归档工作。
⑥施工单位、监理单位完成本合同段的工作总结报告。
(3)交工验收程序
①施工单位完成合同约定的全部工程内容,且经施工自检和监理检验评定合格后,提出合同段交工验收申请及有关资料,报监理单位审查。

②监理单位根据工程实际情况、抽检资料以及合同段工程质量评定结果,对施工单位交工验收申请及其所附资料进行审查并签署意见。监理单位审查同意后,向建设单位提交独立抽检资料、质量评定资料和监理工作报告。

③建设单位对施工单位的交工验收申请、监理单位的质量评定资料进行核查,必要时可委托有相应资质的检测机构进行重点抽查检测,认为合同段满足交工验收条件时,组织交工验收。

④对若干合同段完工时间相近的,建设单位可合并组织交工验收;对分期试运营的项目,建设单位可按合同约定分期组织交工验收。

⑤通过交工验收的合同段,建设单位颁发工程交工验收证书。

⑥各合同段全部验收合格后,建设单位完成工程交工验收报告,报备交通运输主管部门及质量监督机构。

(4)交工验收主要内容

①检查合同执行情况。

②检查施工自检报告、施工总结报告及施工资料。

③检查监理单位独立抽检资料、监理工作报告及质量评定资料。

④检查工程实体,审查有关资料,包括主要产品的质量抽(检)测报告。

⑤核查工程完工数量是否与批准的设计文件相符,是否与工程计量数量一致。

⑥对合同是否全面执行、工程质量是否合格做出结论。

⑦按合同段分别对设计、监理、施工等单位进行初步评价。

(5)交工验收评定

①工程各合同段交工验收结束后,由建设单位对整个工程项目进行工程质量评定,工程质量评分采用各合同段工程质量评分的加权平均值。

②交工验收工程质量等级评定分为合格和不合格。交工验收不合格的工程应返工整改,直至合格。

③交工验收提出的质量缺陷等遗留问题,由建设单位责成施工单位限期完成整改。

(6)缺陷责任期管理

①督促检查施工单位完成工程缺陷修复。

②定期组织检查,对检查中发现的问题,限期整改,并建立缺陷责任修复台账。

③组织对缺陷修复工程进行验收。

(7)竣工验收准备

①交工验收提出的工程质量缺陷等遗留问题已全部处理完毕,经验收合格。

②工程决算编制完成,竣工决算已经审计,并经交通运输主管部门或其授权单位认定。

③竣工文件已完成工程项目文件归档范围的全部内容。

④档案、环保等单项验收合格,土地使用手续已办理。

⑤各参建单位完成工作总结报告。

(8)提出竣工验收申请

①公路水运工程符合竣工验收条件后,建设单位按照工程管理权限,及时向相关交通运输主管部门提出验收申请。其主要内容包括:

a. 交工验收报告。
b. 项目执行报告、设计工作报告、施工总结报告和监理工作报告。
c. 项目基本建设程序的有关批复文件。
d. 档案、环保等单项验收意见。
e. 土地使用证或建设用地批复文件。
f. 竣工决算的核备意见、审计报告及认定意见。
②相关交通运输主管部门对验收申请进行审查,必要时可组织现场核查。审查同意后报负责竣工验收的交通运输主管部门。
③符合竣工验收条件的项目,由负责竣工验收的交通运输主管部门通知所属的质量监督机构开展质量鉴定工作。
(9)配合竣工验收工作
①协助配合做好工程质量竣工复测工作。
②建设单位负责提交项目执行报告及验收工作所需资料,组织项目设计、施工、监理、接管养护等单位代表参加竣工验收工作,协助竣工验收委员会开展工作。
③建设项目设计、施工、监理、接管养护等有多家单位的,建设单位应组织汇总设计工作报告、施工总结报告、监理工作报告、项目使用情况报告,竣工验收时选派代表向竣工验收委员会汇报。
④各项准备工作完成后,适时组织进行预验收。

2.3.4 设计单位

(1)参加交工验收
①检查已完成的工程是否与设计相符,是否满足设计要求。
②参加交工验收工作。
(2)配合竣工验收
①对工程质量组织全面复查和评价,并编写质量评价报告,报送建设单位和质量监督机构。勘察设计单位出具的质量评价报告,主要包括以下内容:
a. 工程中设计变更文件变更程序是否符合要求;
b. 实体工程质量中涉及结构安全及使用功能的关键指标是否满足设计要求;
c. 工程是否已完成工程设计文件要求的各项内容;
d. 涉及特殊结构、新材料、新工艺、新技术、新设备以及对存在重大工程质量和安全风险的部位的专项设计情况;
e. 设计单位对建设工程质量的总体评价及竣工验收意见。
②完成项目设计工作报告。
③参加竣工验收工作,配合竣工验收检查。

2.4 质量监督机构

国家实行公路水运工程质量监督制度。公路水运工程质量监督管理由各级交通运输主管部门或委托其所属的质量监督机构负责实施。自出具公路水运工程建设项目质量监督管理通知书之日起至工程通过竣工验收止,为公路水运工程建设项目质量监督管理期。

工程质量监督管理,是指县级以上人民政府交通运输主管部门及其授权或委托的质量监督管理机构依据法律法规、技术标准和规范等,立足法定职责,对公路水运工程质量实施监督管理的综合行政行为。

公路水运工程质量监督管理,应当坚持公开、公平、公正的原则,依法监管、科学监管、规范监管、阳光监管。

交通运输主管部门及其所属的质量监督机构,对公路水运工程质量监督的主要内容如下:

a. 监督检查工程质量法律、法规、规章制度的执行情况;
b. 监督检查公路水运工程强制性标准的执行情况;
c. 监督检查工程质量责任主体的质量责任落实情况;
d. 依法对工程质量违法违规行为实施行政处罚;
e. 受理工程质量投诉、举报,组织或参与工程质量事故调查处理。

2.4.1 施工准备阶段

(1)质量监督范围划分

①安徽省交通建设工程质量监督局负责监督:列入交通建设计划的高速公路工程以及跨长江、淮河的特大型桥梁工程和隧道工程的新、改(扩)建工程和养护大修工程项目;列入安徽省交通建设计划3000吨级以上港口工程、3级以上航道工程、1000吨级以上通航建筑物的新改(扩)建工程;安徽省交通运输厅指定监督的其他公路水运工程项目。

②其他公路水运工程项目质量监督,由所在地行政区域的市级交通运输主管部门或所属质量监督机构负责。

(2)质量监督受理

①收到建设单位提交的质量监督申请后,对申请资料的完整性、符合性进行初步审查,符合要求的,当场办理质量监督登记手续;不符合要求的,不予登记。

②自办理质量监督登记手续之日起20日内,对所收到的监督申请资料及施工现场进行核实。对符合基本建设程序的公路水运工程项目,确定工程质量监督人员,制订监督计划,向建设单位发出公路水运工程质量监督通知书。

③对不符合基本建设程序的项目,填写工程质量监督申请不予受理告知单,书面通知申请人不予受理并告知原因,必要时向本级交通运输主管部门报告。

④交通运输主管部门或所属质量监督机构依据有关规定责令建设单位完善基本建设程序。工程项目符合基本建设程序后,建设单位重新提出工程质量监督申请。

(3)工地试验室资质审核与备案

①正式开工前,建设单位按有关规定对工地试验室资质、人员、环境、设备、制度等进行符合性审查。符合规定的,向质量监督机构提交工地试验室申请备案报告和相关资料。

②质量监督机构在15个工作日内,对申报资料和工地试验室进行核查,符合条件者予以备案。同意备案的工地试验室,由建设单位颁发工地试验室合格证书。

(4)组织质量监督交底

①办理监督手续后,及时组织召开质量监督交底会议,要求建设、设计、施工、监理、试验检测等从业单位的技术及管理人员参加。

②监督交底包括四项主要内容:《安徽省公路水运重点工程项目建设质量管理指南》《安徽省公路水运重点工程建设项目安全生产管理指南》《公路水运工程质量通病防治手册》和项目质量监督计划。

2.4.2 施工阶段

(1)办理质量责任登记

开工后,书面通知建设单位,要求从业单位和相关负责人对所承担的工程进行质量责任登记,并报质量监督机构备案。

(2)监督检查及问题处理

①建设项目实施过程中,根据监督工作计划,采取综合督查、专项督查、巡视督查、备案督查、远程督查等方式,对从业单位质量管理行为、施工工艺、工程实体质量等进行监督检查。主要包括以下内容:

a. 参建单位执行工程质量法律、法规和方针政策情况;

b. 工程建设强制性技术标准执行及通病治理情况;

c. 工程质量责任主体的质量责任落实情况以及质量管理程序执行情况;

d. 主要工程原材料、构配件和设备的质量;

e. 工程主体结构安全和主要使用功能的工程实体质量。

②现场督查过程中,检查人员应将检查的时间、地点、内容、发现的问题及处理意见制成书面记录,并由检查人员和被检查单位现场负责人签字。被检查单位现场负责人拒绝签字的,检查人员应将情况记录在案。

③对督查中发现的问题,现场提出整改要求,并在督查结束后10日内,对综合督查形成通报发送项目主管单位,同时抄送项目办;对专项督查形成工程质量督查意见书发送项目办,同时抄送项目主管单位;对巡视督查结果函告有关单位。

④一般质量管理问题和一般质量缺陷,要求限期整改;对不合格工程,责令限期返修;存在问题的单位按要求进行整改、返修,并及时提交书面整改报告。质量监督机构对质量问题的整改落实情况实行跟踪复查,对严重质量问题的整改结果进行现场核验。

督促建设单位应及时报送有关质量文件和资料,如开工报告、单位分部分项工程划分批复、重要部位中间交工证书等。

⑤交通运输主管部门(或质监机构)履行监督管理职责时,有权采取下列措施:

a. 进入被检查单位和施工现场进行检查;

b. 询问被检查单位及人员,要求其说明有关情况;

c. 要求被检查单位提供有关工程质量的文件和材料;

d. 对施工用的原材料、半成品、成品等进行抽样检测;

e. 对影响工程质量的行为,视情况可采取责令改正、通报批评、停工整顿、罚款、降低或建议降低资质信用等级、吊销或建议吊销资质证书等措施;

f. 法律、法规规定的其他措施。

(3) 过程质量抽查检测
①工程开工后,按有关规定确定项目委托质量检测单位。
②审查批准检测单位编制的检测大纲。
③施工过程中,根据工程进展情况,分阶段组织检测单位对工程质量进行检测。
(4) 质量动态信息管理
定期汇总、分析施工过程中的抽测数据,评估总体质量状况和存在的主要问题,提出加强质量管理的措施和指导意见,定期发布质量预警和质量动态信息。
(5) 工程质量投诉及举报处理
依照安徽省交通建设工程质量举报调查处理程序规定,及时、公正地处理投诉和举报事宜,并将处理结果反馈给有关单位或个人。

2.4.3 交(竣)工验收阶段

(1) 交工检测
①按规定通过招标或委托方式确定检测单位,审查批准检测大纲。
②依据工程进度和质量检测鉴定计划安排,组织质量检测。
(2) 交工质量检测意见
①在公路水运工程项目交工验收前,根据中间质量监督检测情况和交工验收质量抽检结果,向建设单位出具工程交工质量检测意见。
②对于技术复杂工程的检测意见,必要时组织专家评审论证。
③将项目交工质量检测意见报送交通运输主管部门。
(3) 审核交工验收对参建单位的初步评价
审核交工验收对设计、施工、监理单位的初步评价结果,报送交通运输主管部门。
(4) 缺陷责任期监督
在项目试运营期间,督查工程质量状况及交工验收遗留问题的处理情况,将督查结果函告建设单位,并督促相关参建单位完成存在问题的整改。
(5) 竣工复测
①根据交通运输主管部门的通知要求,开展项目质量鉴定工作。
②按规定通过招标或委托方式确定检测单位,审查批准竣工复测大纲。
③对于技术复杂工程的关键指标复测情况,必要时组织专家评审论证。
(6) 鉴定工程质量
依据交、竣工验收工程质量检测结果,结合监督过程中的检查资料和设计单位编写的质量评价报告,按规定对工程进行质量鉴定,并出具工程质量鉴定报告。
(7) 编写质量监督工作报告
工程竣工验收时,提交工程质量监督工作报告,并参与竣工验收。
(8) 签发参建单位工作综合评价等级证书
依据工程竣工验收结论,对通过竣工验收的工程各参建单位,签发参建单位工作综合评价等级证书。

2.5 从业单位信用评价

根据交通运输部及安徽省交通运输厅相关要求,每年对项目参建单位和主要人员开展信用评价。评价结果记入单位和个人信用档案,报安徽省交通运输厅。

(1)施工单位(公路工程)

①信用评价管理工作实行统一管理、分级负责。省交通运输主管部门负责全省公路施工企业信用评价的管理和监督工作;市交通运输主管部门负责本行政区域内公路施工企业信用评价的管理工作。

②省交通运输主管部门主要职责是:

a.制订本省公路施工企业信用评价实施细则,并指导和组织全省公路施工企业信用评价工作;

b.对在本省内从业的具有二级以上(含二级)公路施工资质的企业,以及在本省内从业的具有高速公路交通工程、养护工程施工资质的企业进行省级综合评价;

c.对本省公路施工企业信用评价实行动态管理,定期发布省级综合评价结果;

d.按规定配合国务院交通运输主管部门完成信用评价的其他工作。

③市交通运输主管部门主要职责是:

a.建立本市公路施工企业的信用评价制度,指导和组织全市公路施工企业信用评价有关工作;

b.按本细则确定的评定标准,对在本市内高速公路以外的其他公路项目从业的,具有二级以上(含二级)公路施工资质的企业进行评分,并将评分及有关资料报省交通运输主管部门或其委托的机构汇总;

c.配合省交通运输主管部门完成信用评价的其他工作。

④省公路管理机构受省交通运输主管部门委托,负责对各市报送的施工企业信用评分进行审核、汇总,并将汇总后的结果报省交通运输主管部门进行省级综合评价。

⑤各高速公路招标人及项目法人,负责对本单位管理的高速公路建设项目主体工程、交通工程及养护工程的施工企业进行投标行为和履约行为信用评分,并将评分及有关资料报省交通运输主管部门进行省级综合评价。

⑥公路施工企业信用评价工作实行定期评价和动态评价相结合的方式。同一家公路施工企业在本省公路建设市场的省级综合评价等级仅有一个。

定期评价工作每年开展一次,对公路施工企业上一年度(1月1日至12月31日期间)的信用行为进行评价。

⑦项目法人应采取日常建设管理和定期检查相结合的方式,加强对公路施工企业的履约行为检查。其中定期检查可邀请有关行业监管部门派员参加,原则上每年5~6月和11~12月各组织一次。

交通运输主管部门或其委托的公路管理机构,应根据管理权限和项目建设情况,对招标人或项目法人的信用评价管理工作及公路施工企业的投标行为、履约行为等进行抽查。

⑧公路施工企业信用评价的依据为:

a.市级及以上交通运输主管部门及其公路管理机构、质量监督机构、造价管理机构督查、检查结果或奖罚通报、决定;

　　b.招标人、项目法人管理工作中的正式文件;

　　c.举报、投诉或质量、安全事故调查处理结果;

　　d.司法机关做出的司法认定及审计部门的审计意见;

　　e.其他可以认定不良行为的有关资料。

　　⑨公路管理机构、质量监督机构、招标人、项目法人等,应按项目管理权限,及时将公路施工企业信用评价的有关依据,报送交通运输主管部门。

　　⑩对信用行为直接定为D级的施工企业实行动态评价,本省招标人、项目法人及行业监管部门发现公路施工企业存在直接定为D级行为的,应及时报本省交通运输主管部门。自省交通运输主管部门认定之日起,企业在本省一年内信用评价等级为D级。对实施行政处罚的施工企业,评价为D级的时间不低于行政处罚期限。

　　被行政处罚限制进入安徽省公路建设市场的D级施工企业,在处罚期内不参与年度信用评价;行政处罚期满后,暂按B级信用等级确定,待下一年度信用评价时按规定对其进行信用评价,重新确定信用等级。

　　连续两次在年度信用评价中被评为D级的公路施工企业,建议相关资质管理部门按照国家和省有关规定降低其资质等级。

　　⑪公路施工企业信用评价结果,按以下原则应用:

　　a.本省公布的公路施工企业的省级综合评价结果,应用于本省范围。

　　b.国务院有关部门许可资质的公路施工企业初次进入本省时,其等级按照全国综合评价结果确定。尚无全国综合评价的企业,若无不良信用记录,可按A级对待;若有不良信用记录,视其严重程度按B级及以下对待。

　　c.其他施工企业(国务院有关部门许可资质的除外)初次进入本省时,其等级参照注册地省级综合评价结果确定。无注册地省级综合评价的,若无不良信用记录,可按A级对待;若有不良信用记录,视其严重程度按B级及以下对待。

　　d.联合体参与投标的,其信用等级按照联合体中最低等级方认定。

　　(2)水运工程设计和施工企业

　　①水运工程设计和施工企业信用评价工作实行统一管理、分级负责。省交通运输主管部门负责全省水运工程设计和施工企业信用评价的管理和监督工作,主要职责是:

　　a.制订本省水运工程设计和施工企业信用评价实施细则;

　　b.组织和指导全省水运工程设计和施工企业信用评价工作;

　　c.对在本省内从事水运工程设计、施工企业的信用进行省级综合评价,定期发布省级综合评价结果。

　　②省港航管理部门,具体实施全省水运工程设计和施工企业信用评价的管理和监督工作,负责对各市报送的水运工程设计、施工企业信用评价结果进行审核、汇总,并将汇总后的结果报省交通运输主管部门进行省级综合评价。

　　③各市交通运输主管部门,负责本行政区域内水运工程设计、施工企业信用评价的监督管理工作。

④各市港航管理部门,具体组织和实施全市水运工程设计、施工企业信用评价工作,主要职责是:

a.组织和实施全市水运工程设计和施工企业信用评价工作;

b.完成省、市交通运输主管部门布置的信用评价方面的其他工作。

⑤水运工程设计和施工企业信用行为评分的依据为:

a.交通运输主管部门、港航管理部门、水运工程质量安全监督机构等的督查、检查结果或通报、决定等;

b.招标人、项目法人(建设单位)、监理单位等管理工作中形成的文件;

c.举报、投诉或质量、安全事故调查处理结果;

d.司法判决、裁定、认定及审计意见等;

e.省级以上水运工程建设市场信用信息管理系统发布的信息;

f.其他有关信用信息。

⑥水运工程设计和施工企业信用评价工作实行定期评价和动态管理相结合的方式。同一家水运设计或施工企业在本省水运建设市场的省级综合评价等级只能有一个。定期评价周期为1年,评价期为每年1月1日至12月31日。对存在严重失信行为、按规定直接进行定级的企业实行动态管理。

⑦项目法人(建设单位)应采取日常建设管理和定期检查相结合的方式,加强对水运工程设计、施工企业的履约行为检查。

各级港航管理部门,应根据项目建设情况,对招标人或项目法人的信用评价管理工作及水运工程设计、施工企业的投标行为、履约行为等进行检查和督查,检查每半年不少于一次。

⑧对发生严重失信行为的水运工程设计和施工企业,省交通运输主管部门按照《评定标准》直接定为D级,并自确定信用等级之日起15日内将评价结果报交通运输部。对受到行政处罚的企业,其定为D级的时限不得低于行政处罚期限。

⑨水运工程设计和施工企业对综合评价结果有异议的,可在公示期限内向公示部门提出申诉或举报。公示部门收到申诉或举报后,应及时组织核查,在30个工作日内将处理结果告知申诉人或举报人。

⑩水运工程设计和施工企业信用评价结果有效期1年,下一年度在安徽省无信用评价结果的,其在安徽省信用评价等级可延续1年。延续1年后仍无信用评价结果的,按照初次进入安徽省确定,但不得高于其在安徽省原评价等级的上一等级。

⑪省级综合评价结果应用于本省行政区域内。

水运工程设计和施工企业初次进入安徽省时,其信用等级按照全国汇总评价结果确定。无全国汇总评价结果,且在其他省份或部属单位无严重失信行为的企业,信用等级可按A级对待;若有严重失信行为的,可参照相关省份或部属单位信用评价结果确定其信用等级。

⑫项目法人在水运工程招投标活动中,要加大对水运工程设计和施工企业信用评价结果的应用力度。对年度信用等级为AA级和连续两年为A级的单位,适当减少投标保证金或履约担保金,适当增加投标机会或奖励信用分等方式给予一定的优惠;对信用等级为C级或D级的单位,要加强投标资格审查,并对其履约行为进行重点监管。招标人应在资格审查文件、招标文件中列明信用奖惩的具体规定,资格审查或评标委员会根据列明的规定开展工作。

⑬水运工程设计和施工企业,应按规定及时在水运工程建设市场信用信息系统录入和更新企业基本信息,对于未按规定填报、变更信用信息,或填报、变更信用信息存在造假行为的企业,将按照《评定标准》进行扣分。

⑭招标人、项目法人(建设单位)应当建立信用信息管理台账,按时对水运工程设计和施工企业进行信用评价。信用评价工作中不得弄虚作假或以信用评价要挟企业、牟取私利。存在违规行为的,将按有关规定进行处理。

⑮省、市交通运输主管部门、港航管理部门,应建立健全信用评价工作管理和监督制度,建立信用信息档案,加强对信用评价工作的监督检查。对发现的违规行为,应当责令相关当事人限期改正。有关管理机构及工作人员在信用评价工作中,不得徇私舞弊、以权谋私或弄虚作假。存在违规行为的,将按有关规定进行处理。对在信用评价中发生的应扣分而不扣分等违规行为,省级交通运输主管部门责令其纠正,视具体情况在全省交通系统予以通报批评。

(3)设计单位(公路工程)

①公路设计企业信用评价,应遵循公平、公正、公开的原则,评价结果实行签认和公示公告制度。

②信用评价管理工作实行统一管理,分级负责。

③国务院交通运输主管部门,负责全国公路设计企业信用评价的监督管理工作。主要职责是:

a.制定全国公路设计企业信用评定标准;

b.指导省级交通运输主管部门的信用评价管理工作;

c.对具有国务院有关部门许可资质的公路设计企业的从业行为进行全国综合评价。

④省级交通运输主管部门,负责本行政区域内公路设计企业的信用评价管理工作。主要职责是:

a.制订本行政区域公路设计企业信用评价实施细则并组织实施;

b.对在本行政区域内从业的公路设计企业进行省级综合评价;

c.指导本行政区域内公路设计企业信用评价相关部门、机构的管理工作。

⑤公路设计企业信用评价的依据为:

a.交通运输主管部门及其公路管理、质量监督、造价管理等机构评审、督查、检查结果或奖罚通报、决定;

b.招标人、项目建设管理单位管理工作中的正式文件;

c.举报、投诉或质量、安全事故调查处理结果;

d.司法机关做出的司法认定及审计部门的审计意见;

e.其他可以认定不良信用行为的有关资料。

⑥公路设计企业信用评价工作,实行动态评价与定期评价相结合的方式:

a.动态评价是企业发生严重失信行为时,省级以上交通运输主管部门直接确定公路设计企业信用等级为D级的信用评价工作。

被交通运输主管部门动态评价为D级的企业,自认定之日起,在相应行政区域一年内信用评价等级为D级。因受到行政处罚被直接认定为D级的企业,其评价为D级的时间不得低于该行政处罚期限。

b. 定期评价是省级及以上交通运输主管部门对公路设计企业在上一年度(1月1日至12月31日)的信用行为进行的周期性评价,一般每年开展一次。

对于由国务院交通运输主管部门评价从业行为的公路设计企业,其评价结果应由省级交通运输主管部门于3月31日前报送。

国务院交通运输主管部门,应当在4月底前完成全国综合评价。

⑦公路设计企业资质升级的,其信用评价等级不变。企业分立的,按照新设立企业确定信用评价等级,但不得高于原评价等级。企业合并的,按照信用评价等级较低企业的等级确定合并后企业信用等级。

⑧企业对信用评价结果有异议的,可在公示期限内依法向公示部门提出申诉。任何单位或个人,可对公路设计企业的失信行为,以及信用评价工作中的违纪、违规行为等进行投诉或举报。申诉、投诉或举报时应提交书面材料。

⑨交通运输主管部门收到申诉、投诉或举报书面材料后,应及时组织调查、核查,在30个工作日内将处理结果告知申诉人、投诉人或举报人。

⑩企业信用评价结果,按以下原则应用:

a. 企业的全国综合评价结果应用于全国公路建设市场;省级综合评价结果可应用于本行政区域公路建设市场,具体应用办法由省级交通运输主管部门在相关实施细则中明确。

b. 具有国务院有关部门许可资质的公路设计企业初次进入某省级行政区域从业时,其信用等级按照全国综合评价结果确定。尚无全国综合评价结果的公路设计企业,若无不良信用记录,可按A级对待。若有不良信用记录,视其严重程度按B级或以下等级对待。

c. 企业组成的联合体参与投标的,其信用等级按照联合体成员中最低信用等级方认定。

⑪省级交通运输主管部门,应建立激励机制,对评为AA级或连续3年评为A级的守法诚信企业,在招投标、履约保证金、质量保证金等方面给予一定的优惠和奖励。

⑫各级交通运输主管部门和项目建设管理单位,对信用评价等级为C级或D级的企业,要加强资质条件动态审核和投标资格审查,并对其履约行为进行重点监管。

(4)监理单位

①监理单位信用评价工作,实行统一管理、分级负责。

交通运输部负责全国范围内从业的监理企业和监理工程师的信用评价管理工作,交通运输部质量监督机构负责对具体信用评价工作进行指导并负责综合信用评价。

省级交通运输主管部门负责在本地区从业的监理企业和监理工程师的信用评价管理工作,省级交通运输质量监督机构负责本地区信用评价的具体工作。

项目业主负责本项目监理企业和监理工程师的信用评价初评工作。

监理企业负责本企业信用评价申报以及相关基本信息录入工作。

②下列资料可以作为信用评价采信的基础资料:

a. 交通运输主管部门及其质量监督机构文件(含督查、检查、通报文件)和执法文书;

b. 质量监督机构发出的监督意见通知书、停工通知书、质量安全问题整改通知单;

c. 工程其他监管部门稽查、督查(察)、检查等活动中形成的检查文件;

d. 举报投诉调查处理的相关文件和专家鉴定意见;

e. 质量、安全事故调查处理及责任认定相关文件;

f. 项目业主有关现场监理机构和监理人员履约、质量和安全问题的处理意见；

g. 总监办、项目监理部、驻地办有关质量安全问题的处理意见；

h. 项目业主向质量监督机构提供的项目监理人员履约情况（包括合同规定监理人员、实际到位人员及人员变更情况等内容）。

③项目业主、项目交通运输质量监督机构、省级交通运输质量监督机构及省级交通运输主管部门，应对收集的基础资料进行分析、确认，对有疑问或证据不充足的资料应查证后作为评价依据。项目交通运输质量监督机构，应对纳入信用评价范围的工程项目每年不少于1次进行现场检查评价。

④监理企业信用评价周期为1年，从每年1月1日起，至当年12月31日止。监理工程师信用评价周期为3年，从第一年1月1日起，至第三年12月31日止。

⑤对信用行为"直接定为D级"的监理企业实行动态评价，自省级交通运输主管部门认定之日起，企业在该省和全国范围内当年的信用等级定为D级，且定为D级的时间为一年。监理企业在工程项目建设期间，任一年在该工程项目上发生"直接定为D级"行为之一的，其在该项目上的总体信用评价等级最高为B级。

⑥监理工程师信用评价实行累计扣分制，评价周期内，对监理工程师失信行为扣分进行累加。对评价周期内累计扣分分值大于等于12分，但小于24分的监理工程师，在其数据库资料中标注"评价周期内从业承诺履行状况较差"。对评价周期内累计扣分分值大于等于24分的监理工程师，在其数据库资料中标注"评价周期内从业承诺履行状况很差"。

⑦交通运输主管部门应将信用评价等级为D级的企业、累计扣分大于等于24分的监理工程师列入"信用不良的重点监管对象"加强管理。

（5）试验检测单位

①交通运输部，负责公路水运工程试验检测机构和人员信用评价工作的统一管理：负责试验检测工程师和取得公路水运甲级及专项等级证书并承担高速公路、独立特大桥、长大隧道及大型水运工程质量鉴定、验收、评定（检验）、监测及第三方试验检测业务试验检测机构的信用评价和信用评价结果的发布。交通运输部所属的质量监督机构（以下简称部质监机构）负责信用评价的具体组织实施工作。

省级交通运输主管部门负责在本行政区域内从事公路水运工程试验检测业务的试验检测人员和相关试验检测机构信用评价工作的管理。省级交通运输主管部门所属的质量监督机构（以下简称省级质监机构）负责信用评价的具体组织实施工作。

②试验检测机构的信用评价实行综合评分制。试验检测机构设立的工地试验室及单独签订合同承担的工程质量鉴定、验收、评定（检验）及监测等现场试验检测项目（以下简称现场检测项目）的信用评价，作为其信用评价的组成部分。

③质监机构用于复核评价的不良信用信息采集每年至少1次且要覆盖到评价标准的所有项。各级质监机构开展的监督检查中发现的违规行为、投诉举报查实的违规行为、交通运输主管部门通报批评中的违规行为均作为对试验检测机构、工地试验室及现场检测项目信用的评价依据。信用检查结果应有检查人员的签字确认，多次发现的问题可累计扣分。上一级质监机构应当对下一级质监机构所负责评价的试验检测机构、工地试验室及现场检测项目进行随机抽查复核。

④试验检测人员信用评价实行随机检查累计扣分制,工地试验室授权负责人实行定期检查累计扣分制。

信用评价扣分依据为项目业主掌握的不良信用信息,质监机构监督检查中发现的违规行为、投诉举报查实的违规行为、交通运输主管部门通报中的违规行为等。

⑤评价周期内累计扣分分值大于等于20分,小于40分的试验检测人员信用等级为"信用较差";扣分分值大于等于40分的试验检测人员信用等级为"信用很差"。连续2年信用等级被评为"信用较差"的试验检测人员,其信用等级直接降为"信用很差"。被确定为"信用很差"或伪造证书上岗的试验检测人员列入黑名单,并按《公路水运工程试验检测管理办法》(交通部令2005年第12号)予以处罚。

3 项目环境管理

项目环境主要指施工现场办公区、生活区和施工区的环境,分为硬件环境和软件环境。硬件环境是指为实现项目建设目标、满足生产生活所必需的设施、场地和场所。软件环境是指为保证作业者生产安全而设置的标志,以及为激发员工积极性和创造性所营造的企业文化氛围。

良好的项目环境,有助于保证工程施工顺利进行、保障施工人员安全、搞好企业精神文明建设,从而提高施工管理效率,提升工程质量。项目环境管理就是以"环境友好型,管理标准化"为目标,通过落实一系列文明施工、环境保护措施,使得施工工地生产、生活场所整洁、设施配套齐全、材料工件堆放有序、施工道路畅通;施工现场粉尘浓度、施工噪声、污水排放符合国家相关标准;悬挂、制作的宣传标语、宣传栏、图片可以很好地展示企业形象。

本章就如何建设良好的驻地、试验室、场站、施工作业环境提出指导性意见。

3.1 驻地管理

3.1.1 基本要求

(1)驻地选址

①通水、通电、通信,平整场地,方便生产生活;靠近施工现场,方便管理;靠近道路,方便交通。

②避开泥沼、悬崖、陡坡、塌方、落石、泥石流、雪崩、垃圾填埋场、水库下游、采空区等危险区域;避开文物、古迹、光缆等保护区域;避开高压线路及高大树木等区域;距离集中爆破区500m 以上。

③选址由项目负责人(业主、监理、承包人)在进场前组织相关人员确定选址方案,按相关规定实行报备手续。

④工地试验室建设和场站建设驻地选址,应符合上述规定。

(2)总体布置

①生活区、办公区分开设置,布局合理、功能齐全、整洁美观。

②驻地采用封闭式管理,一般用不低于 2m 的砖砌围墙或通透式围栏分隔。

③驻地用房可采取租用或自建方式,租用的房屋必须坚固、安全、耐用,并满足工作要求;自建用房至少为装配式活动板房,活动板房应具有生产(制造)许可证、产品合格证,搭建高度不宜超过两层,屋顶宜采用"人字形"。房屋按防火规定保持安全净距,一般情况下:

  a.活动板房不小于7m;
  b.铁皮板房不小于5m;
  c.临时锅炉房、发电机房、变电室、厨房等与其他房屋的间距不小于 15m。

④临时用电杆线布置合理,配电规范。

⑤按消防相关规定设置消防沙箱(沙池)、灭火器等消防设施,定期检查、更换;张贴(挂)消防安全等警示牌。

⑥总体布置方案建设前按相关规定实行报备手续,建成后须报相关部门验收合格后方可投入使用。

(3)标志标牌

①办公区入口处或醒目位置处应设置"一图五牌"。

a.驻地平面布置图:标明房屋、道路、停车场、厕所、浴室、绿化等位置。

b.入场告知(提示)牌:提醒非工作(施工)人员进入驻地(施工现场)应注意的事项。

c.工程公示牌:向社会公开该项目工程名称、工程范围、建设(设计、监理、施工)等单位的联系人和联系电话、计划工期等内容。

d.安全管理规定牌:提醒工作(施工)人员进入驻地(施工现场)应注意的事项。

e.安全生产警示牌:向社会公开该项目当前安全生产状况及安全管理责任人。

f.项目部施工危险源发布牌:提醒施工(安全)管理人员了解当日工作单元的危险源及危险程度。

②生活入口处或醒目位置处应设置"一图二牌"。

a.驻地平面布置图。

b.入场告知(提示)牌。

c.安全管理规定牌。

(4)卫生与文化建设

①驻地场地及主要道路硬化处理,空地区域适当绿化;院内环境优美整洁。

②排水系统通畅,地面平整、无积水;生活污水设置沉淀池,符合排放标准后,排入临近下水系统。

③设置垃圾堆积池,垃圾集中存放,定期处理。

④公共场所设置指路导向牌,办公室门口挂设名称标志牌。

⑤因地制宜设置文化活动室、室外体育运动场所。

⑥驻地院内适当位置,设立宣传栏、宣传牌、黑板报等。

3.1.2 项目办驻地

(1)项目办是建设单位在工程现场设置的临时管理机构。项目办负责人负责驻地建设总体策划与布局,建立驻地管理机构,制定相应制度,确定责任人。

(2)驻地建设规模及标准,应满足工程建设和管理的需要,一般不低于表3-1标准。

(3)档案室,应单独设置,有专人管理,还应有防潮、防蛀、防火设施;会议室,应悬挂项目简介、项目总体平面图、形象进度图、项目办组织机构框图、质量安全管理组织机构框图、廉政组织机构框图、质量目标及保证措施、安全和环保目标及保证措施。

(4)项目办信息化建设要以对项目"动态、实时、全方位"管理为原则,建立并应用覆盖公路项目建设管理全过程的信息系统,将工程质量、安全、进度、投资、设计变更和试验检测等管理内容纳入系统,实行动态管理,提高工程现代化管理水平。

3 项目环境管理

项目办驻地建设规模与标准表　　　　　表3-1

序号	名称	建筑面积（m²）		主要设施配置	备 注
		高速公路	国省干线公路		
1	办公用房	≥8（人均）	≥8（人均）	计算机、空调等	（1）地面铺装标准，不得低于采用水泥混凝土硬化的相关标准； （2）大型项目宜取高值，小型项目可取低值； （3）国省干线道路标准按照平原地区一级公路建设标准要求，二级及二级以下公路建设和山区公路建设等可适当降低标准
2	会议室	100～200	40～80	投影仪、音响、空调等	
3	档案室	40～60	20～40	档案柜、空调等	
4	监控室	40～60	—	监控设备、空调等	
5	停车场	200～300	100～200	—	

3.1.3 总监（驻地）办驻地

（1）总监（驻地）办是监理单位在工程现场设置的临时监理机构。总监（驻地）办负责人，负责驻地建设总体策划与布局，建立驻地管理机构，制定相应制度，确定责任人。

（2）驻地建设规模及标准，应满足工程建设和管理的需要，一般不低于表3-2标准。

总监（驻地）办驻地建设规模与标准　　　　　表3-2

序号	名称	建筑面积（m²）		主要设施配置	备 注
		高速公路	国省干线公路		
1	办公用房	≥8（人均）	≥8（人均）	计算机、空调等	（1）地面铺装标准，不得低于采用水泥混凝土硬化的相关标准； （2）总监办宜取高值，驻地办可取低值； （3）国省干线道路标准按照平原地区一级公路建设标准要求，二级及二级以下公路建设和山区公路建设等可适当降低标准
2	会议室	40～80	40～80	投影仪、音响、空调等	
3	档案室	20～40	20～40	档案柜、空调等	
4	停车场	100～200	100～200	—	

（3）会议室，应悬挂监理企业简介、本项目监理组织机构框图、质量安全监理组织机构框图、廉政组织机构框图、质量目标及保证措施、环保目标及保证措施。

3.1.4 项目经理部驻地

（1）项目经理部是施工单位在工程现场设置的施工管理机构。项目经理，负责驻地建设总体策划与布局，建立驻地管理机构，制定相应制度，并确定责任人。

（2）驻地建设规模及标准，应满足工程建设和管理的需要，一般不低于表3-3标准。

项目经理部驻地建设规模与标准　　　　表3-3

序号	名称	建筑面积(m²) 高速公路	建筑面积(m²) 国省干线公路	主要设施配置	备注
1	办公用房	≥8(人均)	≥8(人均)	计算机、空调等	(1)地面铺装标准,不得低于采用水泥混凝土硬化的相关标准; (2)大型项目宜取高值,小型项目可取低值; (3)国省干线道路标准按照平原地区一级公路建设标准要求,二级及二级以下公路建设和山区公路建设等可适当降低标准
2	会议室	40~80	40~80	投影仪、音响、空调等	
3	档案室	20~40	20~40	档案柜、空调等	
4	停车场	100~200	100~200	—	

(3)一线工人业余学校面积不小于50m²,可与大会议室合并设置,教室门边应悬挂"××工程××标段一线工人业余学校"校牌,室内墙上要悬挂一线工人业余学校的组织框图及授课计划。

3.1.5 工区驻地

(1)工区负责人,负责驻地建设总体策划与布局,建立驻地组织机构,制定相应制度,确定责任人。

(2)在工区附近租用的民房,必须坚固、安全、耐用,并满足生产、生活要求。装配式活动板房,应具有生产(制造)许可证、产品合格证。

3.1.6 四项基本生活设施

项目办、总监(驻地)办、项目经理部(包括工区),均应符合下述规定。

(1)宿舍

①宿舍坚固耐用、清洁,房间净空高度不低于2.8m,采光、通风,地面硬化处理。

②单间宿舍面积不少于24m²;每人单床(可上下铺),禁止设置通铺或采用钢管搭设上下铺;宿舍内床铺不得超过两层,使用面积确保单层铺不低于4m²/人,双层铺不低于3m²/人。

③室内严禁存放易燃易爆物品,严禁乱拉电线、明火做饭和使用大功率电气设备,与食堂距离不少于15m。

(2)食堂

①食堂应符合卫生标准,从业人员须进行健康体检,无健康证者不得从事餐饮工作。

②厨房面积不少于40m²,制作间和储藏间独立设置,配置换气扇、冰箱(柜)、消毒柜、纱窗、纱门、纱罩等。

③餐厅面积不少于40m²,同时人均不少于1m²;按高峰就餐的70%职工人数配置空调和桌、椅。

④距厕所、垃圾池等污染源距离,不少于30m。
⑤燃气罐和锅炉使用符合相关安全规程规定。
(3)厕所
①男、女厕所分设,总面积不少于60m²;有照明设施,通风良好,可冲洗;蹲位不少于现场职工人数的5%。
②室内水泥硬化地面,大、小便池镶贴瓷砖。
③厕所应有专人负责卫生清扫,定时冲刷、消毒,做到无异味、无蚊蝇滋生;化粪池应封闭,无外溢,符合卫生要求。
(4)浴室
①男、女浴室分设,总面积不少于60m²;淋浴喷头数量与人员比例为1:5左右。
②排水通风良好,淋浴间与更衣间分开设置。淋浴间地面做防滑处理。更衣间内设置长凳、储衣柜或挂衣架。
③浴室应有冷热水供应,并符合安全要求。
④室内电线套用PVC管,使用防水灯具和开关。

3.2 工地试验室管理

3.2.1 分类

工地试验室,一般分为建设单位工地试验室(以下简称中心试验室)、监理单位和施工单位工地试验室。

3.2.2 基本要求

(1)建设单位,应在招标文件、合同文件中明确工地试验室的检测能力、人员、仪器设备配备要求,督促中标单位保证工地试验室的投入,加强对工地试验室试验检测工作的监督检查,按照有关信用评价要求,对工地试验室和试验检测人员进行信用评价。
(2)建设单位,通过招标或直接委托具有《公路水运试验检测机构等级证书》(以下简称等级证书)和《计量认证证书》(以下简称计量证书)的第三方试验检测机构设立中心试验室,承担工程项目试验检测工作。
(3)施工单位、监理单位,根据工程质量管理需要或合同约定,可在现场自行设立工地试验室,也可委托通过计量认证的第三方试验检测机构,设立工地试验室的母体试验检测机构(以下简称母体机构),试验室应具有相应的等级证书。
(4)试验检测项目所需要的仪器设备,必须符合标准规范使用要求。
①按规定经省、市级计量部门对强检仪器设备进行校准和检定。
②对可自行校准的仪器和设备,配备符合量值溯源要求的专用计量器具,按《仪器设备自检自校规程》进行自校确认。
③工地试验室,应建立仪器设备管理档案和使用台账,并做好使用和维护记录。
(5)各类规章制度、操作规程应上墙。仪器设备的使用记录在仪器的附近悬挂。

(6)入口处或醒目位置处,应设置"一图二牌"。
①平面布置图。
②入场告知(提示)牌。
③安全管理规定牌。

3.2.3 功能分区

(1)工地试验室分基本功能室和专业功能室。
(2)基本功能室,由办公室、资料室、留样室等组成。
(3)专业功能室,由现场检测室、土工室、集料室、水泥室、水泥混凝土室、沥青室、沥青混合料室、化学分析室、标养室、力学室等组成。

3.2.4 建筑面积及环境要求

(1)工地试验室建筑面积。
①试验室负责人室不少于$10m^2$,检测人员室人均不少于$5m^2$。
②水泥混凝土室、沥青混合料室,不少于$25m^2$。
③资料室、留样室、现场检测室、土工室、水泥室、沥青室,不少于$20m^2$。
④公路标养室,不少于$25m^2$;水运标养室,不少于$20m^2$。
⑤力学室,不少于$35m^2$。
⑥集料室、化学分析室,不少于$15m^2$。
⑦工地试验室建筑总面积根据工程规模和合同约定的需要,由上述各功能室面积组合而成。
(2)试验室,应尽量远离振动源,防止振动对精密仪器的量测结果造成影响。
(3)不同功能试验室,应相互分隔。试验室内应砌筑牢固平整的试验工作台,配备消防安全设备。
(4)仪器设备的底座至少大于仪器设备底面长宽各15cm,平整牢固,外形美观。大型设备仪器(如力学设备)与底座,应能有效连接,紧密牢固,高度适宜。
(5)仪器设备安装时,应充分考虑到仪器与墙体、仪器与仪器间的有效距离,便于维修、保养操作。
(6)对温度、振动等相斥的不同性能仪器设备,应合理摆放。
(7)试验检测环境要求。
①进行水泥原材试验时,水泥室内温度应控制在20℃±2℃,相对湿度大于50%。
②水泥混凝土成型、砂浆拌和及拌和物检测时,室内温度控制在20℃±5℃。
③用于水泥原材检测的试件标准养护箱的温度控制在20℃±1℃,相对湿度大于90%。
④水泥混凝土试件标准养护室温度,应控制在20℃±2℃,相对湿度大于95%。
⑤无机结合料无侧限抗压试件的标准养护温度为20℃±2℃,相对湿度大于95%。
⑥用回弹仪检测混凝土强度时,环境温度应在-4~40℃范围内。
⑦钢筋原材及焊接件试验时,室内温度应控制在10~35℃范围内。
(8)按合同要求配备专用办公设施、仪器设备、交通车辆,以满足试验检测工作需要。
(9)试剂应设专柜妥善存放,严禁混存,并由专人保管,要随用随领,严控内存数量。柜内危险品试剂应科学分类。存放基本原则是：

①有毒、危险药品、试剂保管应分隔存放，易燃品应分开保存。

②一般下层放液态试剂，中层放固态试剂，上层放小包装试剂。

③易受光变质的试剂，必须避光保存。

④柜内危险品应加锁严格管理。

（10）有毒、危险药品的领用，需经试验室负责人批准，并详细登记领用日期、用量、剩余量，领用人签字备案。

（11）使用有毒、危险药品、试剂时，严禁用嘴鼻直接接触试剂。使用易挥发、腐蚀性的、有毒物质必须带防护手套，并在通风场所进行，中途不得离岗。

（12）试验室保持清洁、整齐、安静，室内禁止随地吐痰、吸烟、吃食物，与检测无关的物品不准带入室内。

3.2.5　检测能力

（1）工地试验室的检测能力通过试验检测项目和参数形式表现。设立工地试验室的相关单位依据试验检测项目和参数要求配置符合精度和量程要求的仪器设备。

（2）公路工程试验检测项目和参数如下。

①土：颗粒级配、界限含水率、最大干密度、最佳含水率、CBR、天然稠度、重度、**有机质含量**。

②集料：颗粒级配、针片状颗粒含量、压碎值、细集料含泥量、砂当量、**坚固性**、密度、吸水率、**软弱颗粒含量**、含水率、泥块含量、含泥量。

③岩石：单轴抗压强度、含水率、密度、毛体积密度、吸水率。

④水泥：密度、比表面积、凝结时间、安定性、胶砂强度、细度、标准稠度用水量。

⑤水泥混凝土、砂浆：抗压强度、抗折强度、配合比设计、坍落度、**含气量**、混凝土凝结时间、抗渗性、表观密度、泌水率、劈裂抗拉强度、砂浆稠度、分层度、**干缩性**。

⑥水、外加剂：pH 值、**氯离子含量**、**减水率**、**抗压强度比**。

⑦无机结合料稳定材料：最大干密度、最佳含水率、无侧限抗压强度、水泥或石灰剂量、配合比设计、石灰有效钙镁含量、粉煤灰细度、粉煤灰烧失量。

⑧沥青：针入度、延度、软化点、闪点、黏附性、薄膜加热质量损失、密度、改性沥青弹性恢复率、改性沥青的离析性、乳化沥青筛上残留物含量。

⑨沥青混合料：马歇尔稳定度、流值、空隙率、沥青含量、矿料级配、**动稳定度**、最大理论密度。

⑩钢筋（含接头）：抗拉强度、屈服强度、伸长率、冷弯。

⑪路基、路面：厚度、压实度、平整度、弯沉、构造深度、摩擦因数、渗水系数、几何尺寸、芯样完整性。

⑫地基基础、基桩：地基承载力、**桩身完整性**（低应变法）。

⑬结构混凝土：混凝土强度、混凝土碳化深度、钢筋位置及保护层厚度、表观及表观缺陷。

⑭隧道工程：混凝土强度、锚杆拉拔力、衬砌厚度（凿孔法）。

（3）水运工程试验检测项目和参数如下。

①水泥：胶砂强度、安定性、比表面积、细度、凝结时间、标准稠度用水量。
②粗、细集料：颗粒级配、含泥量、泥块含量、表观密度、堆积密度、**氯离子含量(细)**、针片状含量(粗)。
③水：pH值、**氯离子含量**。
④掺和料：细度、烧失量、需水量比、含水率、流动度比、**活性指数**、三氧化硫含量。
⑤砖：外观质量、尺寸偏差、抗压强度、抗折强度、含水率、吸水率。
⑥砂浆：配合比设计、稠度、泌水率、立方体抗压强度、密度。
⑦水泥混凝土：配合比设计、稠度、密度、泌水率、含气量、凝结时间、立方体抗压强度、抗折强度、抗渗性、轴心抗压强度、劈裂抗拉强度。
⑧无机结合料稳定材料：无侧限抗压强度、粉煤灰细度、水泥或石灰剂量、石灰有效钙镁含量、粉煤灰烧失量。
⑨钢筋(含接头)：屈服强度、抗拉强度、伸长率、曲弯、反向弯曲。
⑩土：含水率、密度、击实试验、颗粒级配、界限含水率、无侧限抗压强度、重度。
⑪结构混凝土：强度(回弹、超声回弹法、取芯法)、质量(超声法)、钢筋位置和保护层厚度、钢筋锈蚀状况。
⑫钢结构防腐：**自然腐蚀电位**、**保护电位**、涂层厚度、钢材厚度、表面粗糙度、涂膜附着力。
⑬结构及构件：承载能力、静应力(应变)、净位移、静挠度。
⑭基桩：**基桩完整性(低应变反射波法)**、钻孔灌注桩成孔质量。
⑮地基：地基承载力(**静载试验**、动力触探)。

(4)公路、水运工程试验检测项目和参数中的黑体字的检测参数可外委检测,岩石试样可外委加工。

3.2.6 试验检测人员配置

(1)工地试验室人员应持试验检测证书上岗,且试验检测专业类别应与从事的工作相适应。

(2)建设规模3000吨级及以下的港口工程、3级及以下的航道工程、1000吨级及以下的通航建筑物可不设中心试验室,监理、施工单位试验室人员总数可适当减少,但试验工程师不得减少。

(3)工地试验室根据实际情况,另配若干名试验辅助人员。

(4)公路工程试验检测人员数量配备基本要求:一般不低于表3-4标准。

公路工程试验检测人员数量配备要求　　　　　　表3-4

试验室类别	中心试验室		监理单位试验室		施工单位试验室	
	高速公路	一级公路	高速公路	一级公路	高速公路	一级公路
试验人员总数	≥10人	≥7人	≥4人	≥3人	≥7人	≥5人
试验室负责人	相关专业中级以上职称,试验检测工程师,5年以上试验检测经历					
试验工程师	≥3人	≥2人	≥2人	≥1人	≥2人	≥2人

(5)水运工程试验检测人员数量配备基本要求:一般不低于表3-5标准。

3 项目环境管理

水运工程试验检测人员数量配备要求 表 3-5

试验室类别	中心试验室		监理单位试验室		施工单位试验室	
	大型项目	中小型项目	大型项目	中小型项目	大型项目	中小型项目
试验人员总数	≥5人	≥3人	≥4人	≥3人	≥5人	≥3人
试验室负责人	相关专业中级以上职称,试验检测工程师,5年以上试验检测经历					
试验工程师	≥2人	≥1人	≥1人	≥1人	≥2人	≥1人

3.2.7 试验检测工作要求

（1）工地试验室应当严格遵循独立、客观、及时、准确的工作原则,按照现行有效的国家或行业标准、规范和规程开展工地试验检测工作。任何单位和个人不得干预工地试验室独立、客观地开展试验检测活动。

（2）工地试验室开展的试验检测项目及参数不得超出备案范围。

①对备案范围以外的试验检测项目采取外委试验。外委试验前,将受托的试验检测机构资质材料及所需送检项目清单,按规定报监理机构审核,建设单位批准,并向项目质监机构备案。

②试验取样在监理人员见证下共同取样,密封的试样由施工单位委派的试验人员会同监理见证人员,共同送达受托的试验检测机构。

（3）同一标段的施工、监理单位不能将同一批号样品试验检测任务外委给同一家试验检测机构。

（4）工地试验室完成的试验检测工作量必须达到合同和相关规范规定的频率要求。

①施工单位抽样试验应当在监理旁站监督下进行,监理旁站后应及时在试验原始记录上签字确认,不得事后补签。

②监理试验可只包括土工、水泥及水泥混凝土、钢筋原材及焊接、沥青及沥青混凝土、路面基层材料等常规试验项目。其他试验可由业主委托有资质的第三方试验检测机构承担,具体形式由建设单位和监理单位在合同中约定。

③监理单位抽检试验应由监理单位工地试验室人员自行完成,不得指派他人进行取样、制作试件、送样或进行试验检测操作,并对独立抽检的样品做好标识。

（5）监理单位工地试验室与施工单位工地试验室试验结果超出允许误差规定时,双方应重新取样进行试验。如重新试验的结果仍然存在上述情况,可由中心试验室或委托通过计量认证且具有公路水运工程乙级以上资质的试验检测机构进行鉴定试验。

（6）实行留样制度,规范样品管理工作。对于水泥、沥青等原材料试样、水泥混凝土等试件应按规定期限进行保存,留存的数量、方式、环境条件应符合要求。

（7）对于不合格材料,应建立不合格报告制度,按照有关规定,填写《不合格试验检测结果报告台账》。

（8）规范工地试验室档案资料管理：
①统一工地试验室的报告和记录格式。
②原始记录统一使用钢笔填写,清晰、规范。原始数据修改应按相关记录管理程序进行。

③建立原材料进场检验、标准试验、现场抽样试验、工艺试验、外委试验、检测不合格报告和试验检测报告等台账。

④试验资料归档分类明确、条目清晰、整齐有序。签字不齐全、记录或报告不完整的资料不得归档。

⑤专人负责管理工地试验室的档案资料。

(9)工地试验室试验检测人员要经常性开展职业道德教育，保证试验检测数据的真实、可靠。

3.3 场站管理

3.3.1 分类

场站主要包括拌和站、钢筋加工场、预制梁场和小型构件预制场等。

3.3.2 基本要求

(1)项目部主要负责人按照"集中拌和、集中预制、集中加工"的原则，负责场站建设总体策划与布局，建立驻地组织机构，制定相应制度和确定责任人。

(2)场站采用封闭式管理，四周设置隔离设施，临近道路处设置大门；场站入口处或显著位置设置"一图三牌"。

①场站平面示意图；

②入场告知(提示)牌；

③场站简介牌；

④安全管理规定牌。

(3)场站内场地使用不小于15cm厚碎石垫层和不小于10cm厚的C20混凝土面层进行硬化处理；行车道使用不小于20cm厚碎石垫层，并加设适当厚度的基层和不小于20cm厚的C20混凝土进行硬化，并对路面进行经常性维护；非作业区域宜适当绿化。

(4)场站四周应设置排水沟，排水沟底面采用M7.5砂浆抹面。在场地外围合适的位置设置沉砂井及污水过滤池，严禁场站内生产废水直接排放。根据需要设置机动车辆、设备冲洗设施、排水沟及沉淀池。混凝土作业完成后，及时清洗机具设备。施工机械设备产生的废水、废油不得直接排入河流、湖泊或其他水域中，也不得排入饮用水附近的土地中。地面应定期洒水，对粉尘源进行覆盖遮挡。定期、专人进行清理和打扫，保持场站卫生；临近居民区施工噪声应符合国家相关规定。

(5)场站内用电杆(线)布置合理，配电规范。

3.3.3 拌和站

(1)拌和站选址远离居民集中居住区或在居民集中居住区下风口方向。

(2)根据场地形式，优化设置功能区，规划原材料及半成品运输路线。

(3)根据工程规模和合同文件要求，拌和站规模一般不低于表3-6标准。

3 项目环境管理

拌和站规模和相关设备配备 表3-6

拌和站类型	场地面积(m²)		机组设备配置	
	高速公路	国省干线公路	高速公路	国省干线公路
水泥混凝土拌和站	10 000	5 000	2台拌和机(每台至少3个水泥罐、4个集料仓)	2台拌和机(每台至少2个水泥罐、4个集料仓)
沥青混合料拌和站	40 000	35 000	1台拌和机(每台至少3个沥青罐、2个矿粉罐、冷热集料仓各5个)	1台拌和机(每台至少3个沥青罐、2个矿粉罐、冷热集料仓各5个)
水泥稳定粒料拌和站	20 000	15 000	1台拌和机(每台至少3个水泥罐、4个集料仓)	1台拌和机(每台至少2个水泥罐、4个集料仓)

注:1. 场地面积为拌和站(含备料场)面积,对于山区高速公路,现场地形条件困难的地区面积可适当调减。
  2. 国省干线道路标准按照平原地区一级公路建设标准要求,二级及二级以下公路建设和山区公路建设等可适当降低标准。
  3. 水运工程拌和站(含备料场)面积,可参照执行。

(4)拌和楼全封闭设置,满足环保要求。

(5)拌和楼的计量设施应委托由国家认可的具备计量标定资质的单位定期进行静态标定,并出具标定检测报告,方可投入生产;使用过程中应定期(一般不超过一个月)进行动态自校标定,确保计量符合精度要求。控制室前醒目位置应悬挂混凝土"配合比标志牌"。

(6)水泥罐、粉煤灰罐、拌和楼需安装避雷设施;配料斗上方搭建三面围护的防雨棚。

(7)水泥、粉煤灰等材料进料时,要注意材料储存罐的密封性能。

(8)站内加工材料时,应设置防空气污染设施,减少扬尘。

(9)库房:

①库房包括水泥、矿粉、外加剂库房。

②采用砖砌房屋,尽量靠近拌和站,库房内部采用水泥粉刷,地面采用C15混凝土进行硬化,上铺两层油毡,然后利用方木或砖砌上搭5cm木板,水泥和外加剂储存离地30cm,离四周墙体30cm以上。

③不同品种,不同批次,不同生产日期的水泥、矿粉、外加剂应分区堆放,根据不同的检验状态和结果采用统一的"材料标志牌"。若使用袋装水泥,存放高度不应超过2m;固体外加剂的存放高度不应超过1.5m,液体外加剂的存放应符合相关规定。

(10)储料仓棚:

①堆料仓棚进行安全设计,仓棚立柱与料仓隔墙处于分开状态。仓棚应搭建四面围护的防雨材料。

②料仓采用50cm厚墙砌筑,高2m,采用水泥砂浆抹面,料仓隔墙端部涂黄黑警戒线,仓内地面设不小于4%的地面坡度,仓棚背墙底部预留孔洞,料仓隔墙前设置盲沟,严禁积水。

③料仓的容量应满足最大单批次连续施工的需要,并留有一定的余地,料仓隔墙标有堆料线和清仓线,提示堆料高度和及时清仓。

④分料仓应设置待检区和合格区。

⑤C40 及 C40 以上强度等级水泥混凝土用集料应设置冲洗台。

⑥砂、石料应按配料要求,不同粒径、不同品种分仓存放;集料进行标识,标识内容应包括材料品名、产地、规格型号、进场日期、检验状态、进场数量、使用部位等,并根据不同的检验状态和结果采用统一的"材料标志牌"。

3.3.4　钢筋加工场

（1）钢筋加工场应全封闭、实行工厂化集中加工,采用数控加工设备,促进钢筋加工与安装质量水平持续提升。

（2）根据工程规模和合同文件要求,钢筋加工场规模一般不低于表 3-7 标准。顶棚及架构采用钢结构搭设,部分顶棚宜采用移动式棚架和限位装置,安装避雷设施。

钢筋加工场规模　　　　　　　　　表 3-7

规模	加工总量 $T(t)$	场地面积（m^2）
大	$T > 10\ 000$	3 500
中	$10\ 000 \geqslant T \geqslant 6\ 000$	2 000
小	$6\ 000 > T > 3\ 000$	1 500

注：如场地受限,可适当调减场地面积,但功能分区布局应科学、合理。

（3）钢筋加工场内各功能分区明确,布局合理。设立原材料堆放区、钢筋下料区、加工制作区、半成品堆放区、成品堆放区,分区转序清晰,并设置场内交通诱导标志线。

（4）材料堆放区用于场内原材料及半成品的堆放。

①钢筋原材应根据不同的规格、型号和用途分类堆放,并设置明显的标志标牌,存放及堆放整齐、规范;

②钢筋原材及半成品应垫高堆放,离地 30cm 以上,下部支点应以保证钢筋不变形为原则;

③应严格按照规定对现场材料进行标识,标识内容应包括材料名称、产地、规格型号、生产日期、出厂批号、进场日期、检验状态、进场数量、使用部位等,并根据不同的检验状态或结果采用统一的"材料标志牌"标识。

（5）加工制作区应悬挂各号钢筋的大样设计图;成品区堆放整齐,标识清晰。

（6）焊接、安装作业遇雨时必须停止,对刚焊接完的部位应用遮雨布遮盖,避免焊接部位遇雨骤然冷却,再次施焊前应对焊缝进行局部烘干。

（7）定期、专人进行钢筋加工场的清理和打扫,保持场内卫生。

3.3.5　预制梁场

（1）预制梁场建设

①预制梁场的选址以安全、经济、方便、合理,满足工期为原则,结合合同段预制梁板的尺寸、数量和架设方法等要求,应靠近混凝土拌和站,并远离项目部办公区和生活区;预制梁场设计应综合考虑施工生产情况,合理划分办公区、生活区、制梁区、存梁区及运输车辆停放区。

②根据工程规模和合同文件要求,一般路基土建合同段预制梁场的占地面积不小于6 000m²;主要工程为桥梁的合同段预制梁场的占地面积不小于8 000m²;水运工程合同段预制梁场的占地面积不小于3 000m²。

③在进入预制梁场入口处醒目位置设置指路牌1块,场内相应位置应设置预制场地平面布置图、工艺流程图(分预制、张拉、压浆)、质量检验标志牌(分预制、钢筋、张拉等)、安全警示牌(危险源发布牌)、安全操作规程(龙门吊、张拉机具等)、消防保卫牌和文明施工牌。在机械设备的醒目位置悬挂机械操作安全规程公示牌;预制梁板实行统一编号,在相应的梁(板)体位置上粘贴或喷涂"梁(板)施工状态牌"。

④预制梁场规模和相关设备配备,一般不低于表3-8标准。

预制梁场规模和相关设备配备　　　　　　表3-8

内　　容	要　　求
台座数量	应与预制时间相匹配,按1.5~2.5片/(座·月)控制
吊装设备	满足起吊吨位需要,至少1套
模板数量	不少于台座数量的1/3
自动喷淋养护设施	不少于台座数量
活动式防雨棚	根据工程规模配置3~4套
必备的施工辅助设施	横隔板钢筋定位架、钢筋骨架定位架
其他施工设备	满足施工需要

⑤台座建设应符合下列规定:

a. 台座强度应满足张拉要求,台座尽量设置于地质干燥的地基上;对软土地基的台座要进行加强设计,同时设置观测点对台座进行沉降观测;台座要满足不同长度梁片的制作要求,底模应采用钢板,不得采用混凝土底模。钢板厚度宜大于10mm,并确保钢板平整、光滑;预制台座实行统一编号。

b. 台座反拱度及其分配应满足设计和线形要求;台座的侧边应顺直,有防止漏浆的有效措施。对于有纵坡的桥梁,台座两端支座位置设三角形楔块,确保支座的水平度,同时还应考虑预应力筋张拉时预埋钢板的活动量。

c. 台座与施工主便道要有足够的安全距离,预制台座、存梁台座间距应大于2倍模板宽度,以便吊装模板。

d. 张拉台座两端应设置钢板防护并设置明示标志。

⑥根据梁片养生时间及台座数量设计足够的梁体养生自动喷淋设施,加压泵保证足够的喷淋水压,确保梁片除底板底面外的其他部位均处于喷淋养生的覆盖范围内,达到最佳养生效果;养护用水需进行过滤,避免出现喷淋堵塞现象,给排水管道埋入地下,同时养护用水循环使用;冬季构件采用蒸汽养生,设置活动式蒸汽养生大棚。

(2)预制梁模板

①预制梁的外模板应采用整体钢模,钢板厚度不小于6mm,采用标准化的螺栓,跨径16m以上的梁板应采用钢内模;模板应指定专业厂家进行加工,施工单位应对模板质量进行中间检验,出厂前应进行试拼和交工检验(或进场检验),确保模板接缝密合平顺,不漏浆,无错台。

②模板在吊装与运输过程中,施工单位应采取有效措施防止模板变形与受损。模板在安装后,浇注混凝土前,应按照有关规定对模板安装进行检查,尤其是梁宽、顺直度、模板各处拼缝、模板与台座接缝及各种预留孔洞的位置。

③钢模板初次使用前应抛光除锈后刷脱模剂。在使用过程中施工单位应加强对模板的维修与保养,每次拆模后应安排专人进行除污与防锈工作,平整放置,防止变形,做到防雨、防尘、防锈。

(3)存梁区管理

①用于存梁的枕梁应设在支点处,且不影响梁片吊装的位置。支垫材质必须采用承载力足够的非刚性材料,且不污染梁底。横隔梁的支撑优先选用固定底座。

②当构件多层叠放时,层与层之间应以垫木隔开,各层垫木的位置应放在设计规定的支点处,上下层垫木应在同一条竖直线上;叠放的高度宜按构件强度、台座地基的承载力、垫木强度及叠放的稳定性等通过计算确定。空心板、小箱梁叠放层数依据设计规定确定;设计文件无要求时,按照空心板不得多于3层,小箱梁不得多于2层,T梁不得叠层堆放的要求执行。

3.3.6 小型构件预制场

(1)路基排水工程的水沟盖板、防护工程的各型号预制块、隧道路面边沟盖板及其他设计要求的新型预制构件应集中预制,预制场选址以方便、合理、安全、经济及满足工期为原则,结合工程量及运输条件综合考虑,也可结合拌和站或梁(板)预制场综合设置;小型构件预制场的占地面积不小于2 000 m^2,合理划分生产区、养护区、成品堆放区。

(2)模板应使用钢模或高强度塑料模板。入模前应进行拼缝检查,对于拼缝达不到要求的,可辅以双面胶或泡沫剂。采用优质脱模剂,保证水泥混凝土构件外观。

(3)在进入预制场入口处醒目位置设置场地平面布置图、组织机构及负责人公示牌、生产工艺流程牌、安全生产牌、消防保卫牌和文明施工牌等标牌;作业区、安全通道应设置禁止标志,生产区、养护区、成品堆放区以及办公区应有明显标志牌。

(4)养护区采用自动喷淋、土工布覆盖等措施对构件进行养生,确保构件处于湿润状态。水泥混凝土必须覆盖养生7d以上;成品按不同规格分层堆码,堆放层数宜为6~10层。

3.4 施工现场环境管理

3.4.1 基本要求

(1)项目经理部主要负责人负责施工作业环境管理的总体策划和部署,建立项目环境管理组织机构,制定相应制度和措施。

(2)项目经理部应按照分区划块的原则,做好现场的环境管理,进行定期检查,及时解决发现的问题,保持现场良好的作业环境、卫生条件和工作秩序。

(3)项目经理部应对项目环境进行控制,制订应急准备和相应措施,在出现环境事故时,消除污染,并防止产生次生灾害。

(4)施工前了解经过施工现场的地下管线,标出位置,加以保护。施工时发现文物、古迹、爆炸物、电缆等,应当停止施工,保护现场,及时向有关部门报告,并按照规定处理。

(5)施工中需要停水、停电、封路而影响环境时,应经有关部门批准,事先告示。在行人、车辆通过的地方施工,应当对沟、井、坎、洞进行覆盖和设置安全标志。

(6)项目经理部应对施工现场可能产生的污水、废气、噪声、固体废弃物等污染源采取预防措施,进行控制。禁止将有毒有害废弃物现场回填。严禁向水域、自然保护区、风景区、农田、草地等环境敏感区倾倒或排放危险废物,防止污染水质和土地。

(7)建筑垃圾和渣土应堆放在指定地点,定期进行清理。装载建筑材料、垃圾或渣土的运输机械,应采取防止尘土飞扬、洒落或流溢的有效措施。施工现场应根据需要设置机动车辆冲洗设施,冲洗污水应进行处理。

(8)除有符合规定的装置外,不得在施工现场溶化沥青和焚烧油毡,也不得焚烧其他可产生有毒有害烟尘和恶臭气味的废弃物。

(9)施工现场的场容管理应符合施工平面图设计的合理安排和标准化的要求。

(10)施工现场周边应按有关要求设置围挡和安全预防设施。危险品仓库附近应有明显标志及围挡设施。

(11)现场的主要机械设备,脚手架,密封式安全网与围墙,模具,施工临时道路,各种管线,施工材料制品堆场及仓库,土方及建筑垃圾堆放区,配(变)电房,消火栓,警卫室,现场的办公、生产和生活临时设施等的布置,均应符合施工平面图的要求。

(12)施工现场应设置畅通的排水沟渠系统,保持场地道路的干燥坚实,泥浆和污水未经处理不得直接排放。

(13)临时用电杆线布置合理,配(变)电规范;跨越道路等障碍物时应铺设地下或架空供电线路。

(14)项目经理部应按照文明施工要求,定期进行评定、考核和总结。

(15)施工现场的主要临时道路宜经常洒水降尘。工程结束后,对于临时占地和新开辟的临时便道等破坏区域,要进行土地复垦和植被重建工作。

(16)标志标牌的设置,路基、路面、桥梁和隧道工程中已经明确要求,对水运工程中标志标牌的设置没有明确要求的,航道工程可参照路基、路面工程执行,船闸、码头工程可参照桥梁工程执行。

3.4.2 路基工程

(1)采用封闭区域施工或标段首尾设置门架的,在入口处应设置"三牌":
①工程公示牌。
②入场告知(提示)牌。
③安全管理规定牌。

(2)取土坑、弃土堆要与农田、水利基本建设配套设置,不得任意挖弃,对其裸露面应有整治和防护措施,应进行围护,并设立明示标志牌。

(3)填方路基采用网格法控制填土量以保证松铺厚度,设置临时排水设施保护成型路基。

(4)挖(填)方路基施工过程中采取措施保护边坡稳定,同时开挖临时排水设施,确保作业面不积水。

(5)对于纵(横)向填挖交界处,必须采用台阶法开挖施工,确保路基稳定。

(6)对其裸露路基边坡及时进行防护,避免与后续路面施工交叉,造成路面污染。

(7)圬工砌体砂浆用砂须按工段集中堆放,其场地必须硬化并设置隔离设施防止串料;运至工点的钢筋、水泥、土工织物等须入库存放并建立使用台账。

(8)小型结构物等基坑开挖弃土不得堆放于现场,必须运至弃土场且须做到随挖随弃。并设置"小型结构物施工状态牌"。

(9)小型结构物回填等施工设置台背分层厚度回填标志。

(10)各种排水沟渠的水流不得直接排放到饮用水源、农田、鱼塘中。

(11)路基施工过程中要求设置"三牌":"主要管理人员名单牌""里程桩号牌"(公里桩和500m桩)和"路基施工状态牌"。

(12)现场各类机械设备停放位置应合理规划,分区布置。施工现场的混凝土运输车、混凝土泵车、汽车吊、自卸汽车等运输车辆,每天(次)作业完毕,清洁后停放整齐。

(13)运输车辆不得超速、超载、超限,不得人货混载,驾驶室不得超定员搭乘;自卸式汽车翻斗内严禁载人。

3.4.3 路面工程

(1)采用封闭区域施工或标段首尾设置门架的,在入口处应设置"三牌":
①工程公示牌。
②入场告知(提示)牌。
③安全管理规定牌。

(2)现场施工时采取交通管制,限制非施工车辆进入,减少交叉施工工序,降低施工和运输污染。

(3)路面混合料拌和与铺筑过程中,做好安全生产防护措施,防止废气、粉尘等物质扩散造成污染,保障施工人员和附近居民身心健康。

(4)进入主线沥青路面前的运输便道必须进行沥青混合料硬化,长度不小于100m。

(5)施工作业面应保持洁净,不得有污染,否则应安排人员对松散水稳碎石和洒落土等杂物及时进行清扫。

(6)施工过程中各种废水不得直接排放到饮用水源、农田、鱼塘中。

(7)施工时严禁将混合料废料倾卸或抛洒在路基边坡上。

(8)支线上跨桥接线施工:填土纵向运输不允许从路面通过,横向必须通过路面运输时,由施工单位用隔渗土工布或彩条布铺垫一条横向运土通道,所有运土车辆必须从此通道经过。

(9)铺设面层时,若上跨桥下的主线土方未完成,施工单位应铺设能满足车辆通行宽度的隔渗土工布;过桥及明涵的土方接坡,宜在铺设水泥稳定层前彻底清除,并换填水泥稳定混合料并铺隔渗土工布。

(10)防护工程放置在路面上施工的材料与设备,施工单位必须在其下铺垫足够大的隔渗土工布或其他防渗漏材料,以确保水泥浆等不污染路面结构层。

(11)路肩及中分带填土的污染:
①科学安排工序,在水稳上基层施工完成后,透层施工前进行土的填筑和压实。

②车辆必须设后挡板,装土不得超过车厢板高度。

③上主线的便道路段铺设长度不小于50m的两个车道的隔渗土工布。

④中分带倒土处铺设足够宽的隔渗土工布或其他防止污染的隔断设施。

(12)路缘石安装及附属工程施工带来的砂浆污染:砂浆和混凝土应集中拌和,运输车辆车厢必须密封严实,加强设备维护保养,防止滴油洒料。施工时必须下垫隔渗土工布或其他防渗漏材料,以确保水泥浆等污染物不污染路面。附属工程施工时应派专人清理施工污染。

(13)交通工程施工及各种油污造成的污染。施工机械停在油面施工时,必须下垫隔渗土工布,机械修理及拆装时,下面必须垫土工布或防渗漏材料,避免油污污染。

(14)施工机械和运输车辆修理及拆装,须到规定地点进行;若必须在沥青路面上修理及拆装时,应垫上土工布或防渗漏材料,避免机油或柴油污染路面。

(15)路面施工过程中要求设置"三牌":"主要管理人员名单牌""里程桩号牌"(公里桩和500m桩)和"路面施工状态牌"。

3.4.4 桥梁工程

(1)对中桥及以上桥梁,在入口处设置"一图五牌":

①桥梁施工现场布置图。

②入场告知(提示)牌。

③工程公示牌。

④安全管理规定牌。

⑤单元预警牌。

⑥主要管理人员名单牌。

(2)施工时应严格控制污染源。施工废水、污水应进行沉淀处理后方可排放;含有有害物质的废水、污水不得排入禁排区域;对施工废油及生活污水应集中回收处理。施工船舶严禁向江河中排放污染物、废弃物及其他有害物质。

(3)水中筑岛工程施工完成后,应及时将填筑土挖掘清除,并应运至指定地点堆放,不得堵塞河道影响行洪。采用泥浆护壁进行钻孔桩施工时,应采取有效措施防止泥浆外溢对环境造成污染,废弃的泥浆应集中处理。

(4)对施工中产生的弃土、废渣和固体建筑垃圾,应及时运至规定的场地集中堆放和处理;废弃的钢木材料、边角料及其他物品等应集中回收处理。

(5)挖孔弃土要及时转运,挖孔桩施工现场废弃物要及时清理干净,距井口四周5m范围内不得堆积余土杂物;禁止任何车辆在桩孔边5m内行驶;孔口周围应进行安全防护,防止坠物伤人。

(6)对基坑开挖及桥涵附属工程的边坡应予以防护,防止雨水冲刷造成水土流失。弃土应按指定地点堆放,严禁向江河、湖泊、水库倾倒。

(7)用于施工的各项临时设施、材料加工厂及混凝土搅拌站等,均宜远离居民区且宜处于下风区;当无法满足时,应采取适当的防尘、防噪措施。

(8)现浇混凝土梁(板)模板、支架等周转材料,进场前应进行质量检验,检验合格的模板、支架,宜选择在装卸、取用、整理方便和靠近施工地点放置并标识;现浇混凝土梁(板)模板、支架旁应悬挂"现浇梁(板)支架施工状态牌",对支架的稳定性做好日常巡查工作。

(9)临时存放的各类物资、成品、半成品分类堆放有序,并标识。

(10)施工机械停止作业时,按规定的区域整齐停放,保持现场井然有序,不得任意侵占场内道路。

(11)施工中不得破坏水生、陆生野生动物生息繁衍的场所和生存条件。

(12)墩(台、盖梁)实行统一编号,在墩(台、盖梁)适当位置上粘贴或喷涂。

3.4.5 隧道工程

(1)在隧道洞口处设置"一图七牌":
①隧道洞口布置图。
②入场告知(提示)牌。
③工程公示牌。
④安全管理规定牌。
⑤单元预警牌。
⑥主要管理人员名单牌。
⑦进洞人员名单牌。
⑧隧道施工状态牌。

(2)洞门30m范围内场地必须采用C20混凝土硬化,厚度不得小于15cm;行车道处要采用C20混凝土面层,其厚度不得小于20cm,并设置适当厚度的垫层和基层。

(3)洞门处设置污水沉淀池,沉淀池位于隧道洞口一侧,上面设盖板,应经常清淤,保持洞内排水通畅。洞口两侧设置排水沟,水沟净尺寸宽25cm,深20~25cm。

(4)洞门处附近空压机房、配电房禁止堆放杂物。

(5)现场机械设备停放有序,悬挂安全操作规程。

(6)单洞洞门必须设置值班室,由专人值班。实行作业人员进出登记制度。

(7)洞内布置管线主要有:高压水管、高压风管、通风管,动力线、照明线等管缆和管路。

①管线和管路均悬吊于边墙侧壁上,挂设应做到顺、直,无扭曲和褶皱,吊点间距为5m,吊点必须牢固。

②洞内架空线的线间距不得小于30cm,且距地面高度不小于2.5m。

③洞内掌子面处线路、管路不得任意拖放,必须分开并摆放整齐。

④洞内要保持空气清洁。隧道掘进150m以上,必须进行机械通风。

(8)隧道施工作业地段普通照明按每6~8m一处布置,近掌子面30m内应配备移动式照明灯具,具有足够的亮度。洞内必须设置应急照明灯,按每50m一处布置。

(9)洞内两侧设置临时水沟,水沟宽度40cm,深度30cm。洞内道路应保持平整、坚实、干燥状态,不得出现大片积水、泥泞现象,洞内道路应设专人清扫,排除积水。

(10)放炮后必须进行喷雾、洒水,出渣前应用水淋湿石渣和附近的岩壁,并清理干净掌子面附近的浮渣、块石。

(11)洞内每隔20m设置里程标志。

(12)洞内衬砌台车、开挖台架及洞内车辆前后方必须张贴醒目的反光标志并安装防护彩灯,保障行车安全。台架底部配置消防器材,预防火灾。

(13)洞内不得堆放工程材料、半成品及易燃易爆品。保持洞内整洁,各种工具、设备摆放整齐有序。

(14)边仰坡施工时,洞顶截水沟以内植被禁止砍伐破坏。

(15)洞口仰坡上方洞身范围内禁止修建施工水池;反坡施工时,洞口设渗水盲沟。

(16)隧道二次衬砌施工完成50m(含明洞)后须立即进行洞门及边仰坡绿化的施工,以保证洞口稳定和施工安全及创造良好的施工环境,提升隧道施工形象。

3.4.6 航道工程

(1)抛泥区围堰

①抛泥区围堰填筑前必须清除地表杂草、树木、腐殖土、耕植土、淤泥等,并堆放到指定弃土场。

②抛泥区围堰填筑后应进行边坡修整,对外边坡进行植被防护。

③抛泥区围堰外边坡坡脚外,应开挖排水沟,设置沉沙池,排水沟与坡脚留有平台,保证坡脚稳定。

④抛泥区围堰周边应留有抢险应急通道,保证围堰抢险道路通畅。

⑤抛泥区应设置醒目标志,禁止非施工人员进入抛泥区域。

(2)泄水口建设

①泄水口建设应现场考察并进行专业设计,泄水口设置应远离民用取水口。

②泄水口应设置过滤帘、泥沙池,泥浆不得直接排泄。泄水口、泄水通道应设置消能池、消能坎,泄水通道两侧应进行防护处理,防护范围不少于10m。

(3)疏浚抛泥

①开工展布应保持布局合理,施工作业操作规范、信号明确,施工现场标志清晰、船舶整洁。

②排泥管线布设线形流畅,接口密实不漏浆,穿堤时应埋入地面或铺设在堤顶,管线两侧做不大于10%的纵坡,并对开挖地面进行硬化,待吹填完成后拆除管线,恢复原堤顶。

③疏浚船舶保管好各种油料,废弃油料及生活垃圾应收集后统一处理,不得随意丢弃,避免对施工河道的污染。

④疏浚作业应分层进行,在岸坡作业时,水面以上土层大于2m时,应采用陆上机械施工挖除并修坡,水面以下分层厚度每层不得大于2m,防止崩岸。

(4)土方开挖

①土方开挖施工时及时做好临时排水设施。

②航槽土方开挖应分层进行,开挖后及时进行航槽边坡修整、防护,防止雨水冲刷。

③土方开挖后及时整理场地,保持现场平整。

④土方开挖停止作业时,机械设备停放整齐。

(5)堤防填筑

①堤防填筑前应进行场地清理,并将弃土运到指定弃土场集中处理。

②填筑边坡应及时修整、夯实,坡面应分段设置临时排水槽,防止雨水冲刷。

(6)护岸工程

①疏浚土方开挖完工后,应及时按设计断面进行边坡修整,保证岸坡线形流畅,坡面平整。

②护岸工程施工前,应先行清理坡面,清除杂草、树木等,平整坡面。浆砌片石、预制块护岸坡面应夯实。

③预制块应集中预制、堆放,片石应堆放整齐,砂浆应集中拌和,保持施工现场整洁。

(7)软基处理

①软基处理施工前应清理、平整场地,开挖排水沟,硬化进场道路及材料堆放场地。

②置换处理的弃土、桩基处理的弃土及泥浆堆放在指定地点,运输车辆采取防漏洒措施,弃土场及时整理,保持整洁,必要时应进行防护处理,防止水土流失。

3.4.7 船闸工程

(1)基坑开挖及回填

①基坑开挖上口线应设置硬性防护,并设立相应指令标志。

②根据基坑地质条件、开挖深度、坡度或支护等综合因素确定施工降排水方案,确保基坑开挖边坡稳定及安全,基坑开挖成型后立即进行修整,同时完善排水设施。

③对于软土基坑,边坡宜采用土工布覆盖或喷水泥砂浆进行防护。

④进出基坑临时道路路面应进行硬化处理,洒水降尘。

⑤开挖坡面及堆(弃)放的土体要保持表面平整、边坡稳定,有序堆放,注意坡面密实,遇到大雨或暴雨时应采用塑料薄膜覆盖。

(2)基础处理

①各类施工机械应编号并悬挂安全操作规程。

②钻孔灌注桩施工时合理布置泥浆池,及时排放至永久(临时)泥浆池。

③粉喷桩施工前检查水泥输送管道,防止漏粉对施工区形成污染。

④水泥搅拌桩、高压旋喷桩施工时,对于翻浆应及时清理,翻浆严重时应集中处理,防止翻浆造成污染。

(3)结构施工

①保持施工区整洁,及时整理建筑材料和模板,分类堆放。

②定期派专人进行场地的清理和打扫,保持场内卫生。

③各类成品、半成品、机具设备等存放及堆放要整齐、规范。

④加工剩余的短小材料或废料合理回收,充分利用。

⑤地材存放场地须架设轻型钢结构顶棚,分料墙底部预留孔洞,严禁积水。

⑥严格按照规定对现场工程材料进行标识,标识内容包括材料名称、产地、规格型号、生产日期、出厂批号、进场日期、检验状态、进场数量、使用单位等,并根据不同的检验状态和结果采用统一的材料标志牌。

⑦钢筋加工场根据工程实际情况集中布置,宜采用封闭式管理,材料堆放区、成品区、作业区应分开或隔离。钢筋应垫高堆放,离地30cm以上,下部支点应以保证钢筋不变形为原则。

(4)上下游导靠船段

①土方开挖按批准的施工方案进行。土方施工时及时做好临时排水设施。航槽土方开挖

应分层进行,开挖后及时进行航槽边坡修整、防护,防止雨水冲刷。

②土方开挖后及时整理场地,保持现场平整。土方开挖停止作业时,机械设备停放整齐。

3.4.8 港口工程

(1)桩基施工

①施工场地应设置醒目标志,禁止非施工人员进入施工区域。

②泥浆池周边应设置硬性防护,防止人员掉入泥浆池。

(2)抛石基床施工

①施工前应备好救生船、救生衣等救生设备,按照专项方案进行演练。

②场地应设置醒目标志,禁止非施工人员进入施工区域,开工前一周发布通告。

③施工区域设置拦河绳等导航警示设施,并有专人现场监测、管理往来船只。

④驳船、潜水工作船作业时有专人指挥,停止作业时在指定地点集中停泊。

(3)围堰填筑及拆除

①围堰填筑应考虑对河道的影响,预先设置导航警示设施。

②围堰填筑时中部留有平台,保证边坡稳定,填筑后及时进行边坡修整。

③围堰周边应留有抢险应急通道,保证围堰抢险道路通畅。

(4)基坑开挖及支护

①基坑开挖施工时应及时做好临时排水设施。

②基坑土方开挖应分层进行,开挖后及时进行基坑边坡修整、防护,防止雨水冲刷。

③基坑开挖后及时整理场地,保持现场平整,基坑周围设置警示标牌和防护,防止发生意外事故。

④基坑开挖停止作业时,机械设备停放整齐。

(5)堆场及道路施工

①施工前应清理、平整场地,开挖排水沟,埋置排水管,保证雨水通畅,排水管、排水沟等排水系统应与地方水系连接。

②场地应设置醒目标志,禁止非施工人员进入施工区域,开工前一周发布通告。

③机械作业时有专人指挥,停止作业时在指定地点集中停放。

④现场钢筋、模板、砂石等材料各自堆放整齐,保持现场整洁。

⑤预制块集中预制、砂浆集中拌和,人工拌和混合物时底部采用钢板,保持施工现场整洁。

⑥晴天及时洒水,保证现场不扬尘。

3.4.9 交通机电及安全附属设施

(1)施工单位按计划分批组织材料进场,妥善储存和堆放进场材料。

(2)施工机械停在沥青路面施工时,须下垫隔渗土工布,机械修理及拆装须到规定地点,避免油污污染路面。

(3)施工作业路段的交通安全设施材料应摆放整齐有序。

(4)交通安全设施工程的基础开挖应保护路肩和路基边坡;基础混凝土浇筑须防止造成

路面污染。

(5)隔离栅施工前应进行场地清理,特别是进行填平补齐处理,使隔离栅能沿地形起伏前进,便于连接。

3.4.10 施工便道、便桥

(1)便道、便桥建设程序

便道、便桥应执行"设计—审批—制作—验收—投入使用"的程序。一般由使用单位自行组织验收,需地方或上级有关部门鉴定的应组织鉴定。项目经理部在便桥施工前应编制施工专项方案,方案对其承重结构及其基础均应进行设计计算,保证便桥在使用过程中有足够的强度、刚度和稳定性,变形值应在允许范围内。未编制施工专项方案制作的便桥,不得组织验收和投入使用。

(2)布设原则

①结合地形和施工平面布置图沿线布设,充分利用现有道路,尽量减少对当地居民生产、生活的干扰。

②施工便道应满足工程施工机械、材料进场要求,并与现场的堆料场、仓库、拌和站等位置相协调。

③便道布设应避开便道上的古树、大树及珍贵树种,尽量减少破坏原生态植被,将开挖范围内的树木、草根移栽到便道路边或边坡上,并适时在便道边坡植草、种树。

(3)便桥建设标准

①便桥一般按照公路—Ⅱ级进行设计,同时满足排洪要求。便桥桥面宽度不小于4.5m,桥面宜用钢板满铺,栏杆高度不小于1.1m;桥头设置限载、限速标牌,一般限载50t。

②为防止水流冲刷,宜于桥台上游回填钢筋片石笼。

(4)便道、便桥标志牌

①根据施工便道与建筑物、城市道路等的关系,在转角、视线不良地段需设置警示标志或道路广角镜。

②便道路口应设置限速标志和平叉路口的警示标志,临近学校及人群密集的地方应设置警告标志,道路危险段设置"危险地段、注意安全"等警告标志牌。

③施工现场(站)区、办公区、生活区等拐弯处应设置拐弯指向标志,并设置防撞墩、防撞柱等防护措施。

④各施工便道从起点起依序编号,设便道标志牌于路口处。便桥桥头前进方向右侧设置便桥标志牌。

3.4.11 危险品库房管理

(1)危险品库房包括火工品库、油库、其他危险品库。

(2)一般规定。

①库房应合理选择设置地点,宜利用永久性仓库。位于平坦、宽敞、交通方便处,同时应考虑材料运入方式及遵循安全技术和防火规定。

②远离施工现场、居民区和既有设施,附近应有明显标志及围挡设施。易燃易爆物品的仓

库应设在地势较低处,电石库设在地势较高的干燥处。

③在醒目位置设置"平面布置图""值班人员公示牌"等提示标志。

④库房道路应平整,具有良好的排水系统及沉淀池,现场废水不得直接排放,场地适当绿化。

⑤各库房门口设置分区标志牌,消防器材放置场所应设置提示标志。

⑥库房内消防设施符合防火防爆要求。

(3)火工品库。

①施工现场的爆炸物品必须储存在公安机关批准并验收合格的临建炸药仓库内。

②库区应与居民区、工厂、公共建筑保持安全距离,并隔离;平面布置合理,设置验收区、发货区;储药点至库区外保护对象的安全允许距离,应按保护对象的防护等级确定;炸药、雷管要分库设置。

③库门应为外开式,且开启灵活,关闭严密。库房应具有良好的通风和防爆照明设备和防静电措施,必须符合防爆、防雷、防潮、防火、防高温、防静电、防盗的要求。

④火工品库应有专人值守,按两人24h轮流值班;库存量不得超过公安机关批准的容量;库内货架牢固,距墙不小于0.1m。库内直接堆放的物资距墙不小于0.3m,垫高不小于0.3m,放置雷管时必须铺设胶质皮垫;应坚持先进先出的原则。

(4)油库。

①油库应严格制定安全管理、外来人员登记等制度。

②油罐应按设计规定装油,不能混装。装轻质油料的油罐应有降温措施,顶部设置防晒棚,周围应采用围墙或通透式围栏进行隔离。

③桶装油料,应隐蔽、遮盖,桶身应倾斜,单口朝上,双口在同一水平线上。

④油库应划分消防区域,制订明确的报警信号,制订消防预案,设置消防工具和器材,并定期检查维护。

⑤油罐区内禁止存放危险品、爆炸品和其他易燃物资。

⑥库区、库房应保持清洁整齐,秩序良好,保持设备无锈蚀、地面无油迹。

⑦润滑油料应专门设库房存放。

(5)其他危险品库。

①氧气瓶、乙炔瓶应分库存放,具有良好的通风和防爆照明设备,悬挂安全标志。

②剧毒、放射源等危险品存放必须符合防爆、防雷、防潮、防火、防鼠、防盗等要求。

3.4.12 标志标牌设置标准与制作(附录6)

(1)标志标牌说明。

(2)标志标牌制作示意图。

4 施工技术控制

施工技术控制是工程质量管理的重要组成部分,贯穿于整个施工全过程。它是以现代工程管理理念为指导,坚持"预防为主、动态控制",强调施工工艺精细化、规范化,运用科学方法,对构成施工技术的各项要素和施工项目的各项技术活动,进行计划与决策、组织与实施、控制与改进,达到高质量全面完成工程建设任务的目的。

本章重点梳理了国家、交通运输部有关工程建设法规、技术标准、规范和规程中"严禁"和"必须"的内容,对通用工程、路基、路面、桥梁、隧道、交通安全设施以及内河水运工程施工中的关键工艺、关键工序、关键部位,提出具体的质量管理与技术控制要求。

4.1 基本要求

4.1.1 控制原则

(1)预防为主、动态管理。按照策划、实施、检查、处置的循环方式进行系统运作。通过对人员、机具、设备、材料、方法、环境等要素的过程管理,实现工程建设项目的质量目标。

(2)分工负责、责任明确。国家实行工程质量终身负责制,项目建设单位是项目的主管单位,对项目质量管理负总责。施工单位对施工质量负责,建设工程实行总承包的,总承包单位应对全部工程质量负责。监理单位对工程施工质量承担监理责任;勘察、设计、试验检测单位按有关规定承担相应责任。

(3)统筹规划、推进工程施工标准化。施工单位是施工标准化建设的主体,建设单位运用政策规定引导标准化建设,通过统一技术标准、管理标准和检验标准,打造统一、规范、有序的施工标准体系,实现对建设过程、安全、质量、工期的有效控制。

(4)运用现代技术、逐步实现项目管理信息化。通过应用信息技术、网络技术和通信技术,搭建桥梁、隧道以及拌和楼监控等系统建设管理信息平台,实现建设管理全过程的控制。

4.1.2 技术策划

(1)项目法人在项目实施前期应对该项目管理的重点、难点和创新点进行全面梳理,编制项目管理策划书,并认真贯彻到工程施工组织设计和工艺方案中。施工便道建设,应当根据项目特点,结合农村公路规划,综合考虑。

(2)工程施工前应建立健全质量保证体系和质量管理体系,健全质量管理机构,明确质量方针、质量目标和质量责任。制定并完善技术管理制度,提出质量保证措施。

(3)监理单位应全面了解项目的技术特点与管理难点,认真编制项目监理计划和监理实施细则,细化工地标准化建设、关键工序旁站及安全应急预案等工作的实施方案,切实提高监理工作质量。

(4)施工单位应根据设计文件及现场实际情况编制实施性施工组织设计。实施性施工组织设计可按单位工程和分部(项)工程进行编制。编制前编制人员应全面熟悉设计文件和技术规范,充分理解设计意图,并对工程地点的水文、地形、气候条件和地质条件以及材料、运输条件等进行现场补充调查。

(5)施工技术复杂,施工难度大,有特殊技术、质量要求的工程,应编制专项施工技术方案,实行方案比选,必要时组织专家对施工技术方案的经济合理性、可操作性、安全性进行审查。(对重大或关键部位的施工以及新技术、新材料、新工艺的运用,应将施工技术方案以及应用新技术、新材料的试验及鉴定资料提前呈报监理工程师审批。)

4.1.3 技术组织与实施

(1)施工技术交底

①工程实施前,各级技术负责人应自上而下逐级进行交底,交底的主要内容包括工程的特点、设计意图、技术要求、施工工艺和应注意的问题;重点工程、特殊工程、重要部位和推广应用新技术、新工艺、新材料、新结构的工程,以及易产生工程质量和安全隐患的工程部位。交底应全面、具体、详细、准确。

②技术交底可采用书面交底、口头交底以及样板(示范)交底等形式,交底内容应简洁明了。技术交底人员应填写交底记录,被交底人员在记录中签字确认后,由相应级别的管理人员予以确认。

(2)示范引导

严格执行"示范—首件—总结—推广"的程序。项目分部工程实施前,通过样板工程,实施示范引导。分项工程施工应严格执行"首件两会"制度,施工前应全面进行技术交底,施工后及时进行总结。做到质量目标明确、施工方法可行、评价标准统一。

(3)工艺试验与评定

对桩基、沥青混凝土路面等较为复杂的工程,采取打(浇筑)试桩或铺设试验路段等方式,进行工艺试验与评定。试验施工过程中,应翔实记录施工工艺参数和试验检测结果。试验结束后,应提出施工工艺评定报告,报监理工程师批准,施工中不得随意变更经过评定批准的施工工艺。

(4)技术复核

施工准备及施工过程中,工程技术负责人应组织相关技术人员和专职质检员,对进场主要材料的品质、控制点的坐标及高程、桥梁基础、墩台位置及高程、隧道轴线位置及高程、预制构件质量及尺寸、支座位置及高程,以及与相邻施工单位衔接处的位置及高程等重要或影响全局的技术工作进行复核。技术复核后,技术人员应填写技术复核记录并签字确认。

(5)技术业务培训

建立建设单位、施工单位和施工作业队三级培训教育制度,人员进场以及实施新工艺、新结构、新方案前,均应开展技术业务培训。未经教育的人员不得上岗作业,特殊作业人员和特殊工种人员应做到持证上岗。

(6)施工技术日志

①项目实施全过程应填写施工日志,对技术管理、组织管理以及现场发生的重大事件等施工活动进行综合性记录。

②施工日志应由全面掌握施工情况的人员逐日记载,不得中断。

4.1.4 检查与评价

(1)项目实施过程中,应建立工程检查制度。采取日常检查、定期检查、专业性检查相结合的方式,对质量保证措施以及各项技术方案的执行情况的有效性和符合性进行检查。一般情况下,建设单位应每季度组织一次检查,施工单位应严格执行"三检制"(自检、互检及交接检),至少每月组织一次检查。

(2)建立纠正和预防措施程序,及时对检查、考核结果进行收集整理,并与质量标准和目标进行比较,分析偏差,提出持续改进的要求,采取措施,予以纠正和处置。

(3)工程完工后,对项目的技术策划、管理制度及方法,主要经验及问题处理,新技术、新工艺、新材料推广,社会效益及其社会评价等进行总结评价,并提出改进措施,为类似工程实施做好技术储备。

4.2 通用工程

4.2.1 钢筋

(1)钢筋在运输过程中,应避免锈蚀、污染。钢筋加工必须在钢筋加工棚内,存放场地须采用混凝土进行硬化处理,合理设置防、排水设施;钢筋加工场应按原材料储存区、加工区、成品区布置,各类钢筋原材、成品、半成品须分类堆放、下垫上盖,钢筋垫高应距离地面30cm以上,下部支点应以保证钢筋不变形为原则;现场临时堆放的半成品钢筋场地必须进行硬化处理,且应下垫上盖。做到堆放整齐,标志醒目、规范、齐全。

(2)钢筋出厂时应附有质量证明书或试验报告单,进场时除应检查其外观和标志外,尚应按不同的钢种、等级、牌号、规格及生产厂家分批抽取试样进行力学性能试验。钢筋经进场检验合格后方可使用。

(3)钢筋下料、弯曲宜采用数控设备。钢筋下料应按直径、尺寸分别编号绘制大样图,将同规格钢筋根据不同长度,进行长短搭配,统筹配料。同时在钢筋加工场进行标识。钢筋数控加工应符合下列要求:

①选择的机械设备应具备自动进行钢筋矫直、弯曲成型、切断等功能,确保加工精度满足规范要求。

②加工操作应由专人负责,须经专门培训,熟悉机器性能。

③加工应在室内进行,其环境须符合加工设备要求。

④加工操作平台正前方应挂钢筋大样图。

⑤加工区应设置警示标志,防止施工无关人员进入。

(4)钢筋的连接宜采用焊接接头或机械连接接头。受力钢筋的连接接头应设置在内力较小处,并应错开布置。焊接接头或机械连接接头,在接头长度区段内,同一根钢筋不得有两个接头。

(5)钢筋焊接应在操作台进行,焊接场地应设置适当的防风、防雨、防雪、防严寒措施。每批钢筋焊接前,应按实际条件进行试焊,试焊质量经检验合格后方可正式施焊;直径为16~40mm的HPB300、HRB400级钢筋的径向连接宜采用机械连接,已加工成型经检验合格的钢筋机械连接接头应使用塑料保护套等措施进行保护。

(6)钢筋骨架应在胎架上制作成型。钢筋间距应使用卡具等措施进行控制,确保成型的钢筋骨架几何尺寸满足设计要求。

(7)钢筋保护层厚度控制,施工前应将施工图中涉及的所有结构部位的净保护层厚度予以列表明细。钢筋保护层垫块应根据不同构件,合理选择。采用圆饼形高强混凝土垫块时,按竖向每2m一个断面,每个断面等间距错开布设4个垫块;采用梅花形高强砂浆垫块时,平面每平方米布设6个垫块,侧面每平方米布设4个垫块,底部承受竖向荷载较大的,采用高强砂浆垫块,应满足应有的强度要求,结构侧面宜选择卡扣式或圆饼形垫块。混凝土垫块应由专业厂家生产,施工前应制定保护层垫块安装操作规程,规定绑扎方法、垫置密度(纵横向间距)等。首件成品构件钢筋保护层厚度须及时进行测定,并根据检测结果,调整垫块的规格及垫放位置,直到验证检测结果符合规定。

(8)预制构件的吊环,必须采用未经冷拉的热轧光圆钢筋制作,且其使用时的计算拉应力应不大于50MPa;吊环埋入混凝土中的锚固深度不应小于35d,端部做成180°弯钩,且应与构件内钢筋焊接或绑扎。

(9)钢筋笼宜采用钢筋笼滚焊机制作,钢筋笼节段连接宜采用机械连接。钢筋笼应采用特制运输车运输,合理选择吊装设备。

(10)工程施工过程中,对设置在结构或构件中预留钢筋的外露部分,在环境湿度较大且外露时间较长时,须采取包裹、涂刷防锈材料等方式进行临时防护,以防止钢筋锈蚀以及污染环境。

(11)梁板等构件预制时,对伸缩缝、防撞护栏、护轮坎等预埋筋以及通气孔、泄水孔等预埋件应按设计要求牢固准确定位。

(12)盖梁、箱梁等大型钢筋骨架吊装应使用专门制作的吊架,吊架应具有足够强度和刚度,以保证在吊运过程中不会发生变形及扭曲。在起吊及移运过程中,严禁急速升降和快速制动,以免钢筋骨架扭曲变形,同时注意保护预应力管道在吊运过程中不受到损坏。

4.2.2 模板、支架

(1)模板和支架均应进行施工图设计。在各种施工荷载作用下,应具有足够的强度、刚度和稳定性。模板和支架在进场前须对材料性能和质量进行检验。

(2)模板、支架拆除应按设计要求的顺序进行,设计无规定时,应遵循先支后拆,后支先拆,先拆除非承重部分后拆除承重部分的顺序,拆除时严禁将模板、支架从高处向下抛掷。

(3)模板应采用钢模板或竹胶板。对标准模板如立柱、盖梁、预制梁板、横梁、护栏、护轮坎、装配式涵洞以及装配式通道等构件,宜采用定型钢模板,钢模板面板厚度不得小于6mm。对变形构件、不宜使用钢模的构件和结构内模等可使用竹胶板,竹胶板厚度不得小于1.8cm,且竹胶板周转不得超过4次。模板板面之间接缝应严密、平整、无错台、线条顺畅。模板在每次使用后应及时进行除污、除锈、防锈及修整等处理。

(4)定型钢模板加工制作时应在其背面喷印各节段的编号,以便现场拼装。钢模板制作完成后应进行试拼,检查钢模板的截面尺寸、刚度、接头部位的平顺度、特殊设计部位的加工精确度、背面加劲肋的设置和连接、接缝紧密程度及有无其他变形现象。满足设计要求后方可运进施工现场。

(5)模板在安装过程中,必须设置防倾覆设施,模板不得与脚手架连接。模板接缝处应采用粘贴止浆垫或止浆条等措施,以保证模板不漏浆。模板安装后,必须对平面位置、顶部高程、节点联系及纵横向稳定性等进行检查,严格控制模板变形。

(6)浇筑混凝土之前,模板应涂刷脱模剂,脱模剂应采用同一品种,不得使用废机油,且不得污染钢筋及混凝土施工缝。

(7)模板的配板应根据配模面的形状、几何尺寸及支撑形式决定。配板时宜选用大规格的模板为主板,其他规格的模板作为补充;配板后的板缝应规则,不得杂乱无章。

(8)固定在模板上的预埋件和预留孔洞均不得遗漏,安装应牢固,位置应准确。

(9)采用翻转模板和爬升模板施工时,混凝土的强度应达到规定的数值后方可拆模并进行模板的翻转或爬架爬升。作用于爬模上接料平台、脚手架平台和拆模吊篮的荷载应均衡,不得超载,严禁混凝土吊斗碰撞爬模系统。

(10)钢筋混凝土结构的承重模板、支架,对钢筋混凝土,其强度达到设计要求后,方可拆除;对预应力混凝土结构,其张拉、压浆完成后,方可拆除。拆除模板、支架时,不得损伤混凝土结构。

(11)非承重侧模板应在混凝土抗压强度达到2.5MPa,且能保证其表面及棱角不致因拆模而受损坏时拆除。对预应力混凝土结构,其侧模应在预应力钢束张拉前拆除;底模及支架应在结构建立预应力后方可拆除。

(12)支架应采用标准化、系列化、通用化的钢构件制作拼装,并应按施工图设计的要求进行安装。应通过预压的方式,消除支架地基的不均匀沉降和支架的非弹性变形并获取弹性变形参数,或检验支架的安全性。

(13)支架应根据支架弹性变形、非弹性变形,混凝土收缩、徐变及温度变化而引起的挠度和支架基础沉陷等因素预留施工预拱度。

(14)支架应安装稳定、坚固,能抵抗在施工过程中有可能发生的偶然冲撞和振动。在浇筑混凝土过程中须安排专人观察模板和支架有无异常变化。

4.2.3 混凝土

(1)使用水泥的品种和强度等级应通过混凝土配合比试验选定,且其特性应不会对混凝土的强度、耐久性和工作性能产生不利影响。当混凝土中采用碱活性集料时,宜选用含碱量不大于0.6%的低碱水泥。

(2)细集料应按验收批进行检验,检验内容应包括外观、筛分、细度模数、有机物含量、含泥量、泥块含量,以及人工砂的石粉含量等。必要时尚应对坚固性、有害物质含量及碱活性等指标进行检验。

(3)施工前应对所用的粗集料进行碱活性检验。在条件许可时宜避免采用有碱活性反应的粗集料，必须采用时应采取必要的抑制措施。

（4）符合国家标准的饮用水可直接作为混凝土的拌制和养护用水。当采用其他水源或对水质有疑问时，应对水质进行检验。此外，水中不应有漂浮明显的油脂和泡沫，以及明显的颜色和异味。

（5）混凝土使用的外加剂，应经有关部门检验并附有检验合格证明，且其产品质量应符合现行国家标准《混凝土外加剂》（GB 8076—2008）的规定。

（6）混凝土的配合比应以质量比表示，并应通过计算和试配选定。使用外加剂时，尚应符合下列规定：

①在钢筋混凝土和预应力混凝土中，均不得掺用氯化钙、氯化钠等氯盐。

②当从各种组成材料引入的氯离子含量（折合氯盐含量）大于规定的限值时，宜在混凝土中采取掺加阻锈剂、增加保护层厚度、提高密实度等防腐蚀措施。

③掺入引气剂的混凝土，其含气量宜为 3.5%～5.5%。

（7）混凝土的配料须采用自动计量装置，计量器具需定期检定，保证集料、水泥、水、外加剂等精确计量。

（8）混凝土拌和物应搅拌均匀，颜色一致，不得有离析和泌水现象。集中拌制的混凝土，应检测其拌和物的均匀性。必要时，还应对工作性能、泌水率及含气量等混凝土拌和物的其他指标进行检测。

（9）混凝土运输应使用 $6m^3$ 以上的混凝土运输车，运输过程中应保持混凝土罐不停慢速转动。混凝土运至浇筑地点后发生离析、泌水或坍落度不符合要求时，应进行第二次搅拌。二次搅拌不得随意加水，确有必要时，必须同时加入水、相应的胶凝材料和外加剂，保持其原水胶比不变；二次搅拌仍不符合要求时，则不得使用。

（10）混凝土浇筑期间，应随时检查支架、模板、钢筋、预应力管道和预埋件等的稳固情况，并及时填写混凝土施工记录。新浇筑混凝土的强度达到 2.5MPa 之前，不得使其承受行人、运输工具、模板、支架及脚手架等荷载。

（11）混凝土养护不得采用含有害物质的水。洒水保湿养护时间不得少于 7d，对重要工程或有特殊要求的混凝土，应根据环境湿度、温度、水泥品种，以及掺用的外加剂和掺和料等情况，酌情延长养护时间。当气温低于 5℃ 时，须采取保温养护的措施，不得向混凝土表面洒水。

（12）拆模后如发现混凝土构件表面存在质量缺陷时，应根据缺陷程度，分析原因，采取相应处理措施。不得采用水泥浆或干水泥对混凝土构件进行修饰。

（13）商品混凝土。

①商品混凝土配合比设计单位应具有相应的试验检测资质。

②选择商品混凝土生产厂家前应对其进行以下几方面考察。

a. 生产厂家拥有的资质、营业执照、近期业绩及其他相关方面的证明文件。

b. 拥有商品混凝土生产专项试验室，并通过省级以上计量部门的计量认证，质量保证体系健全。

c. 生产厂家信誉度高，生产质量稳定。

③原材料管理。水泥应有出厂合格证，出厂检验报告和进场复检报告；施工过程中，应对砂、碎石材料进行动态监控，根据砂、碎石材料以及含水率变化等及时对混凝土配合比予以

调整。

④生产厂需提供符合要求的下列资料:混凝土出厂合格证、混凝土运输单(写明工程名称及施工部位、配合比编号、坍落度、强度等级、抗渗等级、出站及到场时间)、混凝土开盘鉴定、混凝土外加剂厂家的出厂合格证和检验报告等。

⑤出厂质量控制。商品混凝土生产厂家应根据技术标准合同规定,对出厂的商品混凝土坍落度、拌和物性能和强度等进行出厂检验,坍落度的确定应考虑混凝土运输过程的损失值。施工、监理单位在施工现场,应严格控制商品混凝土的交货检验,并验证混凝土坍落度,当坍落度实测值不能满足要求时,商品混凝土不得使用。

⑥使用的商品混凝土应做到配合比设计、出厂28d强度报告及现场检验的28d强度报告以及商品混凝土使用台账等资料齐全、完整。

4.2.4 预应力

(1)管道

①刚性管道的钢管壁厚应不小于2mm,且具有光滑的内壁并可被弯曲成适当的形状而不出现卷曲或被压扁。

②半刚性管道中,金属波纹管镀锌钢带的厚度不得小于0.3mm,并符合设计要求,轧制要紧密,不得漏浆;高密度聚乙烯塑料管的壁厚(δ)应满足:内径$\phi \leqslant 75$mm,$\delta \geqslant 2.5$mm;内径$\phi \geqslant 90$mm,$\delta \geqslant 3.0$mm。

③管道须按设计坐标准确、牢固定位,定位钢筋的间距,钢管不宜大于1.0m,波纹管不宜大于0.8m,位于曲线上的管道和扁平波纹管道应适当加密,以保证混凝土浇筑期间不产生位移。

④管道与构造钢筋位置重叠时,应保证管道位置不变,可适当移动构造钢筋,不得改变管道的设计坐标位置。

⑤波纹管的连接应采用大一级直径的同类管道,其长度宜为被连接管道内径的5~7倍,波纹管和喇叭管连接须圆滑过渡,连接处须用密封胶带封口,确保不漏浆。预留波纹管外露长度宜为8~12cm,并采用芯棒、胶带包裹等措施加以保护,以防止波纹管断裂、锈蚀。采取硬质胶管做波纹管内衬或其他措施,防止混凝土浇筑时堵塞管道及波纹管变形。

(2)预应力张拉、压浆

①预应力筋切割应使用机械切割,不得用气割,严禁使用电焊切割;切割后预应力筋的外露长度不应小于30mm,且不应小于1.5倍预应力筋直径。

②钢绞线应编号绑扎成束,其端头应进行包裹,以防止钢绞线端头炸开。

③预应力筋用锚具产品应配套使用,统一结构或构件中应采用统一生产厂的产品,工作锚不得作为工具锚使用。张拉机具设备应与锚具产品配套使用,千斤顶与压力表应配套标定、配套使用,标定应经国家授权的法定计量技术机构定期校验。

④预应力筋张拉锚固后,孔道压浆应在48h内完成,否则应采取措施,确保预应力筋不出现锈蚀。压浆前应将预应力管道清洗干净,压浆应保持连续,不得中断。

⑤压浆过程中及压浆后48h内,结构或构件混凝土的温度及环境温度不得低于5℃,否则应采取蒸气养生等保温措施养护1d。当环境高于35℃时,压浆宜在夜间进行。

⑥预应力筋和金属管道在仓库内保管时,仓库应干燥、防潮、通风良好、无腐蚀气体和介质;在室外存放时,时间不宜超过6个月,不得直接堆放在地面上,必须采取垫高、覆盖等有效措施。

⑦浇筑封锚混凝土前应对梁端混凝土进行凿毛处理,封锚混凝土必须规范施工。严禁梁板张拉后未压浆或压浆强度不符合设计要求擅自进行梁板吊装或移梁。

⑧压浆材料宜采用专用压浆料或专用压浆剂配制的浆液进行压浆。不得采用以铝粉为膨胀源的膨胀剂或总碱量0.75%以上的高碱膨胀剂。

⑨预应力张拉应实行智能控制。预应力智能张拉是指利用计算机智能控制技术、通过仪器自动操作、完成预应力的张拉施工。张拉过程中,施工单位必须安排技术人员现场指导,监理人员应旁站到位,并履行签认手续。张拉结束后,应对预制梁板的起拱度进行重点检查,对起拱度误差较大的,应及时与设计单位联系,查明原因,提出处理意见。相对于传统张拉工艺具有以下优点:

a. 智能张拉依靠计算机运算,能精确控制施工过程中所施加的预应力值,系统中设置在张拉力下降超过1%时,张拉各阶段自动补张拉至规定值,因此能将张拉力误差范围控制在±1%。

b. 系统传感器实时自动采集钢绞线伸长量数据,反馈到计算机,自动计算伸长量,及时校核伸长量,与张拉力同步控制,实现真正"双控"。

c. 控制系统按规范要求设定加载速率、停顿点和持荷时间等张拉过程,排除人为、环境因素影响;同时可缓慢卸载,避免冲击损伤夹片,减少回缩量,且可准确测定实际回缩量;一台计算机控制两台或多台千斤顶同时、同步对称张拉,实现"多顶两端同步张拉"工艺。

⑩采用循环智能压浆工艺时应符合下列规定:

a. 循环智能压浆系统由制浆系统、压浆系统、测控系统、循环回路系统组成。

b. 浆液在由预应力管道、制浆机、压浆泵组成的回路内持续循环以排净管道内空气,及时发现管道堵塞等情况,并通过加大压力进行冲孔,排出杂质,消除致压浆不密实的因素。

c. 在管道进、出浆口分别设置精密传感器实时监测压力,并实时反馈给系统主机进行分析判断,测控系统根据主机指令进行压力的调整,保证预应力管道在施工技术规范要求的浆液质量、压力大小、稳压时间等重要指标约束下完成压浆过程,确保压浆饱满和密实。

d. 关闭出浆口后稳压3~5min,保持不低于0.5MPa的压力,进、出浆口压力差保持稳定后,主机判断管道充盈。

4.2.5 砌体

(1)砌体工程所有石料应选用石质均匀、不易风化、无裂纹的硬质石料。块片石的尺寸应满足施工技术规范要求,严禁采用小石块填芯砌筑。

(2)浆砌片石工作层之间水平缝应大致找平,竖缝应相互错开,不得贯通;用作镶面的片石应选用表面平整、尺寸较大者,并应稍加修整。

(3)挡土墙工程基坑开挖应根据实际施工能力分段开挖、分段作业,防止基坑暴露时间过长或遭水浸泡,开挖后必须检测基底承载力。挡土墙的泄水孔应预先埋设,泄水孔必须穿透砌体,严禁反向设置。沉降缝处使用的石料应进行修整,确保沉降缝整齐垂直、大面平整、上下贯通。

（4）石砌锥坡、护坡和河床铺砌层等工程，必须在坡面或基面夯实、整平后，方可开始铺砌。

（5）路堤边坡防护宜在路堤沉降稳定后施工。砌体基础应先于同级坡面的上部砌筑工程施工，并与平台侧沟同时砌筑。砌筑应紧密、错缝，严禁通缝、叠砌、贴砌和浮塞，坡面应平顺。

4.2.6 软土地基处理

（1）软土地基必须根据软土、淤泥的物理力学性质、埋层深度、材料条件、经济适用性等因素分别采取处理措施。其中，挖除换填适用于厚度小于3m的不良土体，其余地段应进行专门设计。软基施工应修筑地基处理试验路段，并应进行沉降观测。

（2）水泥双向搅拌桩施工。

①选择合适的深层搅拌钻机型号且须配备有资质部门认证的水泥浆喷浆自动记录装置。

②搅拌桩施工前须进行试验桩施工，试验桩应不少于10根。一般情况下，搅拌速度按30~50转/min控制，喷浆钻进速度0.5~0.8m/min，提钻复搅速度0.7~1.0m/min，钻进喷浆管道压力为0.2~0.4MPa。施工中必须使搅拌桩穿透软弱层，打至相对硬的土层作为桩长的控制指标。

③水泥浆液应严格按照室内试验所确定的配合比进行拌制。制备好的浆液不得离析，停置时间一般不得超过2h；浆液倒入储浆桶时应加筛过滤，以免浆内结块，损坏泵体。

④搅拌机持续下沉至设计深度，在桩端应就地持续喷浆10s以上。

⑤施工中须对水泥掺入量、桩长、桩径、水灰比等进行检测，其中，水泥掺入量、桩长须100%检测，且每台班检测水灰比不少于1次。

（3）塑料排水板施工。

①排水板应覆盖堆放，避免阳光直晒和雨水浸泡，禁止混合堆放，严禁使用被污染和过期排水板。

②排水孔施打采用定载振动压入方法，不允许重锤夯击。施打过程应保持排水孔的垂直度，其垂直偏差按进入深度控制在1.5%~2%之间。

③塑料排水板在插入地基过程中须保证不扭曲，透水膜无破损、不被污染，其底部应有可靠的锚固措施。排水板一般不允许接长，如接长必须剥开芯膜使芯板接平，搭接长度不小于20cm，接长根数不大于打设根数的5%且不得二次接长。

④排水板施插过程应采用自动记录装置记录耗用量，以检查送入土中及排水板回带长度；排水板的回带长度不得大于50cm，否则须重新施插；排水板回带根数不大于打设根数的5%。

⑤塑料排水板超过孔口的长度应能伸入砂垫层不小于50cm，预留段应及时弯折埋设于砂垫层中，与砂垫层贯通，并采取保护措施。

⑥施工中防止泥土等杂物进入套管内，一旦发现应及时清除。

⑦打设形成的孔洞应用砂及时回填，不得用土块堵塞。

（4）静压预应力混凝土管桩（PHC）施工。

①预制静压桩应由专业生产厂家供应，管桩进场后外观质量与尺寸偏差应每批随机抽检

不少于10根；在外观质量与尺寸偏差检验合格的产品中随机抽检2根进行抗弯性能检验。

②预制桩应达到设计强度的70%方可起吊，强度达到100%方可运输。桩在起吊和搬运时，必须做到平衡，避免剧烈振动和冲撞，产生附加弯矩。

③预制静压桩的堆放场地必须平整坚实，不得产生不均匀沉陷。堆放层数不得超过4层，当两点支承时，垫木位置须在距桩端0.21倍桩长的位置处；当三点支承时，垫木位置应设在距桩端0.15倍桩长及中点处。每层垫木必须保持在同一平面上，各层间垫木应在同一垂直线上。不同规格的桩应分别堆放。

④根据地质条件、单桩竖向极限承载力以及布桩密集程度等因素，压桩机应按定额总重力配置压重，压机的重力（不含静压桩机大履和小履重力）不宜小于单桩极限承载力的1.2倍。

⑤边桩与周围的建筑物安全距离大于4m，压桩区域内的场地边桩轴线外5m范围内用压路机压实。

⑥沉桩施工前须进行不少于两根的试桩，以确定桩长，并校验压桩设备和沉桩施工工艺措施是否符合实际要求。

⑦管桩接长时，宜在桩头高出地面0.5~1.2m处进行；上下接桩段应保持顺直，错位偏差不宜大于2mm。焊接时，焊接层数不得少于两层，焊后自然冷却时间不得少于8min，严禁用水冷却或焊好即打。

⑧桩头截除宜用锯桩器截割，严禁用大锤横向敲击或者强行扳拉截桩。

(5) 水泥粉煤灰碎石桩(CFG)施工。

①开工前须根据设计要求和现场地基土的性质、埋深、周边环境等因素选择采用合适的施工方法和设备。

②施工前应进行成桩试验，试桩数量不少于5根。正式施工前应保证桩机就位平整、稳固；桩机导管内径须大于设计桩径。

③桩体施工应选择合理的施打顺序，避免对已成桩造成损害；成桩过程中，应对已打桩的桩顶进行位移监测。对桩顶上升量较大或怀疑发生质量问题的桩应开挖查看。

④沉管与地面应垂直，垂直度偏差不得大于1%。

⑤拔管过程中禁止反插。拔管速率一般控制在1.2~1.5m/min之间较合适，防止发生缩孔或断桩质量事故。

⑥桩顶高程应根据桩距、布桩形式、现场地质条件和施打顺序等综合确定，一般应高出设计高程0.5m，且浮浆厚度不超过20cm。

⑦冬期施工时混合料入孔温度不得低于5℃，对桩头和桩间土应采取保温措施。

(6) 换填法地基处理。

①垫层施工应根据不同的换填材料选择施工机械。当地基土的含水率超过正常值时，不宜采用振动碾压，以防止出现弹簧地基。

②垫层的施工方法、分层铺填厚度、每层压实遍数等宜通过试验确定。一般情况下，垫层的分层铺填厚度可取200~300mm。为保证分层压实质量，应控制机械碾压速度。

③严禁扰动垫层下卧土层。如设计有土工材料时，铺设应平整、拉直，不应有卷曲，搭接长度应符合设计或规范规定。

④垫层底面宜设在同一高程上。如深度不同，基坑底土面应挖成阶梯或斜坡搭接，并按先

深后浅的顺序进行垫层施工,搭接处应夯压密实。

⑤采用振冲置换法施工,在已有建筑物邻近施工时宜用功率较小的振冲器,水上施工宜用功率较大的振冲器。施工中应严格检查振冲器的绝缘性能。施工过程中,各段桩体的密实电流、填料量和留振时间均应符合设计规定。

⑥采用振冲密实法施工时,当需填料时,每一振冲点所需的填料量应通过现场试验确定,以使达到要求的密实程度和振冲点间距。填料宜选用质地坚硬的碎石、卵石、砾石、砂砾、粗砂等,粒径应小于5cm。

(7)排水固结法地基处理。

①竖向排水体施工,施工机具应根据不同类型选择。在刚吹填不久的软土或超软土上打设竖向排水体时,应在软土面上铺设竹笆砂石垫层,使用轻型打设机。

②砂井灌砂时,砂柱不得中断,如有中断则应补打。砂井的灌砂率对于套管法砂井不得小于设计值的85%,对于袋装砂井不得小于95%。袋装砂井打设前宜用干砂灌制,应达到密实状态,下沉时不得发生扭结、缩径或断裂现象,打设后至少应露出砂垫层顶面50cm。

③采用堆(加)载预压法施工,加载时应根据设计要求分级加载,通过水平位移和垂直位移控制加载速率。

④采用真空预压法施工,砂垫层埋设的水平方向滤水管应能适应地基变形。

⑤采用真空预压联合堆载预压法施工,在进行上部堆载之前,应在密封膜上铺设防护层,以保护密封膜的气密性。堆载时,应密切观察膜下真空度的变化,发现漏气,及时处理。

⑥采用轻型真空井点法降水,要求的降深超过5m时,宜用多级井点。井点的管路系统应密封,严防漏气。

4.3 路基工程

4.3.1 一般规定

(1)路基施工应对施工期临时排水进行规划和建设,做到永临结合、排水通畅。路堤施工前必须在施工场地附近开挖临时排水沟,以拦截地面水防止侵入路基范围;路堤填筑必须及时形成路拱,各施工作业层面设2%~4%的排水横坡,路堤顶面边侧设置截水埂,每间隔50m开口设置边坡临时急流槽(砖砌),以免冲刷边坡。挖方路基施工前必须先施作截水沟,截水沟应与排水系统顺接,确保排水畅通;施工中应及时修建平台排水沟;施工中适当加大纵坡并在两侧设置临时排水沟(纵坡不小于1%),防止雨水集积危害路基。

(2)路基施工机械配置,应根据工程特点、土石种类及数量、填挖高度、运距、工期等因素确定。土质路堤施工应配置必要的洒水车和翻晒设备等;填石路堤或土石路堤施工应配置大功率重型冲击夯、自行式羊足碾、破碎锤及洒水车等机械。路基土石方挖、运、粗平、搅拌(灰土)、精平、洒水、翻晒、碾压等设备必须配套,其配置数量须满足施工质量、进度要求。

(3)路基施工前应对路基用地界、路堤坡脚、路堑坡顶、取土坑、护坡道、弃土堆、挡土墙等具体位置设置标志桩。

(4)路基填筑应加强合同段与合同段接合部、分段作业接合部、填挖交界接合部、半填半挖接合部、构造物与路基接合部、边死角与一般填筑段接合部的施工质量控制。同时,做到台背回填、锥坡填土与路基填筑同步,结构物两侧对称填筑。填挖交替段路基施工前应先行完成填方段构造物及台背回填等施工作业。

(5)路基排水、防护工程中的小型混凝土构件(边沟盖板、隧道电缆沟盖板、防护混凝土预制块等)应采取工厂化集中预制。

4.3.2 填方路基施工

(1)路基填料应符合下列规定:

①严禁使用含草皮、生活垃圾、树根、腐殖质的土,泥炭、淤泥、冻土、强膨胀土、有机质土及易溶盐超过允许含量的土;液限大于50%、塑性指数大于26、含水率不适宜直接压实的细粒土,不得直接用于路堤填筑;粉质土及新风化红砂岩土、泥岩土不宜直接填筑于路床,不得直接填筑于冰冻地区的路床及浸水部分的路堤。确需使用时,必须采取技术处理,经检验满足设计要求后方可使用。

②填石路堤不适用于路床区,特殊情况下,需通过专项研究后方可使用。填料粒径应不大于500mm,并不宜超过层厚的2/3,路床底面以下400mm范围内,填料粒径应小于150mm,路床填料粒径应不小于100mm。

(2)施工取土

①路基填方取土应分层、分级。平原区一般分为2层,取土时按1:1放坡并设置宽度不小于1m的平台,取土深度应结合地下水等因素考虑。山区取土须根据地形、地质情况按设计坡比放坡。

②桥头两侧不宜设置取土坑,路基两侧取土,取土坑与路堤坡脚之间的距离应满足路堤稳定性要求。

③取土后的取土坑应进行修整,做到坑底面平整,周边修整规范,符合有关验收标准。

(3)路堤试验路段

①二级及二级以上公路土质路堤、土石路堤、填石路堤、特殊地段路堤、特殊填料路堤,采用新技术、新材料、新工艺的路基,以及采用不同填料或不同施工工艺填筑路堤,应进行试验路段施工。试验路段应选择在地质条件、断面形式等工程特点具有代表性的地段,路段长度不宜小于100m。

②试验路段完成后,应及时对试验路段施工资料进行总结,以确定沉降差指标和工艺参数,作为规模化施工质量控制标准;试验段总结报告的主要内容如下:

a.试验段基本概况;

b.原材料试验资料及标准击实试验资料;

c.应根据压实机具型号规格,在不同含水率、不同填筑厚度、不同碾压遍数上确定最佳机械组合,以及每次上料、整平和碾压的工作段长度;

d.压实工艺主要参数包括:虚铺厚度、碾压遍数、碾压速度、最佳含水率、含水率允许偏差等;

e.压实遍数—压实度、含水率—压实度关系曲线;

f.施工过程质量控制指标及控制方法,质量评价指标及评价标准;

g. 优化后的施工组织方案及施工工艺;
h. 施工原始记录、检测记录;
i. 相关建议和意见。

(4) 土质路堤

①路堤基底压实度小于90%,路基填土高度小于路面和路床总厚度,地下水位较高、陡坡地段、土石混合地基、填挖界面、高填方地基等都应按设计要求进行处理,并检验合格。

②性质不同的填料,应水平分层、分段填筑,分层压实。同一水平层路基的全宽应采用同一种填料,不得混合填筑。每种填料的填筑层压实后的连续厚度不宜小于500mm。填筑路床顶最后一层时,压实后的厚度应不小于100mm。

③路堤填筑应从最低处起分层填筑,逐层压实;分层控制填土高程,作业层顶面应形成路拱。当原地面纵坡大于12%或横坡陡于1:5时,应按设计要求挖台阶,或设置坡度向内并大于4%、宽度大于2m的台阶。

(5) 石灰改善土路基

①生石灰消解应在主线路基范围外,并远离居民区150m以上的场所;石灰消解须充分,布灰过程中应人工剔除夹石。

②上土前应对下承层进行洒水保湿,按照试验段确定的松铺系数进行填筑。

③用平地机进行整平时紧跟拉线检查高程、横坡,整平时严禁平地机带料找补形成薄层贴补。尽量避开高温时间整平成型。

(6) 填石路堤

①填石路堤填筑前,路堤边坡坡脚应用粒径大于30cm的硬质石料码砌,边坡码砌与路基填筑宜基本同步进行。

②填石路堤应分层填筑压实。岩性相差较大的填料应分层或分段填筑。严禁将软质石料与硬质石料混合使用。

③路床区不宜采用石方填筑。如必须采用时,路床填料粒径应小于100mm。填石路堤顶面与细粒土填土层之间应按设计要求设过渡层。

④填石路堤施工应严格控制超粒径填料进入施工现场,严禁填筑现场解小填料。

(7) 土石路堤

①土石路堤应分层填筑压实。土石混合材料来自不同料场,其岩性或土石比例相差较大时,宜分层或分段填筑。严格控制填料最大粒径,超粒径的填料应在运到现场前采用人工拣出或采取控制爆破、破碎锤解小或碎石机械加工等措施进行处理。

②填料由土石混合材料变化为其他填料时,土石混合材料最后一层的压实厚度应小于300mm,该层填料最大粒径宜小于150mm。

③压实后透水性差异大的土石混合材料,应分层或分段填筑,不宜纵向分幅填筑,如确需纵向分幅填筑,应将压实后渗水良好的土石混合材料填筑于路堤两侧。

④土石路堤压实质量检测应采用工艺参数与沉降差联合控制。

(8) 冲击增强补压

①填筑高度大于8m的路基必须采用冲击式压路机进行一次冲击补强,冲击式压路机行走时速不应小于10km/h;土石路堤和填石路堤每填筑2~4m宜采用大功率重型冲击夯进行

一次冲击补强。

②路基冲击碾压时应进行压实度、平整度、高程等检验。测点应按20m一个横断面,分别在中线和距离左、右外侧边线(含加宽部分)1m处布置。

③在山坳段较多的山区和冲压设备无法进入的施工路段,可采用80t的强振动压路机进行增强碾压或强夯补强。

4.3.3 挖方路基施工

(1)土方开挖应自上而下进行,不得乱挖超挖,严禁掏底开挖。土质路堑开挖至设计高程时,应尽快进行路床施工,如不能及时进行,应在路床底面以上预留至少30cm厚的保护层。

(2)石质路堑开挖爆破施工前须进行爆破设计,并对各种爆破方式进行试验爆破以确定最优爆破方案;石质路堑开挖禁止使用大爆破施工方法,应以光面爆破、预裂爆破技术为主。边坡开挖至坡面2m范围内必须采用光面爆破或预裂爆破,上边坡不得有松石;竖孔炮眼残留率不低于85%。

(3)石方路基路床欠挖部分必须凿除。超挖部分应采用无机结合料稳定碎石或级配碎石填平碾压密实,严禁用细粒土找平。

(4)高边坡应采取动态设计,信息化施工。开挖应严格按设计图纸自上而下分级进行,做到开挖一级防护一级,以防止边坡失稳产生滑坍等灾害。

(5)石质路堑边坡平台沟应同坡面开挖同步完成。

(6)季节性冻土地区路基石质挖方、零填路段不宜超挖,超挖或清除软层后的凸凹面,严禁用挖方料和未经稳定处理的混合料回填,岩面凸出部分应凿除。

(7)挖方段外侧若有池塘、水库等,须根据设计线位与库岸的位置关系,合理选择施工方法;过程中须加强观测、及时采取防护措施。

(8)弃土堆放应相对集中,做到与周边环境相协调;如受客观条件限制必须制订专项弃土方案。弃土应按要求进行压实,并做好弃土场的防护、排水工程。

4.3.4 半填半挖路基施工

(1)横向半填半挖

①填挖接合部或半填半挖路段的路基施工,宜采用先挖台阶—分层回填—开挖路堑的施工工艺,尽量扩大回填作业面;杜绝出现原地表清理不彻底或漏压、欠压现象,以加强填挖接合部位工程质量的控制。

②应认真清理半填断面的原地面,将原地面翻松或挖成台阶。台阶开挖高度应不大于2m,宽度应不小于2m。

③必须从低处往高处分层摊铺碾压,拼接缝两侧各不小于5m范围压实度可适当提高。

④开挖时,必须待下部半填断面原地面处理好,经检验合格后,方可开挖上部挖方断面。

⑤石方山坡,应清除原地面松散风化层,按设计开挖台阶。

(2)纵向半填半挖

①按设计要求处理原地面,处理长度应根据填土高度和原地面坡度而定。

②填方应分层填筑,填挖交界处应挖成台阶处理,台阶宽度应不小于2m。

③填挖交界处的开挖,必须待填方处原地面处理好,并经检验合格后,方可开挖挖方断面。

④纵向填挖交界处填筑(或深坑回填)时,应铺设土工格栅,土工格栅搭接长度不小于30cm,向两侧位置延伸不小于10m,交界处两侧各不小于5m范围压实度可适当提高。

4.3.5 结构物台背回填施工

(1)台背回填范围

①通道、涵洞工程:顶部长度不小于台高+2m。底部为基础外沿3~5m。

②桥梁工程:顶部长度不小于台高+2m,底部为基础外沿不小于2m。

(2)施工要点

①桥涵填土的范围必须严格按照设计文件执行,并做好过渡段。过渡段路堤压实度应不小于96%,同时纵向和横向防排水系统应连接通畅。

②台背回填应慎重选择填料,应选用强度和水稳定性好的材料。宜采用天然砂砾、粒径小于15cm的石渣、水泥稳定类的半刚性材料填筑或灰土回填。

③应严格分层填筑,严禁向坑内倾倒,每层最大松铺厚度应不大于20cm。应在结构物墙身上左、中、右位置,用红、白漆相间画出每层压实厚度控制标线,并标注层位编号。与路堤交界处应预留台阶,台阶宽度应不小于2m,台阶高度应不大于1m,内倾2%~4%。

④台背填土的顺序应符合设计要求。梁式桥的轻型桥台台背填土,应在梁体安装完成后两侧对称回填;柱、肋式桥台台背填土,宜在台帽施工前,柱、肋周围对称、平衡地进行。桥台背和锥坡的回填施工宜同步进行,一次填足并保证压实整修后能达到设计宽度。台背回填部分的路床宜与路堤路床同步填筑。

⑤回填施工应采用大型压路机为主,小型压实机具配合进行压实。采用小型夯实机具夯实铺筑厚度应不得大于10cm。

⑥回填前,八字墙、一字墙以及支撑梁必须完成,梁板架设前最多对称回填至1/3墙高。回填应与路基同步施工,不能同步时应严格按要求开挖台阶。

⑦涵洞应在盖板安装或浇筑后,在墙身两侧对称分层回填压实。当顶面填土压实厚度大于50cm时,方可使重型机械通过。

⑧回填过程中,应防止雨水浸泡,回填结束后顶部应及时封闭。

4.3.6 路基排水

(1)边沟、排水沟施工一般以两个结构物之间的长度为一个单元,以保证边沟、排水沟与结构物的进出水口顺接;边沟开挖前应对原地面进行整平、压实,开挖后对边沟坡面进行修整并夯实;截水沟、边沟、排水沟顶面应略低于自然坡面;边沟纵坡应与曲线前后边沟底纵坡平顺衔接,严禁曲线内侧有积水或外溢现象。

(2)跌水台阶高度应按设计或根据地形、地质等条件决定,其高度和长度之比应与原地面坡度相适应,台阶高度不大于0.6m,不同台阶坡面应上下对齐;跌水可用浆砌片石或水泥混凝土浇筑,出口设置隔水墙,并设消力坎。

(3)急流槽宜砌成粗糙面,其基础应嵌入地面以下并与排水系统连接,分段砌筑时,每段长宜控制在5~10m,接头处应采用防水材料填缝。

(4)盲沟的埋置深度,不得低于原有地下水位的要求。当排除层间水时,盲沟底部应埋于最下面的不透水层上;盲沟的底部和中部用较大碎石或卵石(粒径30~50mm)填筑,在碎石或卵石的两侧和上部,按一定比例分层(层厚约150mm)较细颗粒的粒料(中砂、粗砂、砾石),做成反滤层,逐层的粒径比按4:1递减。粒料小于0.15mm的含量不应大于5%。在盲沟顶部做封闭层,应用防渗材料铺成,夯实黏土防水层厚度不小于0.5m;填石盲沟适用于渗流不长的地段,且纵坡不能小于1%,宜采用5%,出水口的底面高程,应高出沟外最高水位0.2m。

(5)渗沟开挖宜自下游向上游进行,应随挖随加支撑或回填,当渗沟开挖深度超过6m时,须选用框架式支撑,施工回填时应自下而上逐步拆除支撑;各类渗沟均应设置排水层、反滤层和封闭层,当采用无纺土工布作反滤层时,应先在底部及两侧沟壁铺好土工布,并预留顶部覆盖所需的土工布,拉直平顺紧贴下垫层,所有纵向或横向的接缝应交替错开,搭接长度均不得小于30cm;渗沟的出水口宜设置端墙,端墙下部留出渗沟排水通道,端墙排水孔地面距排水沟沟底的高度不小于0.2m。

4.3.7 路基防护与支挡

(1)植物防护宜采用草灌乔结合,应选用当地优势群落,并应符合下列规定:
①植草的最小土层厚度不应小于0.15m,灌木最小土层厚度不应小于0.30m。
②喷混植生的厚度不宜小于0.10m,种植土、草纤维、缓释营养肥料、黏合剂、保水剂等混合材料配合比应通过试验确定。
(2)骨架植物防护,可采用拱形、人字形或方格形浆砌片石,或采用水泥混凝土骨架,也可采用多边形水泥混凝土空心块,骨架内植草或喷播植草。多雨地区骨架应增设拦水带和排水槽。风化破碎的岩石挖方边坡,可在骨架中增设锚杆。
(3)锚杆(索)框架梁防护。
①锚杆框架梁施工必须搭设连续、固定的操作平台。
②模板加固不得与脚手架连接。
③边坡修整应做到平整、密实,无溜滑体、蠕变体和松动岩体。边坡欠挖部分必须采用人工开挖的方法进行处理,超挖部分须采用混凝土填补。破碎且不平整的边坡,必须将松散的浮石和岩渣清除后用浆砌片石填补。
④锚杆必须沿杆体轴线方向每隔1.0~2.0m设置一个对中支架,必要时设排气管,并与锚杆体绑扎牢固。
⑤锚孔钻造完成后24h内应安装锚固体并进行锚孔注浆。
⑥钢绞线必须严格按照设计尺寸下料,每股长度误差不大于±50mm。应采用机械切割,严禁采用电弧切割。严禁使用有机械损伤、电弧烧伤和严重锈蚀的钢绞线。
⑦锚索张拉设备必须按规定配套标定,并处于标定有效期内。
⑧框架梁混凝土浇筑完成后,应安排专人养护;养生期间,框架梁不得承受任何荷载。
(4)挡土墙。
①挡土墙施工前,应做好截、排水及防渗设施,在岩体破碎、土质松软或地下水丰富地段修建挡土墙,宜避开雨季施工。

②挡土墙基础明挖基坑应按相关规定进行施工,基底检验合格后,应及时进行下道工序施工。

③墙端部伸入路堤或嵌入地层部分应与墙体同时砌筑,墙顶应找平、抹面或勾缝,其与边坡间的空隙应用黏土或其他材料夯填封闭。

④挡土墙与桥台、隧道洞门连接应协调施工,必要时应加临时支撑,确保与墙相接的填方或山体的稳定。

(5)抗滑桩。

①混凝土所用的水泥、砂、石、水和外掺剂的质量和规格,必须符合设计和有关规范的要求,按规定的配合比施工。

②应分节开挖,每节高度宜为0.6~2.0m,分节不宜过长,不得在土石层变化处和滑动面处分节,挖一节立即支护一节。弃渣严禁堆放在滑坡范围内。

③钢筋笼搭接接头不得设在土石分界和滑动面处,灌注柱身混凝土必须连续进行。

4.3.8 涵洞、通道工程

(1)圆管涵工程

①圆管涵管应采取工厂集中预制。涵管预制须采用离心法、悬辊法或立式挤压法,不得采用振动制管法。

②管节安装应做到顺流水坡度平顺,内壁齐平,接缝宽度均匀,管节必须垫稳坐实。

(2)盖板涵、箱涵、钢筋混凝土拱涵及通道工程

①模板设计宜采用可调无拉杆式,每块钢模板面积不得小于$2m^2$,面板厚度不小于6mm。特殊情况下,可考虑采用桥梁专用竹胶板,厚度不得小于1.8cm,周转一般不得超过四次,严禁使用破损的竹胶板。涵洞帽石应按设计加工制作整体定型钢模,并将边角制作成倒角或流线型,提高外观质量。

②基坑开挖时应在基坑两侧开挖临时排水沟和集水坑,以免地表水或地下水浸湿基底土质。

③对于台身为等厚的轻型涵台,盖板未安装前,严禁台后回填。必须待盖板安装及涵底铺砌完成后方可进行台后回填,回填必须采用两侧等厚均匀回填。

④基础、墙身沉降缝施工应做到上下垂直,环形贯通,盖板无骑缝。

⑤拱涵拱圈混凝土应采用干硬性混凝土,混凝土的现场浇注施工在涵长方向宜连续进行;当涵身较长不能一次连续完成时,可沿长度方向分段进行浇筑,施工缝应设在涵身的沉降缝处。现浇混凝土拱圈时,应对称浇筑,最后浇筑拱顶,或在拱顶预留合龙段,最后浇筑并合龙。

4.3.9 特殊路基施工

(1)红砂岩路基

①红砂岩作为路基填料时,应对红砂岩进行分类并根据其路用性能标准采用不同施工工艺和检测标准;不同类别填料须分别进行试验段施工。

②红砂岩填料使用前须经预崩解处理。预崩解处理应在开挖现场进行,填料最大粒径须

满足规范要求。

③不同类型的红砂岩不得在同层填筑。

④路基压实层顶面应形成约4%的横坡,保证必要的平整度,以利于排水,防止局部积水浸泡。

⑤施工期间应设置临时急流槽排水,路基成型后必须及时进行边坡防护。

⑥对于高填方红砂岩路基,宜采用大吨位冲击式压路机进行补压处理,以减少工后沉降。

⑦当必须采用红砂岩作为路床填料时,应对红砂岩进行掺水泥改良后进行填筑,水泥剂量须经试验确定,其粒径不得大于规范要求。

(2)弱膨胀土路基

①弱膨胀土路基施工应避开雨季作业,加强现场排水,基底和已填筑的路基不得被水浸泡。

②膨胀土路基施工工序应衔接紧密,做到连续施工,分段完成。越冬的路基应按设计要求做好封层保护。

③路堑开挖不得一次开挖到设计线,须预留30~50cm。路堤施工须及时对边坡进行防护。

④弱膨胀土填筑的路堤边坡应采用非膨胀土或经掺石灰改良后的弱膨胀土作为包边;未经改良的弱膨胀土不得作为路床填料。

⑤低填方路基基底须采取挖除换填或改性处理,挖除换填深度不得小于设计或规范规定。

(3)粉砂土路基

①粉砂土施工时必须严格控制松铺厚度及碾压含水率。

②清表前须开挖临时排水沟,防止粉砂土水分积聚造成翻浆。

③粉砂土压实机械宜采用重型振动压路机与轻型静压设备相结合。

④粉砂土路基施工应完善临时排水设施,防止边坡在受到雨水冲刷时,形成冲沟破坏。

⑤路基填筑过程中须及时清除大块黏土以保证土质的均匀性;在进行上一层施工前须对下承层预先洒水、静压,防止形成夹层。

⑥填方较高时,宜采用黏性土作包边土,黏性土包边宽度不小于2m,并与粉砂土路基同步施工。

4.3.10 改扩建工程路基施工

(1)施工单位必须制订交通保畅方案、安全生产管理办法、相关应急预案,对施工人员进行岗前技术培训、安全教育。

(2)施工前须完成下列工程:

①扩建段原路基的病害处理。

②加宽段路基基底处理、特殊路基处理。

③原路基结构物处必要的防护加固处理。

④临时排水设施。

(3)路基正式填筑前,应完成不少于200m长度的试验段施工。

(4)路基填筑应自下而上。土质新路基与老的土质路基填筑搭接处须开挖宽度120cm、高度80cm台阶;新旧砂砾路基接合部位每填筑一层,应用推土机沿路基纵向按分层填筑的2倍宽度向旧路基内侧推进搭接。

4.3.11 路基重点工程监测与观测

(1)软土路基
①监测项目与仪器(表4-1)。

软土路基监测项目与仪器　　　　　　　　　　　　　　表4-1

监 测 项 目	仪 表 名 称	目的与用途
地表沉降观测	地表型沉降计(沉降盘)	用于沉降管理。根据测定数据调整填土速率;预测沉降趋势,确定等载预压卸载时间;提供施工期间沉降土方量的计算依据
地表水平位移及隆起量	地表水平位移计(位移边桩)	用于稳定管理。检测地表水平位移及隆起情况,以确保路堤施工的安全与稳定
地下土体分层水平位移量	地下水平位移计(测斜管)	用于稳定管理与研究,掌握分层位移量,推定土体剪切破坏的位置

②观测点的位置、数量及埋设按设计或合同文件要求布设;一般填筑一层应观测一次,如果两次填筑时间较长时,应3d观测一次。路基填筑完成后,等载预压期间一般每半月或每月观察一次,直至等载预压期结束。当路基稳定出现异常情况而可能失稳时,应立即停止加载并采取措施,待路基恢复稳定后,方可继续填筑。

(2)路堑高边坡
①监测项目与仪器(表4-2)。

路堑高边坡监测项目与仪器　　　　　　　　　　　　　　表4-2

监 测 项 目	仪 表 名 称	目的与用途
地表沉降量	全站仪、光电测距仪、水准仪	观测地表位移
	标桩、直尺或裂缝计	观测裂缝发展情况
地下位移监测	测斜仪	探测稳定地层的地下岩体位移,证实和确定正在发生位移的构造特征,确定潜在滑动面深度,判断主滑动面,定量分析评价边(滑)坡的稳定状况,评判边(滑)坡加固工程效果
地下水位监测	人工测量	观测地下水位变化与降雨关系,评判边坡排水措施的有效性
支挡结构变形、应力	测斜仪、分层沉降仪、压力盒、钢筋应力计	支挡构造物变形观测,构造物与岩体间接触压力观测

②观测点的位置、数量及埋设按设计或合同文件要求布设;一般要求施工期间每三天监测一次,雨季应加密。施工结束后前三个月,每周监测一次,雨季期间加密;三个月以后每月监测一次。

(3) 高路堤

① 监测项目与仪器(表4-3)。

高路堤监测项目与仪器 表4-3

监测项目	仪表名称	目的与用途
地表水平位移量及隆起量	地表水平位移计(边桩)	用于稳定监控,确保路堤施工安全和稳定
地下土体分层水平位移量	地下水平位移计(测斜管)	用于稳定监控和研究,掌握分层位移量,推定土体剪切破坏位置
路堤沉降量	地表型沉降计(沉降板或桩)	用于工后沉降监控,预测工后沉降趋势,确定路面施工时间

② 观测点的位置、数量及埋设按设计或合同文件要求布设;监测过程中,如出现异常情况,应立即进行检查、处理。一般要求施工期间每三天监测一次,雨季加密。施工结束后前三个月,每周监测一次,雨季期间加密;三个月后每月监测一次。每次监测均应按规定格式做好记录,并及时整理、汇总分析监测结果,将其作为工程验收的资料归档。

(4) 预应力锚固工程

① 监测项目与仪器(表4-4)。

预应力锚固工程监测项目与仪器 表4-4

工作阶段	位置	监测内容	监测项目
施工阶段	锚杆体	锚杆工作状态及锚杆的施工质量	锚杆张拉力;锚杆伸长值;预应力损失
	锚固对象	加固效果	锚固体的位移及变化
运营阶段	锚杆体	锚杆的工作状态	预应力值变化
	锚固对象	锚固工程安全状况	锚固体的位移及变化

② 观测点的位置、数量及埋设按设计或合同文件要求布设;一般情况下,锚杆张拉锁定后第一个月内每日监测一次;2~3个月内每周监测一次;4~6个月内每月监测3次;7~12个月内每月监测两次;1年以后每月监测一次。在监测过程中,如出现异常情况,应立即进行检查,处理完毕后,方能继续监测。监测成果及时整理,第一年内的监测成果作为工程验收的资料。

4.4 路面工程

4.4.1 一般规定

(1) 沥青路面施工须编制施工组织设计,并保证合理的施工工期。高速公路和一级公路沥青路面不得在气温低于10℃,其他等级公路沥青路面不得在气温低于5℃以及雨天、路面潮湿的情况下进行施工。

(2) 沥青面层必须实行封闭施工。主线上跨桥、两侧路系、水系施工以及中央分隔带、路缘石安装、机电管道布设、隔离栅和路肩培土等工作内容全部完成后,方可进行沥青面层摊铺。

(3)路面压实度采用取芯检测时,参检各方可采取共同取芯、芯样共享、独立试验的方法。取芯后应及时将路面浮浆刷洗干净,并采用同种材料填补夯实。

4.4.2 设备管理

(1)水泥稳定碎石基层施工机械配备应满足下列要求:
①拌和楼不少于2座,单台产量不低于500t/h,要求具有先进型软件模块、同型号,拌和缸的长度不小于4.8m;至少有5个进料斗,料斗、罐仓均需装配高精度电子动态计量器。
②摊铺机不少于3台,应为同型号。
③压实设备需满足每个作业处"三钢两胶"要求,至少配备18~21t的振动压路机3台,26t以上胶轮压路机2台。
④混合料运输车辆应采用18t以上自卸汽车,运料车数量应根据拌和楼产量、运输距离等因素综合确定。
⑤自动收集的小型清扫收集机械2台。

(2)沥青混合料面层施工机械配备应满足下列要求:
①沥青混合料拌制须配备4000型以上间歇式全过程自动控制拌和楼,具有精确的自动计算打印输出系统,产量不低于320t/h;拥有5个以上热料仓和粉尘排放湿拌装置,同时须配备120t以上热储料仓及300t以上热沥青导热储罐。
②沥青路面摊铺机应为同型号且不少于3台;除变宽段外不得使用带液压自动伸缩的摊铺机。同时配备非接触式平衡梁两套。
③压路机应满足"三钢四胶"要求,至少配备11~13t双钢轮压路机3台,26t以上胶轮压路机4台,小型手扶振动压路机1台。
④沥青混合料运输车辆应采用25~35t大吨位自卸车,要求车辆性能良好,配有保温措施。运输车数量应根据拌和楼产量、运输距离等因素综合确定,保证摊铺时摊铺机前有不少于5台运输车。

(3)水泥混凝土路面施工机械配备应满足下列要求:
①混凝土拌制须采用计算机自动控制强制搅拌楼,搅拌楼最小生产容量应根据不同摊铺方式确定,一般可配备2~3台,其规格和品牌尽可能统一,优先选配间歇式搅拌楼。每座搅拌楼至少配备2个水泥罐仓,如需掺粉煤灰应至少配备1个粉煤灰罐仓。严禁粉煤灰与水泥同罐。
②现场摊铺应采用滑模摊铺机,有条件可采用轨道摊铺机。

4.4.3 材料控制

(1)集料加工
①水泥稳定碎石基层与沥青面层采用的碎石必须由采石厂单独生产或施工单位自行加工,选择加工企业应满足以下要求:
a.集料加工企业应具有采矿、生产、经营等相关合法手续,企业内部有完善的质量控制管理体系。加工现场应建立试验室。
b.生产企业应拥有两条以上的沥青路面集料专用生产线,即反击式破碎机,日产量应满足1 500t以上。同时具有废料分拣设备。

c.石料加工现场和集料堆放场地须做硬化处理,要求场地布局合理、分隔清晰、排水设施完善;设有专用的石料堆放场、块石分拣区以及废料堆放场地。

d.石料破碎场必须配备干式除尘装置,以减少碎石生产产生的粉尘,保护环境,同时减少集料中的0.075mm颗粒含量。

e.拥有固定的宕口,宕口石料的性能指标必须满足沥青混凝土面层用料的技术规范质量要求。

②水泥稳定碎石基层、底基层集料规格宜与沥青下面层集料规格统一。集料加工筛孔尺寸应遵循控制最大粒径且分档合理原则,集料可加工成4~5种规格,宜在关键筛孔处对集料进行分档。基层与底基层备料可按A料19~31.5mm、B料9.5~19.0mm、C料4.75~9.5mm和D料0~4.75mm 4种粒径规格筛分加工出料。其中,底基层、基层碎石的控制最大粒径宜为31.5mm。

③沥青面层集料加工规格划分应与沥青混合料类型相适宜。根据混合料类型在关键筛孔对集料进行分档。沥青中、下面层集料可按A料19~26.5mm、B料9.5~19.0mm、C料4.75~9.5mm、D料2.36~4.75mm、E料0~2.36mm 5种规格进行加工;上面层集料可按A料9.5~16.0mm、B料4.75~9.5mm、C料2.36~4.75mm、D料0~2.36mm 4种规格进行加工。

④严格控制细集料的粉尘含量,水泥稳定土细集料应设置防雨棚。

⑤每个路面结构层在开工前,所储备的集料数量不得低于该结构层设计数量的30%,以满足大规模连续施工要求。

(2)水泥稳定碎石材料

①水泥应采用复合硅酸盐水泥、矿渣硅酸盐水泥、粉煤灰硅酸盐水泥,宜采用M32.5,要求初凝时间大于3h,终凝时间在6h以上,但不大于10h,体积安定性、细度等指标必须满足国家标准要求。禁止使用立窑或年产规模20万t以下小厂生产的水泥和快硬、早强水泥以及其他受外界影响而变质的水泥。使用散装水泥,应保证质量的稳定性,不同强度等级品种及不同出场日期的水泥不得混装。在夏季高温作业时水泥入罐温度不能高于50℃,高于50℃必须使用时,应采取降温措施。

②集料技术指标应满足相关技术规范要求,优先执行表4-5和表4-6要求。

水泥稳定碎石用集料质量技术要求 表4-5

试 验 项 目		要　　求
压碎值(%)		≤22*
针片状颗粒含量(%)		≤18
<0.075mm 含量(%)	粗集料(≥4.75mm)	≤2.0
	细集料(<4.75mm)	≤14
细集料(<4.75mm)砂当量(%)		≥50

注:* 对花岗岩石料,压碎值可放宽至25%。

水泥稳定碎石混合料用细集料规格　　　　　表4-6

规格名称	工程粒径(mm)	通过下列筛孔(mm)的质量百分率(%)							公称粒径(mm)
		9.5	4.75	2.36	1.18	0.6	0.3	0.15	0.075	
XG1	3~5	100	90~100	0~15	0~5	—	—	—	—	2.36~4.75
XG2	0~3	—	100	90~100	—	—	—	0~15	0~2.36
XG3	0~5	100	90~100	—	—	—	—	0~20	0~4.75

（3）沥青混合料材料

①沥青路面使用的各种材料运至现场后必须取样进行质量检验，不得以供应商提供的检测报告或商检报告代替现场检测。

②沥青。

a.沥青关键指标检测取样应具有代表性，检测时必须严格按照规范进行；改性沥青在工地储存2d以上的，除进行三大指标试验外，每周需要进行一次离析试验。

b.沥青检测应根据沥青用量增加全套沥青指标外送检验的批次要求，通常普通沥青按2 000t一个批次，改性沥青按1 000t一个批次。对沥青品质有怀疑时，应检验沥青组分。

c.不同来源、不同等级的沥青应分开储存，不得混杂。沥青使用期间，储罐中储存的温度不宜低于130℃，且不得高于170℃，必须有循环和搅拌装置。

d.改性乳化沥青应根据适用范围选择相应品种，改性乳化沥青应存放在附有搅拌装置的储存罐内，须不间断进行搅拌。

③集料质量技术要求。

a.沥青路面集料在使用前应对料源进行详细的调查，包括母岩岩性、强度、宕口可开采量、加工厂加工能力等。

b.加工集料应选择母岩石质无明显变化的宕口进行开采，生产过程中必须彻底清除覆盖层及泥土夹层，宕口附近的地面宜采取硬化处理。

c.粗集料加工规格应与沥青混合料类型相适宜，可采用4~5种规格集料，加工筛板规格应与拌和楼振动筛规格保持一致。

d.细集料必须采用大于4.75mm石灰岩集料加工制成机制砂，机制砂应洁净、干燥、无风化、颗粒呈现立方体、无杂质，并有适当的颗粒级配，其规格应符合表4-7中的技术要求。

沥青混合料用机制砂规格　　　　　表4-7

规格	公称粒径(mm)	通过下列筛孔(mm)的质量百分率(%)							
		9.5	4.75	2.36	1.18	0.6	0.3	0.15	0.075
S16	0~3	—	100	80~100	50~80	25~60	8~45	0~25	0~15

④填料质量技术要求。

a.矿粉应干燥、洁净，能自由地从矿粉仓流出。袋装矿粉应建库存放并保持库房干燥，以防雨水淋湿受潮影响生产。严禁使用回收粉。

b.纤维进场应存放在室内或有棚盖的地方；纤维每批进场须进行全套检测。纤维投放时必须采用自动计重，纤维掺加量的允许误差宜不超过±5%。

⑤外加剂质量技术要求。沥青上面层应掺加固体抗剥落剂，不允许使用胺类等液体抗剥

落剂。

(4)水泥混凝土材料

①水泥选用。极重、特重、重交通混凝土路面应采用旋窑道路硅酸盐水泥、硅酸盐水泥或普通硅酸盐水泥;中、轻交通的路面可采用矿渣硅酸盐水泥;低温天气施工、有快速通行要求的路段宜采用早强型水泥;高温期施工宜采用普通型水泥。水泥抗折、抗压强度应满足相关技术规范要求。

②集料质量技术要求。

a.粗集料应使用质地坚硬、耐久、洁净的碎石、破碎卵石和卵石,技术指标应符合设计要求。高速公路混凝土路面使用的粗集料级别应不低于Ⅱ级,有抗冻要求时,Ⅰ级集料吸水率不应大于1.0%,Ⅱ级集料吸水率不应大于2.0%。

b.路面和桥面混凝土粗集料应采用2~4档粒级不同的集料进行掺配,集料级配应符合设计要求,不得使用不分级的统料。卵石最大粒径不宜大于19.0mm,碎卵石最大粒径不宜大于26.5mm,碎石最大粒径不应大于31.5mm。碎卵石或碎石中粒径小于0.075mm的石粉含量不宜大于1%。贫混凝土基层粗集料最大公称粒径不应大于31.5mm,钢纤维混凝土与碾压混凝土粗集料最大公称粒径不宜大于19.0mm。

c.细集料应采用质地坚硬、耐久、洁净的天然砂或机制砂,不宜使用再生细集料。高速公路混凝土路面使用的砂类别不应低于Ⅱ级。

d.细集料级配应符合设计要求,路面和桥面用天然砂宜为中砂,也可用细度模数在2.0~3.5的砂。同一配合比用砂的细度模数变化范围不应超过0.3。

e.路面及桥面混凝土使用机制砂时应检验砂浆磨光值,其值应大于35。不宜使用抗磨性较差的泥岩、页岩、板岩等水成岩类母岩品种生产机制砂。配制机制砂混凝土应同时掺引气高效减水剂。

③粉煤灰质量技术要求。路面混凝土在掺加干排或磨细粉煤灰时,粉煤灰不得低于Ⅱ级;基层贫混凝土、碾压混凝土或复合式路面下面层应掺用Ⅲ级及Ⅲ级以上的粉煤灰,不得使用等外粉煤灰。

④外加剂技术要求。

a.路面和桥面混凝土宜选用减水率大、坍落度损失小、可调控凝结时间的复合型减水剂。高温施工宜使用引气缓凝(保塑、高效)减水剂;低温施工宜使用引气早强(高效)减水剂。选定减水剂品种前,必须与所用的水泥进行适应性检验。

b.有抗冰冻要求地区,混凝土必须使用引气剂。

(5)水

饮用水可直接作为混凝土搅拌与养生用水。非饮用水应进行水质检验,并符合《公路水泥混凝土路面施工技术细则》(JTG/T F30—2014)中的有关规定。

4.4.4 施工过程技术质量控制

(1)水泥稳定碎石底基层、基层

①配合比设计。

a.混合料级配设计可选择2~3种级配设计方案,优先采用细集料用量相对较少的骨架密实型级配,限制粉料用量。

b.水泥用量的选择应做到在满足设计强度的基础上兼顾水泥稳定层抗裂性能要求,适当降低水泥剂量,重点通过优化水泥稳定碎石矿料级配提高强度,以提高路面结构受力。

c.水泥稳定碎石基层强度代表值宜控制在 3~5MPa 之间,水泥剂量控制在 4.0% 左右。矿料颗粒级配范围应满足表 4-8 中的要求。

水泥稳定碎石颗粒级配范围　　　　表 4-8

级配类型	通过下列各筛孔(mm)质量百分率(%)												
	37.5	31.5	26.5	19	16	13.2	9.5	4.75	2.36	1.18	0.6	0.3	0.15	0.075
C-B-1	—	100	86~82	79~73	72~76	62~53	45~35	31~22	22~13	15~8	10~5	7~3	5~2
C-B-2	—	—	100	93~88	86~76	72~59	45~35	31~22	22~13	15~8	10~5	7~3	5~2
C-B-3	100	—	68~86	—	—	38~58	22~32	16~28	—	8~15	—	—	0~3

注:C-B-1 级配宜用于基层和底基层,C-B-2 级配宜用于基层,C-B-3 级配宜用于极重、特重交通荷载下的基层。

②技术质量控制。

a.水泥稳定碎石施工应支立模板,施工前应将下承层表面的浮土、薄层"贴皮"、散落材料等清除干净,摊铺前下承层表面应保持湿润。

b.水泥稳定碎石层规模施工前,拌和站集料储备不得少于 10~20d 的摊铺用量。

c.拌和楼在生产前须进行计量系统标定、工作系统调试,将设计配合比转化成拌和楼生产配合比须反复进行调试,以保证拌和楼工作的稳定性;在生产过程中不得对确定的拌和参数进行随意调整。

d.混合料在运输过程中应采取覆盖等措施;运输车辆的行驶速度应控制在 30km/h 左右,严禁在强度未充分形成的水泥稳定碎石层上行驶。

e.混合料摊铺宜采用 2 台摊铺机,摊铺时应一前一后相隔 5~10m,摊铺、碾压需同步进行,以避免出现纵向接缝。不可避免的纵向接缝,必须垂直相接,严禁斜接。

f.施工前应对水泥稳定碎石层间松散颗粒等进行清除,并喷洒水泥净浆,以增强水泥稳定碎石层间的有效连接。

g.施工时应严格控制水泥稳定碎石层厚度和高程,其路拱横坡应与面层一致;严禁用薄层贴补法进行找平。分层碾压时,每层均须进行压实度检验,并应达到规定要求。

(2)桥面铣刨

水泥混凝土桥面及桥头搭板需进行铣刨处理。单向一次铣刨宽度必须控制在 2m 以上,铣刨深度宜在 5~8mm;局部凹凸不平、平整度较差的部位必须进行二次铣刨;对泄水孔附近无法铣刨到位的部位,应对其前后 1m 宽范围内进行人工或机械处理。

(3)透层、封层、黏层

①透层。

a.沥青面层施工前必须对基层喷洒透层油,水稳层透层油渗透深度应不小于 5mm,级配碎石层透层油渗透深度应不小于 10mm,透层油完全渗透入基层后方可铺筑沥青面层。

b.上基层宜采用透层、封层一体化施工,乳化沥青洒布量应通过试洒布确定,一般控制为 1.5~1.8L/m²,洒布时间应控制在基层表面稍微干燥的情况下进行。

c.透层油必须洒布均匀,对洒布车停顿、掉头造成局部堆积的乳化沥青应及时进行处理。

d. 气温低于10℃或大风天气、即将降雨时不得喷洒透层油。

②封层。

a. 封层宜采用4.75～9.5mm规格碎石,碎石必须洁净、干燥。层铺法下封层应采用面层所使用的种类、强度等级相同的重度石油沥青。

b. 碎石撒布应采用集料撒布机联合作业,碎石应在乳化沥青破乳后,按满铺但不重叠的原则进行均匀撒布,撒布量为2～3m³/1 000m²。对撒布车辆启动阶段、纵横向交接位置不得出现重叠或漏撒现象。对局部重叠,应在胶轮碾压前将多余的碎石清扫干净。

c. 撒布后须立即进行碾压。碾压宜采用16t左右的胶轮压路机,碾压速度应控制在2.0～2.5km/h,来回碾压2～3遍。严禁压路机随意制动或掉头。

③黏层。

a. 双层式或三层式热拌热铺沥青混合料路面的沥青层间,以及水泥混凝土路面、沥青碎石基层或旧沥青面层上加铺沥青层,路缘石、雨水井、检查井等构造物与新铺沥青混合料接触的侧面,必须喷洒黏层油。

b. 黏层油应在沥青路面摊铺前2～3h洒布,待乳化沥青破乳、水分蒸发后方可摊铺沥青面层。黏层油喷洒后,严禁运料车外的其他车辆和行人通过。

c. 黏层沥青材料采用快裂或中裂乳化沥青、改性乳化沥青,也可采用快裂和中裂液体石油沥青,所使用的基质沥青种类、强度等级应采用与面层相同的道路石油沥青。

(4)沥青混合料面层

①配合比设计。

a. 沥青混合料级配设计应严格按照目标配合比、生产配合比及生产配合比验证三个阶段进行。主线外试铺、主线试验段铺筑和规模化施工前3d综合分析技术指标及控制工艺,最终形成施工标准级配的5环节控制。沥青混合料矿料级配应采用骨架密实型。

b. 配合比设计必须严格执行现行试验规程规定的试验方法。混合料必须采用小型沥青混合料拌和机进行拌制。混合料的拌和温度与试件制作温度应符合规范要求。

c. 目标配合比设计中原材料取样必须按照现行《公路工程集料试验规程》(JTG E42—2005)规定的方法,从工程实际使用的材料中取代表性样品,要求集料加工厂生产的各种规格集料必须储存1 000t以上。

d. 混合料马氏试件成型时应严格控制拌和与成型温度,同时应控制试件的高度;混合料最佳油石比应结合当地的气候条件、交通状况、实际的施工条件等因素综合确定。

e. 进行生产配合比设计前,须对拌和楼进行标定与调试,保证计量与温控系统准确;通过调试,将目标配合比确定的矿料用料比例转换成拌和楼冷料进料比例。

f. 生产配合比取样必须在拌和楼模拟正常施工产量连续拌和5次以后进行,宜在每个料仓不少于2/3集料时开始取样。热料仓各种规格矿料的毛体积相对密度和表观相对密度应重新测定。

g. 生产配合比确定后应进行试拌,验证混合料指标的符合项及拌和楼工作的稳定性。沥青路面施工级配控制的关键筛孔与生产配合比差值4.75mm、2.36mm宜为2%,0.075mm宜为1%。

②技术质量控制。

a. 试验路段铺筑。

a)试验路段宜选在主线直线段,长度不少于300m。试验路段施工分为试拌和试铺两个阶段。

b)试拌阶段主要确定拌和机的操作方式,如上料速度、拌和数量与拌和时间、拌和温度、除尘风门开度等;试铺阶段主要确定摊铺机的操作方式,如摊铺温度、摊铺速度、初步振捣夯实的方法和强度、自动找平方式等。

c)根据各种机械施工能力相匹配的原则,确定适宜的施工机械,按生产能力决定机械数量与组合方式以及松铺系数和每层厚度。

d)验证沥青混合料的配合比设计和沥青混合料的技术性质,确定正式生产用的矿料配合比和沥青用量。

e)确定最佳施工组织及管理体系、质量保证体系、人员、机械设备、检测设备、通信和指挥方式及发生意外情况下的应急处理方案。

b. 混合料的拌制。

a)沥青混合料拌和设备的各种传感器必须定期检定,检定周期每年应不少于一次。冷料供料装置需经标定得出集料供料曲线。

b)拌制的各项参数应根据试验路段总结的结果设定。施工过程中应保持各项参数的稳定性,尤其是拌和时间与除尘能力参数,不得随意调整,确需调整应依据检测结果。

c)拌制混合料时应逐盘打印数据。施工结束当日应对生产总量进行汇总,确认各种材料用量,复核当日摊铺路段的平均厚度。

d)混合料出厂应逐车检测混合料的重量和温度,记录出厂时间,签发运料单;目测混合料外观,对于级配变异、离析、拌和不均匀等明显异常的混合料不予出厂。

c. 沥青混合料各阶段温度控制。

a)严格掌握沥青和集料的加热温度以及沥青混合料的出厂温度。每次施工前,应对开始几盘集料提高加热温度,并将干拌集料废弃,再正式加沥青拌和混合料。

b)普通沥青混合料温度宜按照现行规范中规定的热拌沥青混合料施工温度的中高限控制,沥青加热温度为160~165℃,矿料加热温度为175~185℃,沥青混合料出场温度为165~175℃,运输到现场温度不低于165℃,混合料摊铺温度不低于155℃,开始碾压的混合料内部温度不低于150℃,碾压终了的表面温度不低于80℃,开放交通时路表温度不高于50℃;高于195℃或低于145℃的混合料应废弃。

c)改性沥青混合料各阶段温度控制,宜加热温度为165~175℃,矿料加热温度为170~190℃,沥青混合料出厂温度为(储存温度)175~190℃,运输到现场温度不低于175℃,混合料摊铺温度不低于170℃,开始碾压的混合料内部温度不低于165℃,碾压终了的表面温度不低于100℃,开放交通时路表温度不高于50℃;高于195℃或低于160℃的混合料应废弃。

d. 混合料运输和摊铺。

a)摊铺前应检查透层、封层完整性以及与基层表面的黏结性。对局部外露基层以及透层两侧宽度不足部分应按透层施工要求进行补洒。对透层、封层表面的杂物应及时清扫干净,灰尘应提前冲洗,并用鼓风机吹干净。

b)运料车每次使用前后必须清扫干净,在车厢板上涂一薄层防止沥青黏结的隔离剂或防黏剂,但不得有余液积聚在车厢底部。混合料运输过程中,宜用苫布覆盖混合料,实施保温、防雨、防污染措施,不得超载运输或急制动、急弯掉头。一般情况下,摊铺等候的运料车应不得少于5辆。

c)混合料摊铺应采用两台摊铺机呈梯队方式同步摊铺,两台摊铺机前后错开5~10m,两幅之间应有30~60cm的搭接,并避开车道轮迹带,上下层的纵向搭接宜错开200mm以上,热接缝部位必须采取骑缝碾压,中上面层摊铺宜沿路线车辆行驶方向摊铺。

d)摊铺机必须缓慢、均匀、连续不间断摊铺,不得随意变换速度或中途停顿;摊铺速度应根据拌和楼的产量、施工机械设备配备以及摊铺厚度、摊铺宽度等情况,按2~6m/min予以调整,对改性沥青混合料及SMA混合料宜放慢至1~3m/min。摊铺期间必须严格控制摊铺机收斗时机和次数,以防止温度散失和级配离析。

e)摊铺过程中遇到下雨时,应立即停止施工,并将未碾压成型的混合料进行清除,受到雨淋的混合料必须废弃。

f)匝道路段需采取连续摊铺施工的,必须在已碾压成型的面层温度降至50℃以下后,方可摊铺上一层。

g)严禁在下承层或已摊铺好的面层上进行设备清理与保养。

e.混合料碾压。

a)混合料碾压严格按照试验路段总结的碾压组合和遍数进行。首次碾压应及时,在不黏轮胎的情况下应减少压路机的洒水量;压路机的转弯和调头应在已碾压成型的路段进行。

b)初压应紧跟摊铺机后进行,保持较短的初压区长度,以尽快使表面压实,减少热量损失;复压应紧跟在初压后开始,且不得随意停顿,控制碾压段落总长度不超过60~80m,每一台压路机应全断面碾压,防止不同部位的压实度不均匀。

c)SMA路面宜采用振动压路机或钢筒式压路机碾压。振动压路机应遵循"紧跟、慢压、高频、低幅"的原则。

d)安排专人对碾压温度、碾压段长度、初复终压的压路机进行管理,避免轮迹和黏轮现象出现。有混合料黏轮应立刻清除,对钢轮可涂刷隔离剂或防黏结剂,但严禁刷柴油;当采用向碾压轮喷水时,必须严格控制喷水量且呈雾状,不得漫流。

e)施工缝必须接缝紧密、连接平顺,不得产生明显的接缝离析。上下层纵缝应错开150mm(热接缝)或300~400mm(冷接缝)以上。相邻两幅及上、下层的横向接缝均应错位1m以上。

f)压路机不得在未碾压成型路段上转向、调头、加水或停留;机械在路面上进行保养维修时必须在路面上垫一层耐油、抗渗的篷布。当天成型的路面,不得停放各种机械设备或车辆,不得散落矿料、油料等杂物。

③隧道沥青路面。

a.隧道路面施工应选择单洞进行,洞内必须设置满足施工需要的照明系统,并保持良好通风。

b.隧道路面施工进洞的各类机械、车辆,应选用带净化装置的柴油动力机械,不宜选用汽油动力机械;各种施工机械应符合隧道净空要求,选用宽度较窄的摊铺机铺筑,运料车应能完全卸料,具有足够的行车通道。

c.隧道采用复合式路面时,沥青混凝土罩面层宜在水泥混凝土路面强度达到设计强度的80%以后铺筑。对于水泥混凝土面层的缩缝、胀缝、施工缝,先清除缝内杂物,再填入填缝料。水泥混凝土面板应采取凿毛和清除表面浮浆等技术措施,以确保与沥青层之间的黏结力。

(5)水泥混凝土路面

①配合比设计。

a.应尽量增加粗集料用量,减少胶砂用量。粗集料用量应满足体积充填率不小于70%,使水泥混凝土形成粗集料骨架,细集料和砂浆填充孔隙的骨架密实结构。

b.水泥用量一般不宜超过400kg/m³,在保证设计强度的要求前提下,应尽量减少。

c.夏季高温下施工时,混凝土拌和物的初凝时间不得小于3h,小于3h时应采取缓凝或保塑措施;冬季低温施工时的终凝后时间不得大于10h,大于10h时应采取促凝或早强措施。

d.引气剂与减水剂或高效减水剂等其他外加剂复配在同一水溶液中时,应保证其共溶性,防止外加剂发生絮凝现象。如产生此现象,应分别稀释、分别加入。

②技术质量控制。

a.混凝土拌制。

a)每台拌和站在投入生产前,必须进行标定与试拌。在标定有效期满或拌和楼搬迁安装后,均应重新标定。使用过程中应定期(一般不超过1个月)进行动态自校标定,以确保计量精确度。

b)混凝土拌和过程中不得使用沥水、夹冰雪、表面沾染尘土和局部暴晒过热的砂石土。

c)混凝土拌和物从搅拌机出料后,运至铺筑地点进行摊铺振捣、抹面,直至浇筑完毕的允许最长时间,可根据水泥初凝时间及施工气温确定。装运混凝土拌和物车辆,不应漏浆,并应防止离析,必要时要有遮盖措施。

b.混凝土浇筑。

a)混凝土浇筑前应检查模板的高度、润滑、支撑稳定情况和基层的平整、润湿情况以及钢筋的位置和传力杆装置等是否正确。严禁在基层上挖槽、嵌入安装模板。严格控制基层顶面高程,确保混凝土路面厚度的均匀性。

b)操作滑模摊铺机应缓慢、均匀、连续不断地作业。严禁料多追赶,随意停机等待,间歇摊铺。摊铺钢筋混凝土路面、桥面或搭板时,严禁机械碾压钢筋网。

c)混凝土先采用插入式振捣器顺序振捣,振捣时间不应小于30s,再用功率不小于2.2kW的平板振捣器纵横交错全面振捣,纵横振捣时,应重叠10~20cm,然后用振动梁振捣拖平,振动梁应平行移动。往返振动2~3遍,混凝土拌和物的振捣必须在下层混凝土拌和物初凝以前完成。

d)采用小型机具施工路面混凝土时,模板安装须稳固、顺直、平整、无扭曲,相邻模板紧密平顺,不得有底部漏浆、前后错茬、高低错台现象;严禁在基层上挖槽、嵌入安装模板;模板拆卸须使用专用拔楔工具,严禁使用大锤等强击拆卸模板;拆模不得损坏混凝土,或使传力杆、拉杆松动、变形。

c.接缝。

a)横缩缝:一般在混凝土强度达到25%~30%时用混凝土切割机进行锯缝,每条锯缝作业必须在当天完成。

b)横向施工缝:每天工作结束或当浇筑工序中断超过混凝土初凝时间(30min),则应按要求设置垂直于路中线的平接施工缝,位置应尽可能与胀缝或缩缝相吻合。

d. 养生及灌缝。

a)混凝土表面初凝后,应立即喷洒养护液覆盖薄膜,或覆盖透水土工布洒水养生;养生天数一般为14~21d,高温季节不宜少于14d,低温季节不宜少于21d;养生龄期内的混凝土路面严禁车辆通行。

b)面板中所有的接缝槽必须用灌缝料进行灌缝,灌缝后应进行交通管制,常温式填缝料的养生期,宜为低温期24h,高温期10h;加热式填缝料的养生期,宜为低温期2h,高温期6h。

4.5 桥梁工程

4.5.1 一般规定

(1)桥梁施工应积极推行现代化施工管理,提倡采用先进技术、先进工艺、先进设备和新型材料。

(2)钢筋应采取集中加工,严禁在现场随意设置加工场地。

(3)混凝土构件在气温低于5℃时,不得采取洒水养生,须采取保温养护措施。

(4)预制梁板安装采用的架桥机、龙门架及吊机等设备应由专业厂家生产,并经国家质量技术监督部门验收合格后方可使用。安装前应制订详细的安装方案,复杂方案应进行论证,并经监理工程师审批后方可实施。

(5)桥梁施工采用的支座、伸缩装置、锚夹具、外加剂、桥面防水材料等专用产品应由具有相应资质的专业厂家生产,实行准入管理,进场前应根据相应产品标准要求进行抽样检测。

4.5.2 基础工程

(1)钻孔灌注桩

①护筒埋设。

a.护筒必须使用钢护筒,严禁使用砖砌护筒;钢护筒内径应大于桩径至少200mm,护筒中心与桩中心的平面偏差应不大于50mm,深水基础中的护筒平面偏差应不大于80mm,护筒竖直方向倾斜度应不大于1%。

b.护筒埋置深度应根据设计要求或桩位的水文地质情况确定,一般在旱地或筑岛处为2~4m,在水中或特殊情况应经过计算确定。护筒高度宜高出地面0.3m或水面1.0~2.0m。当钻孔内有承压水时,应高于稳定后的承压水位2.0m以上。处于潮汐影响的水域,应高出施工期最高潮水位1.5~2.0m,并应采取稳定护筒内水头的措施。如有砂层,护筒必须穿过砂层。有冲刷影响的河床,应沉入局部冲刷线以下不小于1.0~1.5m。

②钻孔施工。

a.陆上钻孔桩泥浆池不得设置在路基坡脚范围以内。

b.钻机安装后的底座和顶端应平稳,在钻进中不应产生位移或沉陷;不论采用何种方法钻孔,开孔的孔位必须准确。开钻时均应慢速钻进,待导向部位或钻头全部进入地层后,方可正常钻进。

c. 水上桩基施工应搭设钢制平台,施工平台大小,应满足钻孔成桩作业的需要,其顶面高程应高于桩施工期间可能的最高水位1.0m以上,在受波浪影响的水域应考虑波高的影响。

d. 平台位于有冲刷的河流或水域时,应采取必要的措施对其基础进行冲刷防护;位于有流冰、漂浮物的河段时,应设置临时防撞设施,保证平台在施工期间的稳定性。

e. 采用正、反循环钻孔(含潜水钻)均应采用减压钻进,即钻机的主吊钩始终要承受部分钻具的重力,而孔底承受的钻压不超过钻具重力之和(扣除浮力)的80%。

f. 采用全护筒法钻进时,应使钻机安装平正,压进的首节护筒必须竖直。钻孔开始后应随时检测护筒水平位置和竖直线,如发现偏移,应将护筒拔出,调整后重新压入钻进。

g. 采用旋挖钻钻孔时,应根据不同的地质条件选用相应的钻斗。钻进过程中应保证泥浆面始终不低于护筒底部500mm以上,并严格控制钻进速度,避免进尺过快造成坍孔。

h. 在清孔排渣时,必须保持孔内水头,防止坍孔;不得用加深钻孔深度的方式代替清孔。

③混凝土灌注。

a. 钢导管使用前应进行水密承压和接头抗拉试验,严禁采用压气试压。

b. 水下混凝土的灌注时间不得超过首批混凝土的初凝时间。

c. 混凝土运至灌注地点,应检查其均匀性和坍落度等指标,其坍落度当桩孔直径小于1.5m时,宜为180~220mm;桩孔直径大于等于1.5m时,宜为160~200mm,且应充分考虑气温、运距及施工时间的影响,不符合要求时不得使用。

d. 首批灌注混凝土的数量应能满足导管首次埋置深度1.0m以上的需要;在灌注过程中,应保持孔内的水压高度,导管的埋置深度应始终控制在2~6m。

e. 当灌注的混凝土顶面距钢筋骨架底部1m左右时,应降低混凝土的灌注速度;当混凝土顶面上升到骨架底部4m以上时,提升导管,使其底口高于骨架底部2m以上,再恢复正常灌注速度,以防止钢筋骨架上浮。

f. 混凝土灌注宜超过桩顶设计高程0.5m以上,且应保证桩柱连接预留筋不被扭曲和破坏。

(2)挖孔灌注桩。

①孔口处应设置高出地面至少300mm的护圈,并应设置临时排水沟,防止地表水流入孔内。

②挖孔施工时相邻两桩孔不得同时开挖,宜间隔交错跳挖;孔深大于10m时必须采取机械通风措施。

③桩孔直径应符合设计规定。挖孔过程中,应经常检查桩孔尺寸、平面位置和竖轴线倾斜情况,如有偏差应随时纠正;采用混凝土护壁支护的桩孔,孔壁支护不得占用桩径尺寸。

④孔内遇到岩层需爆破时,应专门设计,采用浅眼松动爆破法,严格控制用药量并在炮眼附近加强支护,孔深大于5m时必须采用电雷管爆破。

⑤挖孔做到随开挖随支护,地质较好,护壁节段高度一般为1m,对软弱地层,涌水、涌沙地层,护壁节段高度可为0.3~0.5m,严禁只挖不及时浇筑护壁的冒险作业。

⑥挖孔弃土要及时转运,井口四周5m范围内不得堆积余土杂物,弃渣严禁向山下或河道内倾倒;禁止任何车辆在桩孔边5m内行驶。

⑦桩身混凝土的浇筑高度应高出设计桩顶高程10cm左右。当采用水下灌注混凝土施工时,超灌混凝土宜高出设计桩顶高程0.5~1m。

(3)明挖基础

①基坑开挖时,在坑底基础范围之外设置集水坑并沿坑底周围开挖排水沟,使水流入集水坑内,排出坑外。

②当基坑有地下水时,地下水位以上部分可以放坡开挖;地下水位以下部分,若土质易坍塌或水位在基坑底以上较高时,应采用加固或降地下水位等方法开挖。

③采用机械开挖基坑时,应避免超挖,宜挖至基底设计高程上30cm,再采用人工开挖至设计高程;挖至高程的土质基坑不得长期暴露、扰动或浸泡。

4.5.3 下部结构

(1)承台

①围堰高度应高出施工期间可能出现的最高水位(包括浪高)0.5~0.7m。在有潮汐的水域,应同时考虑最高和最低施工潮汐对围堰的不利影响。

②桩伸入承台的长度以及边桩外侧与承台边缘的净距应不小于设计规定值。

③钢围堰在灌注封底混凝土之前,应将桩身和堰壁上附着的泥浆冲洗干净,经检验合格后方可进行封底混凝土的施工。

④与墩柱相接触混凝土表面进行凿毛处理。

⑤钢板桩在施打前,其锁口宜采用止水材料捻缝,防止在使用过程中漏水。

(2)桥墩与桥台

①墩台高度超过2m,必须搭设脚手架、爬梯、工作平台,并进行安全防护。

②10m以内的墩台身模板不允许分节拼接,肋板式桥台的模板宜采用无拉杆模板,并须进行专项设计;模板应在现场拼装后整体安装。

③高度大于30m的桥墩,钢筋安装时宜设置劲性骨架,钢筋分节长度不宜大于9m,以确保施工安全。前节段已施工混凝土强度应达到20MPa以上才能进行后一节段施工。

④分节段施工的墩台身,其首节模板安装应严格控制平面位置和竖直度。模板在安装过程中应通过测量监控措施保证墩台身的垂直度,并应有防倾覆的临时措施;对高墩且风力较大地区的墩身模板,应考虑其抗风稳定性。

⑤浇筑混凝土时,串筒、溜槽等的布置应方便摊铺和振捣,并应明确划分工作区域。混凝土浇筑完成后,应及时进行养护,养护时间不得少于7d。

⑥高墩施工前应按设计要求在墩身侧面位置准确预留垂直运输机械或托架的预留件,连墙件与墩身的竖向间距应满足相应规定,连墙件的拆除应与支架或垂直运输设备同步自上而下逐段逐步进行。

(3)墩台帽和盖梁

①在墩台帽、盖梁与墩身的连接处,模板与墩台身之间应密贴,不得出现漏浆现象。钢筋安装时,应避免在钢筋的接头处起弯,并保证混凝土保护层厚度符合要求。

②对墩台帽、盖梁施工所采用的托架、支架或抱箍等临时结构,应进行受力分析计算与验算。

③支架宜直接支承在承台顶部,当必须支承在承台以外的软弱地基上时,应对地基进行妥善加固处理,并对支架进行预压。

④对支座垫石的预埋钢筋及上部结构预埋件(孔),应保证其精确定位。

4.5.4 上部结构

(1)梁板预制

①预制台座场地应进行硬化处理,保证其坚固、稳定、不沉陷。混凝土台座两端须适当配筋补强,台座周围应设置排水沟。

②台座应满铺不小于10mm厚的钢板,钢板厚度可根据梁长作适当调整,钢板与台座应连接可靠,台座表面应光滑、平整,在2m长度上平整度的允许偏差应不超过2mm,且应保证底座或底模的挠度不大于2mm;当设计需要预留反拱时,底座应设置预留拱度。

③空心板梁芯模不得使用充气胶囊,箱梁内模必须采用定型钢模,且固定牢固,防止上浮。

④存放台座地基应采用混凝土进行处理,防止地基沉降,存放台座应高出地面200mm。

⑤预制梁板应标识清晰,存放时应充分考虑安装顺序。预制梁存放时,T梁堆放高度不得超过2层,并在两侧翼缘板下设置钢架进行牢固支撑;箱梁堆放高度不应超过2层,板梁不应超过3层;梁与枕梁之间、梁与梁之间应放置方木,不得直接接触,并定期检查存梁区的地基稳定性。预应力混凝土梁板存放时间不宜超过3个月。

⑥封端施工。

a.封端之前应清理梁端面锚具,并凿毛梁端面,按设计要求绑扎、焊接钢筋或钢筋网片。设伸缩装置的梁端封端时,应严格按设计要求设置伸缩装置的预埋件。

b.梁板非连续端的封端应在梁板安装前进行;封端模板应采用定型钢模,模板应固定准确,立模后须校核梁长,确保符合设计要求。

c.封端混凝土的配合比及强度要求应与梁体混凝土完全相同。

d.封端混凝土应认真振捣,保证锚具处的混凝土密实。混凝土浇筑完后宜静置1~2d,带模浇水,养护不少于7d。

(2)预制梁板安装

①梁板构件在脱底模、移运、存放和吊装时,混凝土的强度应不低于设计规定的吊装强度,设计未规定时,应不低于设计强度的80%。

②梁板的安装方法及安装设备应根据构件的结构特点、重量及施工环境等综合确定,安装设备的强度、刚度和稳定性应进行必要的验算。

③梁板正式吊装前必须进行试吊。采用架桥机进行安装作业时,其抗倾覆稳定系数应不小于1.3;架桥机过孔时,应将起重小车置于对稳定最有利的位置,且抗倾覆稳定系数应不小于1.5。

④落梁前,应检查支座垫石中心偏位、落梁顺序、伸缩缝预留空间、相邻梁片间的高程、端部是否整齐、有无错位、边梁外边缘的整体线形、临时支座的设置情况等;落梁后应检查支座变形、脱空及支座与梁板密贴等情况。

⑤先简支后连续的梁,安装时应设置临时支座进行支撑,在一片梁中,临时支座顶面的相对高差不应大于2mm。当湿接头按设计要求施加预应力,孔道压浆且浆体达到规定强度后,

应立即拆除临时支座,同一片梁的临时支座应同时拆除。

(3)支架现浇

①支架地基及满堂支架搭设场地必须进行硬化处理,满堂支架搭设场地的处理范围应不小于梁面垂直投影面外边缘50cm,四周设置排水沟。

②支架搭设应严格按施工方案要求设置剪刀撑,对于高大支架,搭设同时应设置缆风绳及梁面模板两侧安全挑网。

③混凝土浇筑前必须进行支架预压。

④施工时应对支架的变形、位移、节点和卸架设备的压缩及支架基础的沉降等进行观测。

⑤在移动模架上浇筑预应力混凝土连续梁,其支架长度必须满足施工要求;浇筑分段工作缝,必须设在弯矩零点附近;箱梁内、外模板在滑动就位时,模板平面尺寸、高程、预拱度的误差必须在容许范围内。

(4)悬臂现浇

①挂篮应根据结构形式和荷载要求进行专项设计,明确主桁架系统、底篮系统、提吊系统、行走锚固系统和模板系统布置形式,设计应满足强度、刚度、稳定性要求,还应使其行走、锚固方便可靠,重量不大于设计规定。挂篮进场时应进行调试组拼,调试组拼后必须做荷载试验,检查其部件连接、接头焊缝、杆件变形等情况,满足设计要求方可投入使用。

②挂篮在浇筑混凝土状态和行走时的抗倾覆安全系数、自锚固系统的安全系数、斜拉水平限位系统的安全系数及水平限位的安全系数均不应小于2。

③悬臂浇筑施工应保持对称、平衡,两端悬臂上荷载的实际不平衡偏差不得超过设计要求值;设计未规定时,不应超过梁段重量的1/4。悬臂浇筑过程中梁体的中轴线允许偏差应控制在5mm以内,高程允许偏差为±10mm。

④挂篮移动前,顶、腹板纵向束的张拉应按设计要求的张拉顺序张拉,如设计无要求时,应采取对称的方式张拉。

⑤拆模后应立即对相邻块段的结合面进行凿毛处理。

⑥挂篮施工应进行全过程监测,根据待浇筑段的前端底板高程和桥面板高程、挂篮前端竖向变形、各施工阶段的弹塑性变形、监控挠度值等,依据施工监控单位提供的立模高程设置预拱度,确定模板的立模高程。

(5)合龙段施工

①合龙段施工前应对箱梁顶面高程及轴线和梁长受温度影响的偏移值进行观测,以确定准确的合龙温度、合龙时间和合龙程序。

②合龙顺序应按设计要求实施,设计无要求时,一般先边跨,后次边跨,再中跨。多跨一次合龙时,必须同时均衡对称地合龙。

③合龙时,宜采取措施将合龙口两侧的悬臂端予以临时刚性连接,再浇筑合龙段混凝土。合龙段的混凝土宜在一天中气温最低且稳定的时段内浇筑。

(6)拱桥

①就地现浇施工。

a.拱架应进行专门设计,并在计算荷载作用下,按可能产生的最不利荷载组合验算拱架的强度、刚度和稳定性。

b.拱架安装完成后,应按设计荷载进行预压,并对其平面位置、顶部高程、节点连接及纵、横向稳定性进行全面检查。

c.跨径较小的拱圈或拱肋混凝土,应按拱圈全宽度从两端拱脚向拱顶对称地连续浇筑,并在拱脚混凝土初凝前全部完成;跨径较大的拱圈或拱肋混凝土,应沿拱跨方向分段、对称浇筑。

d.在浇筑过程中,应随时观测拱架的变形。若变形量超过了计算值,应及时查找原因,并通过加固支架、调整加载顺序等措施解决。

e.在混凝土强度满足设计规定的强度后,方可拆除拱架。纵向应对称均衡卸落,横向应同时一起卸落。不允许用猛烈地敲打和强扭等方法进行卸落拱架。

②无支架施工。

a.箱形拱预制时,应先预制横隔板、腹板,然后在拱胎上进行组装,并浇筑底、顶板和接头混凝土。混凝土强度达到设计强度的85%后,方可吊运。

b.采用缆索吊装时,索塔、扣塔、主缆、扣索、抗风、地锚等结构均应按有关规定经过设计计算确定,风缆系统及地锚应进行专门设计,吊装前必须按设计荷载进行试吊,以检验缆索吊装系统的安全性和设计计算的准确性。

c.缆索吊装施工时,各扣索的位置必须与所吊挂的拱肋在同一竖直面内;主塔塔顶的最大偏位不得大于塔高的1/400;扣塔塔顶的最大偏位不得大于10mm。

d.拱桥的拱圈采取单肋吊装或单肋合龙时,单肋的横向稳定性必须满足安全验算的要求,且其稳定安全系数应不小于4。

③转体施工。

a.拱圈的预制及拼装,应按照设计确定的位置、高程,充分利用地形,合理布置拱圈预制场地,在适当的支架或模板上进行。

b.拱圈混凝土达到设计规定强度后,方可分批、分级张拉扣索,扣索索力应进行检测,其允许偏差为±3%。张拉达到设计总吨位时,先使拱圈脱离支架变为以转盘为支点的悬臂平衡状态,再根据合龙高程(考虑合龙温度)的要求精调张拉扣索。

c.扣索张拉到位、拱圈卸架后,应有24h的观测阶段,以检验锚固、支承体系的可靠程度。同时应观测拱结构的变形状态及随气温变化的规律,以确定转体前拱顶的高程。

d.转体合龙时应严格控制拱肋高程和轴线;应选择当日最低温度进行合龙,当合龙温度与设计计算温度相差较大时,应考虑温度差带来的影响,修正合龙高程。合龙时,宜采用先打入钢楔的快速合龙措施,然后施焊接头钢筋,浇筑接头混凝土,封固转盘。在混凝土达到设计强度后,再分批、分级松扣,拆除扣、锚索。

④劲性骨架拱。

a.施工前,应在分析计算劲性骨架拱或劲性骨架拱与混凝土组合结构受力行为的基础上,进行混凝土浇筑程序设计;在施工过程中应对结构的应力和变形进行监控。

b.用分环多工作面均衡浇筑混凝土拱圈(拱肋)时,多工作面的工作段长度可根据模板长度划分,按工作面均衡对称浇筑混凝土,其浇筑进度差不宜超过一个工作段。

c.用水箱压载分环浇筑混凝土拱圈(拱肋)时,要注意控制$L/4$截面附近的劲性骨架的变形,预防混凝土开裂。必要时可在浇筑该处第一层(环)混凝土时设置约200mm的变形缝,待浇完第一层(环)后再用混凝土填实。

d.用斜拉扣挂分环连续浇筑混凝土拱圈(拱肋)时,应采用操作方便和可靠的扣索系统,确定扣索的索力、位移和张拉程序,有效地控制连续浇筑混凝土过程中拱圈(拱肋)的变形。

e.分阶段浇筑拱圈(拱肋)时,应严格控制每一施工阶段劲性骨架及劲性骨架与混凝土形成组合结构的变形形态、位置、拱圈高程和轴线横向偏位等,应使其符合有关要求。

⑤钢管混凝土拱。

a.钢管拱肋加工宜在工厂内进行,制作前须绘制零件图、单元构件图、节段单元图及组焊、拼装工艺流程图等。加工现场应按不少于半跨的长度进行1∶1精确放样。合龙节段的尺寸需计入制造误差、受载变形、温度影响、焊接的缩量等。

b.拱肋节段对接接头宜与母材等强度焊接。焊缝内部质量应达到二级以上标准,熔透焊缝应进行100%的超声波探伤。

c.钢管拱肋加工时,应设置泵送混凝土压注孔、防倒流截止阀、排气孔及吊点、扣点、节点板。

d.钢管拱节段间的焊接应对称施焊。施焊前需保证节段间有可靠的临时连接,并有效的控制焊缝间隙;施焊时结构应处于无受载应力状态。合龙口的焊接或栓接作业应选择在结构温度相对稳定的时间内尽快完成。

e.钢管混凝土应采用泵送顶升压注施工,混凝土应由拱脚至拱顶对称、均衡地压注,有腹箱的断面应先管后腹,除拱顶外不宜在拱肋内的其他部位设置横隔板。压注应连续进行,不得中断,直至拱顶端的溢流管排出正常混凝土时方可停止,溢流管的高度应为1.5~2.0m。压注时尚应考虑上、下游拱肋的对称性和均衡性,并应将施工时间控制在6h内。混凝土压注完成后应及时关闭设于压注口的倒流截止阀。

f.钢管混凝土压注前应先清洗管内污物,润湿管壁,泵入适量水泥浆,然后再压注混凝土。

⑥装配式桁架拱和刚构拱。

a.装配式桁架拱和刚构拱的拱片预制时应设置预拱度,拱顶预拱度确定后,其余各点预拱度可按二次抛物线变化设置。

b.卧式预制的拱片不得就地掀起竖立,必须将全片水平吊起后,再悬空翻身竖立。在拱片悬空翻身整个过程中,各吊点受力应均匀,并始终保持在同一平面内,不得扭折。

c.在墩台上逐段安装预制的拱段,同时安装横向联系构件,将所有接头进行连接,使之成为整体的拱式结构,方可再铺装桥面板。

⑦拱上结构。

a.拱上结构的立柱、横墙的基座,在施工前对其位置和高程复测检查,如超过允许偏差应予以调整。基座与主拱的连接应牢固。

b.拱上腹拱圈施工时,应注意腹拱圈所产生的推力对立柱或横墙的影响,相邻腹板的施工进度应同步。

c.安装桥面板时,应按照纵向对称和横向对称原则进行。宜从拱一端到另一端分阶段往复安装,以改善主拱圈受力。

(7)斜拉桥

①混凝土索塔。

a.索塔与主梁不宜交叉施工,必须交叉施工时应采取保证质量和施工安全的措施。索塔施工时宜设置劲性骨架,所设置的劲性骨架应能起到保证钢筋架立、模板安装和拉索预埋导管空间定位精度的作用;劲性骨架应采用型钢制作,不得使用管材。

b.塔柱和横梁可同步施工或异步施工。但异步施工时塔柱与横梁之间浇筑混凝土的间隔时间不应超过30天,并应采取措施使塔梁之间的接缝可靠连接,不得产生收缩裂缝。倾斜塔柱施工时,应对各施工阶段塔柱的强度和变形进行验算,分高度设置主动横撑或拨杆,使其线形、内力和倾斜度满足设计要求并保证施工期结构的安全。

②主梁。

a.混凝土主梁采用悬臂拼装法施工时,梁段的预制可采用长线法或短线法台座。预制台座的设计应考虑主梁成桥线形的影响,并应保证预制梁段的截面尺寸能满足拼装的精度要求。预制梁段的混凝土端面应密实饱满,不得随意修补。

b.钢箱梁的构件或梁段在运输过程中,应采取可靠的临时加固措施,避免受到损伤。在工地临时存放时,存放的构件或梁段应支离地面一定高度,基础应具有足够的强度。

c.对于钢—混凝土组合梁,预制桥面板在起吊、运输和安装时,应采取必要措施防止对其产生碰撞、坠落等损伤而开裂,对吊点处的局部应力应进行验算。预制桥面板安装前,应将钢梁与桥面板的结合面及剪力连接装置表面清理干净;安装应遵循先预制先安装的原则,安装时不得因桥面板就位困难而随意破坏剪力连接装置。

③拉索。

a.平行钢丝拉索安装施工时,应在索管管口处设置对中控制的装置或限位器进行调控,不得挤压、弯折索体,不得损伤索体的保护层和索端的锚头及螺纹。

b.钢绞线拉索外套管的连接接长采用热熔焊接接头时,热熔焊接的温度应符合外套管材料的要求。对外套管进行移动时,不得将其在未加支垫保护的桥面上拖拽;起吊过程中,其下方严禁站人。与外套管有连接关系或承套关系的所有部件均应与其临时固定,临时固定时宜在塔、梁两端各留出1m左右的空间。

c.钢绞线的下料长度应计入牵引、张拉时的工作长度;下料时对钢绞线的切割应采用砂轮锯,不得采用电弧焊或氧乙炔进行切断。

d.牵引安装钢绞线时,其牵引装置必须安全可靠,牵引过程中钢绞线不得产生弯折,转向时应通过导向轮实现。每根钢绞线安装就位后,均应及时用夹片锁定。

e.整体张拉时应以控制所有钢绞线的延伸量相同为原则,拉索整体张拉完成后,宜对各个锚固单元进行顶压,并安装防松装置。

f.在一根斜拉索中,单根张拉后各钢绞线索力的离散误差不宜超过±2%;整体张拉完成后,各钢绞线索力的离散误差不宜超过±1%。

(8)悬索桥

①索鞍。

a.索鞍应由专业单位加工制造,制造完成后应在厂内进行试装配和防腐涂装,并应对各部件的相对位置做出永久性定位标记,经检验合格后方可运至工地现场安装。

b.索鞍在安装前,应对设置在塔顶的起重支架及附属的起重装置进行专门的设计,其强度、刚度和稳定性应满足使用的要求,并应有足够的安全系数。

c.主索鞍底座钢格栅和散索鞍底座安装调整完成后,必须进行全桥联测检查,确认无误后方可灌注底座下的混凝土。

②主缆。

a. 采取空中纺线法架设主缆时,钢丝接头的性能必须通过试验确定。在梨形蹄铁处或索鞍座附近不得存在工厂钢丝接头。

b. 主缆索力的调整应以设计和施工控制提供的数据为依据,其调整量应根据调整装置中测力计的读数和锚头移动量双控确定。其精度要求为:实际拉力与设计值之间的允许误差应为设计锚固力的3%。

③加劲梁。安装钢箱加劲梁的非定型吊机应进行专门设计,在安装前必须进行试吊,检验其安全性和可靠性。

4.5.5 桥面系及附属工程

(1)支座安装

①橡胶支座在安装前,应按相关规定检查有关技术性能指标,如不符合设计要求时,不得使用。

②梁、板安放时,应使梁、板就位准确且与支座密贴,确需调整时应将梁板吊起,不得采用撬棍移动梁、板。

③支座垫石的混凝土强度、顶面高程、平整度应符合设计要求,不得用砂浆找平。橡胶支座安放时应做到支座中心线同支承垫石中心线相重合;盆式橡胶支座组装时其底面与顶面(埋置于墩顶和梁底面)的钢垫板,应埋置密实。架梁前应进行符合性检查,避免安装后支座与梁底发生偏差、不均匀受力或脱空现象。

(2)伸缩缝

①梳形钢板伸缩装置、板式橡胶伸缩装置,施工前必须对伸缩装置部位进行清理,保证具有符合设计要求的伸缩量。

②伸缩缝安装前,应对预留槽尺寸、预埋锚固筋进行检查,并对伸缩装置安装位置、顶面高程进行严格控制。

③伸缩缝混凝土浇筑时应采取合理措施,防止混凝土堵塞伸缩缝、污染路面。

④当伸缩装置一端为钢梁另一端为混凝土梁时,在靠混凝土梁一端底座及端头约800mm范围内,必须用高强度混凝土或特种混凝土,以提高其抗压强度及耐冲击能力。

⑤伸缩装置两侧混凝土强度满足设计要求后,方可开放交通。

(3)桥面铺装

①钢桥面沥青铺装前,必须铺筑试验段,以验证沥青混合料配合比设计结果,并确定沥青混合料施工工艺。

②桥面钢筋安装前,应垂直梁顶板植入$\phi12$的钢筋,作为安装钢筋网片的支撑筋,支撑筋纵、横向间距为50cm,植入深度6cm,支撑筋应与钢筋网片牢固焊接,保证桥面钢筋位置符合设计要求。

③严禁施工人员、车辆、机具直接在钢筋网片上行走、堆放。

(4)防撞护栏

桥梁护栏必须整体一次放样,不得分段进行;应严格控制高程、平面位置及预埋件位置等,确保护栏线形顺畅。

（5）锥坡

①锥坡填土必须与台背回填同步进行，并按设计宽度一次填筑到位，严禁贴补。

②锥坡预制块安装前必须将坡面整平、夯实后方可安装，安装时应与垫层结合紧密，做到表面平顺，砌缝宽度均匀，勾缝饱满。

（6）搭板

①搭板下的填料应以透水性材料为主，回填前应按设计要求进行防水处理。

②搭板钢筋必须与桥台背墙预留钢筋牢固连接。

4.6　隧道工程

4.6.1　一般规定

（1）隧道施工前应对水文与地质情况、交通运输条件、施工现场环境、电力系统、通信系统等情况进行调查。并应结合工程规模、工期要求、工程难易程度等情况，编制施工组织设计，制订施工现场总平面布置方案，绘制施工场地总平面布置图。

（2）根据施工图纸和有关勘测资料，对交付使用的隧道轴线桩、平面控制三角网基点桩以及高程控制的水准基桩等进行详细的测量检查和核对，布设隧道测量控制网；隧道双头掘进时，应进行贯通测量。

（3）对于地质条件复杂的隧道，应有针对性地编制专项施工方案，并附安全验算结果，同时应制订应急预案。

（4）隧道施工应根据工程规模、工期和技术难度配备满足工程需要的质量和安全管理人员，每个洞口段应配备1~2名地质工程师。

（5）隧道洞口以外场地30m范围进场道路应按重载道路标准进行硬化处理，可采用厚度不小于20cm，强度不低于C20级的混凝土路面，进场道路两侧必须按规定进行临边刚性防护。

（6）隧道开挖后及防水板铺设前必须检测断面，断面检测结果应纳入二次衬砌施工前工序报验内容，以保证二次衬砌厚度和净空符合要求。

（7）隧道洞口应按规定设置标志标牌，四周采用通透式围栏围护，洞口侧面除设置施工必需的供电、供水及空压机房等临建设施外，其他临建设施（包括钢材加工场）必须设置在距离洞口30m以外位置。

（8）长、特长隧道应当在洞内安装视频监控系统，洞口值班人员和视频监控系统值班人员应确保24h值班到位。隧道洞口应建立电子门禁系统，进出洞人员应严格记录，进洞施工人员必须配备识别卡、佩戴合格的安全防护设施。

（9）软弱围岩开挖掌子面至二次衬砌之间应设置逃生通道，并随开挖进尺不断前移，逃生通道距离开挖掌子面不得大于20m，逃生通道的刚度、强度及抗冲击能力应满足安全要求，逃生通道内径不小于80cm。

4.6.2 洞口及明洞

(1)洞口边仰坡施工:洞口开挖前,应对洞口段地形地貌及地质情况进行复核,合理确定开挖方式,做到开挖一级,支护一级;推行"零开挖"理念,尽量避免大开挖、大刷坡。

(2)明洞施工。

①明洞开挖前,洞顶及四周应设防水、排水设施。

②明洞混凝土强度达到设计强度70%以上时应进行防水层施工,并做好明暗洞交接处防水处理。

③明洞回填材料应与设计文件要求一致,回填应分层对称进行,每层厚度不大于30cm,两侧高差不得大于50cm。石质地层中墙背与岩壁空隙不大时,可采用与墙身同级混凝土回填;空隙较大时,可采用片石混凝土或浆砌片石回填密实。土质地层,应将墙背坡面开凿成台阶状,用干砌片石分层码砌,缝隙用碎石填塞,不得任意抛填土石。

(3)洞门施工。

①洞门圬工施工前,严格按设计要求做好洞门上方的防排水处理。

②洞门端墙砌筑(浇筑)及墙背回填施工应两侧同时进行。

(4)洞口施工应将洞顶截水沟及洞中排水,洞口土石方的开挖及开挖后的临时防护,进洞辅助措施施工,暗洞浅埋及开挖、初次支护、二次衬砌,明洞主体建筑衬砌、外防水、土石方回填,洞门圬工施工等诸多环节统筹考虑,以"减免干扰、利于保证洞口施工安全"为原则合理安排其先后施工顺序。

4.6.3 洞身开挖

(1)隧道开挖施工,应根据地质情况及监控量测信息,按照"勤量测,弱爆破,短进尺,强支护,早封闭、快衬砌"原则进行动态控制。

(2)开挖后应做好地质核对工作,并对掌子面进行地质素描,必要时留有影像资料。

(3)隧道爆破宜采用光面爆破技术,炮眼残留率规定:硬岩≥80%,中硬岩≥70%,软岩≥50%。隧道爆破后应安排专人对开挖面、支护及围岩状况进行检查。拱脚、边墙墙脚以上1m范围内严禁欠挖。

(4)双洞开挖时,应根据两洞的轴线间距、洞口里程距离、地质条件及其他自然条件,选择适当的开挖方法,确定好两洞开挖的时间差和距离差,并采取措施防止后行洞开挖对先行洞周壁产生不良影响。

(5)隧道双向开挖的贯通尽可能选择在Ⅳ级及以下围岩地段,当两开挖面的距离在15~30m时,应改为单向开挖,停挖端人员机具应撤走,并在安全距离处设立警告标志;对于单向开挖的隧道,出洞前应反向开挖不少于30m且不小于洞口超前管棚长度,严禁在隧道洞口处贯通。

(6)连拱隧道施工应合理安排两侧主洞开挖、初次支护、二次衬砌等工序的先后顺序及步距,减少先行洞、后行洞施工时对围岩及结构的扰动。宜先左(右)洞,后右(左)洞,再左(右)洞,继而右(左)洞地逐步推进;应根据设计图纸和地质及地形、地貌情况合理选择先行洞,先行洞开挖超前另侧主洞30~50m;先行洞二次衬砌断面落后后行洞开挖面的距离,可根据爆破震动监测结果确定,一般不小于2倍洞径。连拱隧道施工不得以中导洞作为爆破临空面。

(7)应根据围岩条件和初期支护钢架间距确定开挖循环进尺,台阶法和环形开挖预留核心土法施工上台阶每循环开挖支护进尺,Ⅴ、Ⅵ级围岩不应大于1榀钢架间距,Ⅳ级围岩不得大于2榀钢架间距。中隔壁法施工同侧上、下层开挖工作面应保持3~5m距离。双侧壁导坑法导坑跨度宜为隧道跨度的1/3,左右导坑前后距离不宜小于15m,导坑与中间土体同时施工时,导坑应超前30~50m。

(8)仰拱开挖及二次衬砌施工应符合以下要求:

①Ⅳ级及以上围岩仰拱每循环开挖长度不得大于3m,不得分幅施作。

②仰拱距掌子面距离:Ⅲ级围岩不得超过90m,Ⅳ级围岩不得超过50m,Ⅴ级及以上围岩不得超过40m。

③二次衬砌施作时间应根据监控量测资料确定,一般二次衬砌距掌子面距离:Ⅰ、Ⅱ级围岩不得超过200m,Ⅲ级围岩不得超过120m,Ⅳ级及以上围岩不得超过90m,Ⅴ级围岩不得超过70m。

(9)加强下断面与仰拱连接位置的爆破控制,严禁欠挖,确保下端面与仰拱自然连接,避免应力集中,以确保整环均匀受力。

4.6.4 初期支护与辅助工程

(1)喷射混凝土施工

①喷射混凝土应采用湿喷工艺进行施工,湿喷混凝土的坍落度宜控制在80~120mm之间。

②喷射混凝土受喷面应为原岩面,严禁挂模喷射。混凝土喷射不得出现漏喷、空洞、露筋等现象。

③隧道开挖后必须立即进行初喷,以防止岩体松弛变形。硬岩地段复喷作业距掌子面不得大于50m,软岩地段初期支护应紧跟掌子面。

④喷射混凝土作业应分层、分段、分片自下而上进行,每次作业区段纵向长度不宜超过6m。

⑤喷射混凝土混合料应随拌随喷,回弹物不得重新用作喷射混凝土材料。

⑥喷射作业应以适当厚度分层进行,后一层喷射应在前一层混凝土终凝后进行。若终凝后间隔1h以上且初喷表面已蒙上粉尘时,受喷面应用高压风或高压水清洗干净。

⑦钢架与壁面间空隙、拱脚基础必须充填密实,钢架临空面保护层厚度必须满足设计要求。

⑧喷混凝土终凝2h后,应喷水养护,养护时间不少于7d;气温低于5℃时,不得喷水养护。

(2)锚杆施工

①锚杆应从专业厂家购置,自行加工的锚杆必须严格控制加工工艺及半成品质量。

②拱部锚杆钻孔必须采用专用锚杆机,侧墙及拱腰部位可采用气腿式凿岩机。若岩层节理面为张性时,锚杆钻孔施工时宜采用干钻,防止钻孔用水顺节理面扩散,降低岩层间摩擦力,引起滑塌。

③锚杆应安装锚垫板,垫板必须与喷射混凝土紧密接触。

④锚杆施工一般在初喷混凝土后进行,钻孔前应进行放样,并标出其位置,误差不得超过15cm。

⑤砂浆锚杆宜采用后退式注浆,注浆时应确保安装孔口有砂浆流出,否则应将杆体拔出重新安装;中空注浆锚杆须待排气口出浆后方能停止灌浆。

⑥锚杆应尽量垂直岩层节理面布设,外露锚杆长度不得超过5cm。全长黏结型锚杆安装后不得随意敲击、悬挂重物。

(3)钢筋网施工

①钢筋网应在岩面喷射一层混凝土后,随受喷面起伏铺设,与受喷面间隙宜控制在20～30mm之间。

②钢筋网与锚杆或其他固定装置应牢固连接,喷射混凝土时不得晃动。

③钢筋搭接长度不得小于35d,并不得小于一个网格长边尺寸。

(4)钢架施工

①钢架应分节段制作,每节段应编号并注明安装位置,每榀钢架加工完成后应放在水泥地面试拼,周边拼装允许误差为±3cm,平面翘曲应小于2cm。现场存在多段型钢拼接的,接头应采用带螺眼的平板进行焊接,焊接后应进行螺栓连接。型钢钢架制作应采用冷弯法;现场加工的格栅钢架应按1∶1胎模控制尺寸,所有钢筋节点必须采用焊接。接头钢板钻孔应采用台钻,不得采用气割冲孔。

②钢架加工尺寸应符合设计要求,并应综合考虑安装沉落量及二次衬砌内轮廓线扩大需要。

③钢架安装时,两侧拱脚应放在牢固的基础上,应尽量靠近掌子面安设。每榀钢架段与段之间须采用螺栓连接,接头处连接板应保持平顺和密贴。

④钢拱架安装结束后应立即施作锁脚钢管或锚杆,确保拱架本身的稳定。

(5)超前锚杆、超前小导管施工

①超前锚杆、超前小导管支护宜与钢架配合使用,并与拱架顶部预留导向管焊接连成整体。钢架宜先行安装,并须与超前锚杆、超前小导管尾部焊接。

②小导管安装后应采用麻丝和锚固剂将钢管与孔壁间空隙封堵。

③注浆后至开挖前时间间隔应视浆液种类确定,一般采用单液水泥注浆宜间隔8h、采用水泥—水玻璃注浆宜间隔4h。

(6)超前管棚施工

①管棚定位时,应采用套拱内预埋的孔口管进行定向、定位,应严格控制其上抬量和角度。

②管棚钢管接长时,接头应采用厚壁管箍,上满丝扣,丝扣长度不应小于15cm。隧道纵向同一截面处钢管接头数不大于50%。

③安装后管口须用麻丝和锚固剂封堵钢管与孔壁间空隙,压浆管口应安装三通接头。

(7)注浆施工

①注浆前应进行注浆试验,以确定注浆压力、配合比及浆液的扩散半径等参数。

②超前注浆方式可选用前进式、后退式或全孔一次式等,注浆宜采取先内圈孔、后外圈孔,先无水孔、后有水孔的顺序,从拱顶向下进行。如遇窜浆或跑浆,则可间隔一孔或数孔灌注。

③注浆后应采用分析法、检查孔法或物探无损检测法等方法对注浆效果进行检查;未达到

要求的,必须进行补孔注浆。

4.6.5 仰拱施工

(1)仰拱顶上的填充层及铺底,应在二次衬砌施工前完成,仰拱混凝土应超前边墙混凝土3个二次衬砌作业循环长度。

(2)软岩地段,特别是处于洞口部位或洞内断层破碎带的隧道仰拱,开挖前须在底面与两隅打入锚杆或采取其他加固措施,开挖须跳格进行,单次开挖长度不得大于4m。

(3)隧道底两隅与侧墙连接处应平顺开挖,避免引起应力过分集中。隧道底部超挖在允许范围内时,须采用与衬砌同级混凝土浇筑;超挖大于规定时,应按设计要求回填,不得用洞渣随意回填,严禁片石侵入仰拱断面。

(4)仰拱断面宜一次浇筑成型。铺底混凝土可半幅浇筑,但应保持接缝平顺,并做好防水处理。仰拱混凝土浇筑必须使用模板。

(5)仰拱两侧二次衬砌边墙部位预埋钢筋伸出长度须满足与二次衬砌环向钢筋焊连要求,且接头错开距离须满足规范要求;预埋钢筋的弯曲弧度应与隧道断面设计的弧度相符。

(6)仰拱混凝土达到设计强度的70%后,方可进行仰拱以上的混凝土或片石混凝土施工。

4.6.6 矮边墙施工

(1)矮边墙顶面高程应按台车侧模底部高程确定;施工时按规范预埋连接钢筋或榫石,围岩变化处应设置沉降缝,二次衬砌混凝土接触面须凿毛处理;二次衬砌混凝土浇筑前应将杂物清除,并用水将其表面湿润。边墙模板宜采用一次成型的弧形钢模。

(2)严格按设计布设纵向透水盲管及其与沉砂井的连接管,预留环向软式透水盲管和防水板接头,设置预埋件和预留洞室等。

4.6.7 防水与排水施工

(1)防水板铺设应超前二次衬砌(钢筋)两个衬砌作业长度,并与开挖面保持一定安全距离。防(排)水板长度应比喷射混凝土轮廓线长度大10%以上,挂设应整幅进行,与喷射混凝土密贴并松弛有度,严禁过紧或打皱,铺设时应满铺到底。

(2)防水板铺挂前应对基面进行处理,对超挖较大的部位必须挂网喷锚,应使基面平顺,矢跨比不大于1/10~1/6;基面明水应提前设盲管引排;对洞顶的大面积渗水,应集中引排。

(3)环向盲沟的底部应插入"三通接头",并与拱脚纵向排水管相连;纵向排水管与三通接头连接后,采用土工布进行包裹。纵向排水管高程须严格控制,确保排水通畅。

(4)防水板应采用双缝焊接,搭接宽度不得小于10cm,焊缝强度应不低于母材。

(5)二次衬砌止水带、止水条安装时,应确保中线位于二次衬砌的施工缝上,要严格控制偏差;止水带安装应采用中槽法,定位钢筋设置应准确。

(6)防水板采用无钉铺设施工工艺,固定点拱部3~4点/m^2、边墙2~3点/m^2。

(7)加强成品保护工作,采取有效措施,防止开挖、电焊、爆破、衬砌等作业损坏防水层或防水板。

4.6.8 二次衬砌施工

(1) 二次衬砌模板台车。

①隧道二次衬砌台车实行准入制度,二次衬砌台车应当在隧道洞身开挖一个月内拼装完毕。台车的支架设计和面板厚度应满足强度和刚度要求,并经专项验收。

②二次衬砌模板外径按设计轮廓线扩大5cm考虑,以保证衬砌净空。

③两车道二次衬砌台车钢板厚度应不小于10mm;为减少二次衬砌模板间接缝痕迹,每块外弧模板宽度不得小于1.5m,板间接缝须焊接打磨。

④模板及支架应具有足够的强度、刚度、稳定性及抗上浮能力;台车应设置牢固的上下行爬梯。

(2) 衬砌钢筋。

①钢筋制作应按设计轮廓进行大样定位,横向钢筋与纵向钢筋接点必须进行绑扎或焊接,相邻主筋搭接位置须错开1m,同一受力钢筋的两个搭接距离不应小于1.5m。

②钢筋固定应采用可调整的支撑杆控制。定位钢筋固定后,应根据设计钢筋间距,在支撑杆上标明环向主筋布设位置,在定位钢筋上标明纵向分布筋安装位置,钢筋交叉处必须进行绑扎或焊接。

③钢筋保护层垫块应采用高强砂浆垫块,不得使用塑料垫块。

(3) 预留洞室和预埋件。

①衬砌施工前须对设计图纸复核,并将预留洞室和预埋件按自然段落进行统计;模板台车就位前应检查预留洞室和预埋件预留情况。

②预留洞室模板应采用钢模,承托上部应设加强支撑。

(4) 二次衬砌混凝土。

①台车端部的挡头模板应按衬砌断面制作,其单片最小宽度不小于30cm,厚度不小于3cm;挡头模板结构应能保证衬砌环接缝榫接,以保证接头处质量,增强其止水功能。

②混凝土灌注应由下至上分层、左右交替、对称进行,每层灌注高度、次序、方向应根据搅拌能力、运输距离、灌注速度、洞内气温和振捣等因素确定。为防止浇筑时两侧侧压力偏差过大造成台车移位,两侧混凝土灌注高差宜控制在50cm以内,同时应合理控制混凝土浇筑速度。

③混凝土输送管端部与浇筑面的垂距应控制在1.2m以内,以防止混凝土离析。

④泵送混凝土应连续灌注,避免停歇造成"冷缝";因故中断施工,中断时间应小于前层混凝土初凝时间或能重塑时间,否则按施工缝处理。

⑤拱部混凝土衬砌浇筑须在拱顶预留注浆孔,每个模板台车范围内预留孔数不少于4个;拱顶注浆应在衬砌混凝土强度达到100%后进行,注浆压力不小于0.1MPa。

⑥拆模时间应按最后一盘封顶混凝土试件应达到的强度来控制。不承受外荷载时,混凝土强度应不低于5MPa或在混凝土表面和棱角不被损坏并能承受自重时拆模。

⑦混凝土采用喷水养护,养护期不少于14d。

(5) 二次衬砌应在围岩和初期支护变形基本稳定后施作,围岩变形量较大,流变特性明显时,要加强初期支护并及早施作仰拱和二次衬砌。复合式衬砌结构的二次衬砌施工应在监控量测数据指导下,选择适当时机进行施工。

(6)隧道内装修前,应对工作面进行全面检查,对二次衬砌错台等部位须彻底打磨。

4.6.9 水沟、电缆沟

(1)水沟、电缆槽开挖应与边墙基础同时进行,不得在边墙浇筑后再进行爆破开挖。

(2)电缆槽壁与边墙应连接牢固,必要时可加设短钢筋。

(3)电缆沟侧墙未能与矮边墙一次施工成型,电缆沟侧墙施工须凿毛处理并配置连接钢筋。

(4)电缆沟盖板在预制后应集中存放,待电缆沟内支架、线缆或其他管线等全部安装调试结束后,统一安排加盖,防止反复翻板造成盖板损坏。

4.6.10 超前地质预报与监控量测

(1)超前地质预报内容应包括地质情况及水文情况(地层岩性、地质构造、不良地质、地下水等),对照图纸提供的地质资料预报地质条件变化情况及对事故的影响程度,预报可能出现的不良地质及其对施工的影响并提出处理措施。对于地质复杂的区域采用宏观预报、长距离预报和短距离精确预报相结合、互相验证的综合预报手段。地质预报结果应纳入施工技术交底中,5m长的探孔每循环开挖前必须进行。

(2)地质条件和周边环境复杂的隧道、长隧道、特长隧道,应由专业人员进行监控量测。

(3)周边位移、拱顶下沉和地表下沉等必测项目宜布置在同一断面,其量测面间距及测点数量应根据隧道埋深、围岩级别、断面大小、开挖方法、支护形式等确定。

(4)隧道工程应实行动态设计、信息化施工。开挖、支护方式应根据地质预报、监控量测情况及时调整。长、特长隧道及工程地质、水文地质复杂的隧道施工必须连续进行超前地质预报。

(5)隧道监控量测,超前地质预报应当由独立于施工单位的第三方实施。

4.7 交通安全设施工程

4.7.1 一般规定

(1)交通安全设施工程所用钢构件均应进行防腐处理(标志铝合金构件可不考虑防腐处理)。除设计文件另行规定外,防腐处理均应满足现行《公路交通工程钢构件防腐技术条件》(GB/T 18226—2015)的规定。螺栓、螺母等紧固件和连接件在防腐处理后,必须清理螺纹或进行离心分离处理。

(2)不同材质的金属构件互相接触时,应使用非金属套、垫或保护层使两者隔离。

(3)波形梁护栏板材厚度仅允许正公差,立柱壁厚为负公差的比例不得超过50%(均为材料构件厚度),护栏拼接螺栓硬度和抗拉强度等指标必须符合要求。

4.7.2 波形梁护栏

(1)立柱放样。

①立柱放样应以桥梁、通道、涵洞、隧道、中央分隔带开口、紧急电话开口、互通式立体交叉等为主要控制点,进行测距定位。

②立柱放样后应调查立柱所处位置是否存在地下管线、排水管等设施,以便及时进行调整。若所处位置在涵洞顶部,应核验填土高度,不足部位应对立柱基础或立柱位置进行调整。

(2)立柱安装。

①立柱位置、立柱中距、垂直度及横梁中心高度均应符合设计要求,施工过程中不得损坏立柱端部。严禁使用长度不符合设计要求的立柱。

②立柱设置一般采用打入法。对打入过深的立柱,不得采取部分拔出进行矫正,必须将其全部拔出,将基础处理后再重新打入;对难以打入到规定深度的立柱,需按设计部门同意的方案进行施工,严禁将立柱地面以上的部分焊割、钻孔。

③石方区的立柱应根据设计文件的要求设置混凝土基础或钻孔施工;位于小桥、通道、明涵等混凝土基础中的立柱,可设置在预埋的套筒内,采取灌注砂浆或混凝土固定,或采取地脚螺栓与桥梁护轮带基础相连接固定。

④护栏施工中应高度重视对渐变段及端部立柱位置、护栏线形的控制,端头附近的立柱应按设计文件的要求进行加强处理。

(3)防阻块、托架、横隔梁安装。

①防阻块、托架应通过连接螺栓固定于护栏板和立柱之间,在拧紧连接螺栓前应调整防阻块、托架使其准确就位。

②设有横隔梁的中央分隔带护栏,应在立柱准确定位后安装横隔梁。在护栏板安装前,横隔梁与立柱间的连接螺栓不应过早拧紧。

(4)横梁安装。

①护栏板应通过拼接螺栓相互连接成纵向横梁,并由连接螺栓固定于防阻块、托架或横隔梁上。护栏板拼接方向应与行车方向一致,拼接螺栓必须采用高强螺栓。

②立柱间距不规则时,可利用调节板、梁进行调节,不得采用现场切割护栏板的方法。

(5)端头安装。

①各类护栏端头应通过拼接螺栓与护栏板牢固连接,拼接螺栓必须采用高强螺栓。

②设置于中分带起点、终点及开口处的护栏应进行端头处理。

(6)严禁现场对材料采取焊割、钻孔等降低波形梁护栏整体防撞功能的行为。

(7)严禁采用膨胀螺栓代替预埋螺栓。当需要采用植筋胶植入基座螺栓时,必须由设计单位出图。

4.7.3 交通标志

(1)标志定位与基础设置

①标志基础在定位前应进行现场踏勘,坚持"三不设定原则":上跨桥及其他建筑物遮挡处不设立,与机电工程等其他标志物遮挡时不设立,高压电线下不设立。在规定位置设置有困

难时,在不影响标志视认的情况下,位置可做适当调整。

②标志基础的地基承载力应满足设计文件规定。设计文件未做规定时,地基承载力不得小于150kPa。

③浇筑混凝土时,应注意准确设置地脚螺栓和底座法兰盘。

④浇筑混凝土的强度应符合设计要求。浇灌混凝土必须采用人工或机械按层依次进行振捣,振捣应密实,不得出现跑模、漏浆等现象。

(2)标志板面制作

①标志板表面采用符合招标文件技术条款要求的反光膜,字膜和底模应符合《道路交通反光膜》(GB/T 18833—2012)标准的反光膜。标志底板厚度不得小于设计要求,标志板面的颜色、图案、文字符合图纸要求,并符合《道路交通标志和标线》(GB 5768—2009)的规定。

②标志板面应无裂缝或其他表面缺陷;标志板边缘应整齐、光滑;标志板的外形尺寸偏差为±5mm,若外形尺寸大于$1.2m^2$时,其偏差为其外形尺寸的±0.5%;标志板应平整,表面无明显皱纹、凹痕或变形,每平方米范围内的平整度公差不应大于1.0mm。除尺寸大的指路标志外,所有标志板应由单块铝合金板加工制成,不允许拼接。

③大型指路标志最多分割成4块,尽可能减少分块数量,标志板的拼接应采用对接,接缝的最大间隙为1mm。所有接缝应用背衬加强,背衬与标志板用铆钉连接,铆钉的最大间距应小于200mm,背衬的最小宽度为50mm,背衬的材料须与板面板材相同。

④粘贴反光膜时,不允许采用手工操作或用溶剂激活黏结剂。在标志面的最外层可涂透明塑料等保护层。反光膜应尽可能减少拼接,接缝应以搭接为主。距标志板边缘50mm之内,不得有拼接。反光膜粘贴在板面上,伸出上、下边缘的最小长度为8mm,且应紧密地粘贴在上、下边缘上。标志板面无面积大于$1mm^2$气泡,且在任何一处面积为$10 \times 10cm^2$的范围内,无2个(含2个)以上的气泡。

(3)标志安装

①立柱安装必须在基础混凝土强度达到设计强度的80%以上时进行。

②悬臂、门架式标志吊装横梁时,应使预拱度达到设计文件的要求。

③考虑到风力的影响,地脚螺栓等连接件应设置双螺母。

④标志板下缘至路面的净空高度不小于5.5m,标志板内缘距土路肩边缘线的距离不小于25cm。

4.7.4 交通标线、突起路标

(1)标线施工过程中应保持路面干燥清洁,路面表面不得存在松散颗粒、灰尘、沥青渣、油污或其他有害材料;旧路面重新画标线时,必须将旧标线清除干净。

(2)标线在正式施工前应做200~300m试验路段,以检验画线车的行驶速度、线宽、标线厚度、玻璃珠撒布量等能否满足要求,调试合格后才能开始正式施工。

(3)热熔标线施工前,需要在路面上先涂抹底漆(下涂剂)。底漆涂洒后要进行养护。当底漆不黏车轮胎、灰尘及砂石时才可进行涂布作业。

(4)标线涂料表面不应出现网状裂缝、断裂裂缝、起泡、变色、剥落、纵向有长的起筋或拉槽等现象。

(5)路面和突起路标底部应清洁干燥并涂抹黏结剂,突起路标就位后,应在其顶部施加压力,排除空气,调整就位,突起路标的抗压荷载应大于160kN,不得有任何破损开裂。

4.7.5 隔离栅

(1)应根据设计文件中规定的隔离栅设置位置和实际地形、地物条件确定控制立柱的位置和立柱中心线,在控制立柱之间按设计文件规定的柱距定出柱位。
(2)立柱混凝土基础强度达到设计强度的70%以上时,方可运输、安装。
(3)安装完成的金属网片不得有明显变形,电焊网不得脱焊、虚焊,镀锌层表面应均匀完整、颜色一致,不得有气泡、裂纹、疤痕、折叠等缺陷。

4.7.6 防眩设施

(1)防眩设施的材质应符合设计要求,抗风荷载力学性能应符合《防眩板》(GB/T 24718—2009);表面色泽均匀,表面不得有气泡、裂纹、疤痕等表观缺陷。支架、螺栓、螺母均应进行热镀锌处理,并符合《公路交通工程钢构件防腐技术条件》(GB/T 18226—2015)的要求。紧固件在热镀锌处理后,必须清理螺纹。
(2)混凝土护栏强度低于设计强度的70%时,不得钻孔安装防眩设施的支架。
(3)在支架上安装的防眩设施,要求防眩设施整体与路线线形一致,且高度一致,在同一水平线上,不得出现高低不平的现象。安装的遮光角应符合设计要求,避免漏光现象,线形调整合适后,拧紧螺栓。
在永久结构底板或隔梁内,也不得影响工程的正常施工。
(4)基坑底部的地下水位应降至施工作业面以下0.5m以上。
(5)底板混凝土全部浇筑并达到设计强度后,方可逐步停止降水;船闸闸室范围需待闸首、闸室永久结构施工完毕,应观测地下水位回升及闸室底板的稳定情况,再逐步停止降水。
(6)排出的水应避免直接冲刷岸坡和已开挖的永久边坡面、附近建筑物及其基础,并不得影响周围航运设施和污染环境。

4.8 内河水运工程

4.8.1 基坑围护与降排水

(1)加强对围护结构的变形、基坑边坡稳定性、结构物沉降的观测。
(2)采用井点降水时,井点管不得设置在永久结构底板或隔梁内,也不得影响工程的正常施工。
(3)基坑底部的地下水位应降至施工作业面以下0.5m以上。
(4)底板混凝土全部浇筑并达到设计强度后,方可逐步停止降水;船闸闸室范围需待闸首、闸室永久结构施工完毕,应观测地下水位回升及闸室底板的稳定情况,再逐步停止降水。
(5)排出的水应避免直接冲刷岸坡和已开挖的永久边坡面、附近建筑物及其基础,并不得影响周围航运设施和污染环境。

4.8.2 土方开挖

(1)一般要求

①平整边坡不得贴坡。

②距坡肩2m以内不得堆放弃土,2m以外如需临时堆载,应经过论证,确认安全后方可堆载,堆载不宜过高,并考虑堆载产生的超孔隙水压力的不利作用,施工中必须加强观测,防止出现边坡失稳迹象。

③爆破石方时,应以小型及松动爆破为主,严禁过量爆破。爆破引起的松动岩石,必须及时清除。

(2)基坑(基槽)开挖

①开挖过程中,必须做好基坑的防水、排水和基坑保护,保证干地施工。

②开挖后应及时进行地基承载力试验,对土质情况与勘察报告进行核对。

③岩石基槽开挖时,应将岩石面上的松动石块、淤泥、苔藓、风化层清理干净,对岩面倾斜的须凿成阶梯形。

④基坑(槽)开挖后应尽量减少对基底土层的扰动。如遇基础不能及时施工时,应在基底高程以上预留30cm土层,待基础施工时再挖除。

(3)复杂地形、地质区段的开挖

①对可能导致滑坡的淤泥质土等软弱土层的开挖,应符合下列规定:

a.施工前应熟悉并掌握土质、水文、地形、地貌等资料,对边坡稳定性进行计算。

b.及时做好地面排水和地下降水。

c.严禁在坡体上弃土或堆放材料。

d.严禁在雨季进行开挖施工。

②开挖施工时,须指定专人值班,严密监测土体动态,如出现裂缝或其他失稳迹象时,应立即采取相应措施予以处理。

4.8.3 土方回填

(1)下列土质材料禁止用于回填:

①含水率较高的沼泽土、淤泥、泥炭。

②含有草木、腐殖质,且有机质含量大于4%的土料。

③液限大于50%及塑性指数大于26的土料。

(2)回填前应先对回填范围内的淤泥、积水进行清理,挖除耕植土、淤泥质土。

(3)墙后采用陆上回填时,其回填方向应由墙后向岸方向填筑,防止淤泥挤向码头墙后。

(4)在土工材料上进行回填,填料不应含有尖锐棱角的材料,最大粒径不应大于压实厚度的2/3,且不应大于100mm;分层碾压时,分层厚度宜为200~300mm。碾压时应从土工材料中部压向尾部,再从中部压向面板(墙身),全部轻压后再进行重压,距构筑物1000mm范围内应采取人工摊平,轻型机械压实。未覆盖填料的土工材料上严禁施工机械行走。

(5)建筑物两侧的回填土应均匀对称填筑,相邻段的填土高差不应过大。

(6)使用两种不同透水性材料回填时,应将透水性较大的土层置于透水性较小的土层下面。

(7)回填过程中应随时注意基坑排水,填土面须设置倾斜外坡,并在适当的部位留设集水坑以便抽排地表水。

4.8.4 疏浚和吹填工程

(1)挖方作业应保持边坡的稳定,超挖深度应严格控制在允许范围内,不得对临近的各种结构物及设施产生损坏或影响。

(2)疏浚工程超深、超宽、边坡应满足设计及规范要求,陆域吹填工程应满足设计及检验标准规定的平整度、高程偏差要求。

(3)施工前应对挖泥船等疏浚设备的施工参数进行现场技术测定,并与施工组织设计施工参数进行比较分析,优化施工工艺。

(4)疏浚设备定位和疏浚工程水深测量定位方法应满足工程精度要求,宜采用全球导航卫星实时定位系统和稳定可靠的疏浚监控系统,同时开展水下地形测控和岸坡稳定性监控;水深测量宜采用多波束测量系统,中软底质的水深测量可采用单波束测量。疏浚施工中应避免可能的超挖、欠挖,应对施工土质和回淤量等进行核对,发现与设计有较大差异时,应及时查明原因,必要时应补充勘测和调整施工方案。水深测量时应随时测量水位,注意水面坡降对水深测量的影响。

(5)在临水建筑物附近进行疏浚施工时,应采取控制超深、超宽与边坡坡度的措施;在建筑物后方进行吹填时,应严格控制吹填的高程、顺序和加载速率,并应对航道及工程影响区域内建筑物进行沉降和位移观测,应同时开展水下地形测控和岸坡稳定性监控,避免因疏浚或可能的超挖导致岸坡失稳。

(6)疏浚施工方案应根据疏浚区域的自然条件、设计尺度、设备性能、工期和环保要求等制订。应论证施工对岸坡稳定性的影响和必要的处理措施。

(7)基建性疏浚、吹填及围埝、永久性围埝等工程根据需要拟定合理的施工方案和施工设备。维护性疏浚施工方案应根据维护区域、回淤规律和通航要求等确定;施工中应减少与港口作业船舶、航行船舶的相互干扰。

(8)疏浚施工中应定期进行水深检测。

(9)在生态敏感水域、可能对生产生活有较大影响或引起社会矛盾的水域,施工时必须采取有效的环保措施,并对施工环境进行监测,应定期公示结果。

(10)污染土的疏浚应选用环保型疏浚设备;对污染底泥及排放余水应进行处理,并对施工环境进行监测、监控。疏浚土的运输或管道输送不得中途抛卸和漏泥。

(11)疏浚出的土石等应采取合理的运输方式和存放场所,疏浚工程的污水和淤泥应统一排放,避免二次污染。达到一定规模的弃土场需进行环境影响评价。

(12)鼓励采取新技术、新工艺开展环保型疏浚。

(13)疏浚吹距超过疏浚船舶最大合理吹距时宜采用接力泵。

(14)施工中应采取减少疏浚土扩散、防止疏浚土输送途中泄漏、确保疏浚土抛填到位的措施。

(15)对因疏浚造成的生态破坏需进行生态修复。

(16)吹填施工方案应根据土质、取土深度及覆盖情况、取土区距吹填区的距离、吹填船舶性能和取土区的自然条件等因素确定。吹填过程中应对围埝进行定期巡查和变形观测,并及时维护。利用已有建筑物兼作吹填围埝时,应对建筑物的稳定性进行验算,并应采取保证建筑物稳定的措施。

4.8.5 护岸工程

(1)护岸使用的预制材料应采取集中预制、工厂化生产,预制块件必须采用模具压力成型,规范养生。冬季施工时应采取保温措施。

(2)块石护坡宜从护脚开始,由低向高铺砌,嵌紧、整平,严格检测铺砌厚度。

(3)削坡处理时严禁超挖。

(4)坡面、基槽清理平整后应及时施工,否则应对坡面或基槽进行覆盖保护,防止积水冲刷。

(5)浆砌块石护岸应做到大面平整、坡面顺适、砌缝密实、表面清晰洁净;预制铺砌块体应无明显残缺、崩角,墙后排水顺畅。当最低气温在0~5℃时,砌筑作业应注意表面保护;当最低气温在0℃以下或最高气温超过30℃时,不宜进行砌筑作业。

(6)干砌石应采用花缝砌筑。砌筑时,遵循"先下后上、先里后外,整体平等上行"的原则进行施工。

(7)混凝土预制块。

①对已放线、刷坡后,即将砌筑的段落的范围内应进行人工开挖修整,开挖弃土应及时运走,不得影响后序施工。

②碎石垫层应采用人工铺筑,严禁从上向下倾倒。

③混凝土预制块铺设时应保持顶面与坡面控制线平齐。

④竖向和纵向均应挂线,边摆预制块边用砂浆灌缝并勾缝,缝宽保持10~15mm。

⑤每隔10~15m设置一道沉降缝(贯穿到基础),2cm缝宽应用沥青麻絮填塞。

(8)生态混凝土。

①严格按照设计要求放出砌筑部位的边线,并准备建材和模具。

②根据设计划分安装网格,以边线为基础,沿堤线纵向和坡面水平方向拉线,形成混凝土框格模具网格。

③将框格模具按要求固定,并在垂直方向设置一道沉降缝。

④踏步须按设计图纸要求施工,并严格控制踏步尺寸。

⑤在框格模具阵内浇筑混凝土,待框格混凝土强度达到要求时,方可浇筑框格内生态混凝土,并进行养护。

⑥生态混凝土孔隙应及时填充,并喷播草籽。

(9)模袋混凝土。

①施工前做好技术交底及安全交底工作。

②模袋缝制加工时,须预先考虑充灌缩率,以保证质量。

③模袋铺设时,上端定位应预留余量,以保证模袋混凝土准确覆盖。

④模袋混凝土充填时,应控制混凝土熟料质量,必须符合水下模袋混凝土充填要求(和易

性好,流变性保持能力强,有较好的黏聚性和保水性,以及在运输和浇注中不发生分层、泌水、离析现象)。

⑤模袋混凝土强度取样制作,应严格按有关规定在充灌口取样,先灌入相同材质的小模袋(15cm×150cm)中,吊置10~20min后,再取出装入150mm×150mm×150mm标准试模成型。

⑥混凝土充填前应掌握水文、气象预报,拌和设备、拌和料和原材料应遮阴覆盖;施工过程中应随机抽样检验混凝土的坍落度,并填写完整的施工记录。

4.8.6 混凝土工程

(1)配合比设计的校核

①按确定的配合比制作试件,对28d龄期的混凝土强度进行试验校核,试验配合比所得出的混凝土平均强度应满足规范和图纸的要求。

②当水泥的来源、质量或骨料有改变时,必须重新进行配合比试验。

③采用外购预制件或商品混凝土时,必须提供工厂生产的试验和检测资料,其混凝土的配合比必须报批后方可使用。

④结构混凝土拌和物中的总含碱量和氯离子(折合氯化物)含量应符合设计和规范规定,并做碱集料反应试验。

⑤抗渗混凝土。

a. 混凝土的抗渗性以抗渗强度等级表示,设计配合比时抗渗水压值应比设计值提高0.2MPa。

b. 粗骨料的最大粒径不宜大于40mm,其含泥量不得大于1.0%,泥块含量不得大于0.5%。

c. 细骨料的含泥量不得大于3.0%,泥块含量不得大于1.0%。砂率宜为35%~40%,灰砂比宜为1:2~1:2.5。

d. 水泥用量不宜小于320kg/m³。

(2)大体积混凝土

①应选用水化热低、凝结时间长的水泥,优先选用大坝水泥、矿渣硅酸盐水泥、粉煤灰硅酸盐水泥、火山灰质硅酸盐水泥、复合水泥,并尽量降低水灰比。

②粗骨料宜采用连续级配,细骨料宜采用中砂。

③宜掺用缓凝型减水剂和减少水泥水化热的掺合料。

④在保证混凝土强度及坍落度要求的前提下,可提高掺和料及骨料的含量,以降低混凝土的水泥用量。

⑤配合比确定后宜进行水化热的验算或测定。

⑥浇筑大体积结构混凝土时,应采取措施降低混凝土水化热。

4.8.7 钢结构工程

(1)焊接材料的品种、规格、性能和质量应满足设计要求,并应符合现行行业标准的有关规定。材料入库应按相应标准进行验收。焊接材料应设专人负责保管、烘干、发放和回收,并有详细记录。

(2)焊接施工现场环境应符合职业健康和安全生产的规定。雨雪环境露天施焊,相对湿度不得大于90%;气体保护电弧焊时风速不得大于2m/s,焊条电弧焊和埋弧焊时风速不得大于8m/s;环境温度不得低于-20℃。

(3)焊缝质量应进行质量检查。一、二级焊缝无损探伤应满足设计要求。

(4)高强度螺栓连接应进行质量检查,应符合设计要求。螺母和垫圈的安装应满足设计要求。

(5)涂装前钢材表面除锈应满足设计要求。金属喷涂所用的材料质量(热喷涂锌、铝及其合金)应满足设计要求。防火涂料的黏结强度和抗压强度应满足设计要求。油漆涂料、金属喷涂涂装、防火涂料涂层应满足设计要求。

(6)所用涂层材料须有环保标志。涂装完成后,构件的标志、标记和编号应完整。

(7)涂装过程中,应用湿膜测厚仪及时测定湿膜厚度。涂膜固化干燥后进行干膜厚度的测定。85%以上测点的厚度应达到设计厚度。没有达到厚度的测点,其最低厚度不低于设计厚度的85%。

(8)每层涂装时应对前一涂层进行外观检查,涂装结束后,进行涂膜的外观检查,表面须均匀一致,无流挂、皱纹、鼓泡、针孔、裂纹等缺陷。

4.8.8 港口工程

(1)重力式码头

①装卸工艺对码头试用期有变位要求时,必须采取措施减少变位。

②重力式码头必须沿长度方向设置20~50mm变形缝,须做成上下垂直通缝,变形缝应用弹性材料进行填充。

③必须设置防止回填材料流失的倒滤层。

④沉箱、空心块体、圆筒和扶壁等混凝土构件的底模不应采用降低预制件底面摩擦系数的油毡或类似性质的材料作脱模层。

⑤沉箱、空心块体、圆筒、扶壁的混凝土结构施工宜一次浇筑完成。大型构件采取分层浇筑时,其施工缝不宜设在水位变动区和底板与立墙的连接处、吊孔以及吊孔以下1m范围内。

⑥现浇混凝土挡墙阶梯断面宜整体连续浇注,如需分层,分层高度宜取1.5~3.0m;倒T形、L形断面可先浇底板,再浇筑立墙,其施工缝宜留在其交界处以上500~1 000mm处。

⑦沉箱、方块、扶壁,安装前应对基床进行检查,表面不得有回淤沉积物。

⑧空心方块和沉箱安装后,应及时进行箱内抛填,各舱内填料高程应大致均匀。当抛填块石时,构件顶部应采取保护措施。

⑨扶壁施工:扶壁施工前,需构筑临时施工围堰,以保证基坑土方开挖,基础工程、扶壁制作养护、墙后回填土均应在干燥的条件下进行。

⑩胸墙施工。

a.胸墙混凝土浇筑应在下部安装构件沉降稳定后进行。

b.直接在填料上浇筑胸墙混凝土时,应在填料密实后浇筑。

c.扶壁码头的胸墙宜在底板上回填压载后施工。

⑪加筋土挡墙,墙面板安砌,应坐浆砌筑,外侧成平缝,内倾不应大于1/100,不得采用碎

石等支垫找平。土工带应平铺拉直,不得有卷曲、扭结。

(2)板桩码头

①板桩间凹槽、帽梁、导梁和胸墙的浇筑应符合以下规定:

a.板桩间接缝凹槽的空腔,采用模袋混凝土灌注的,在灌注前应清除泥土及杂物。

b.帽梁或胸墙浇筑应在板桩间凹槽空腔中的混凝土和砂浆强度达到设计和规范要求以后进行。浇筑前应对板桩顶部的混凝土进行凿毛处理。

②拉杆的制作、安装及锚碇结构的浇筑应符合以下规定。

a.拉杆及其配件的规格和材质应符合设计要求,焊接接头应检验合格。

b.钢拉杆安装前应进行防腐处理。当采用沥青麻絮包敷时,不得出现空鼓和浸沥青不透等现象。拉杆丝应采用黄油保护,回填时应对钢拉杆防腐进行保护,防止破坏。

c.现浇锚碇墙拆模后或锚碇板安装后应增加临时支撑固定。

(3)高桩梁板式码头

①高桩梁板式码头采用陆上或水上沉桩时,沉桩前应进行下列工作。

a.根据选用船机性能、桩长和施工时水位变化情况,检查沉桩区泥面高程和水深是否符合沉桩要求。

b.检查沉桩区有无障碍物。

c.检查沉桩区附近建筑物和沉桩施工互相有无影响。

②沉桩定位。

a.定位前,根据设计的桩位布置图,布置好施工基线,计算出基线上控制点与桩连线的方位角。

b.移船定位时,打桩船指挥人员应与岸上测量人员配合一致,待正位后方能下桩。

c.沉桩时桩的坡度由打桩架来保证。

③吊装。

吊装前,应检查桩身是否有明显裂纹,桩入笼口的位置是否正确,检查与背板的尺寸是否相符,并应按设计要求在桩身画出吊点位置。

④沉桩。

a.沉放后,桩顶高程须控制在规范允许偏差+10cm、-5cm以内。

b.沉桩过程中应根据沉桩贯入度的实际情况调整锤击能量,并保持桩锤打在一条直线上,以防偏心锤击。

c.沉桩时应在方桩桩顶垫2层松木桩垫(每层10cm),并加垫一块10mm厚的钢垫板,以减少打桩的锤击应力峰值,防止桩顶破碎。

⑤夹桩。

a.沉桩结束后应及时夹桩,以加强基桩之间的连接,减少桩身位移,改善施工期受力状态。

b.在已沉好的桩区两端设置标志,夜间设置红灯。严禁在沉好的桩上系缆。

⑥构件吊运时,其吊点位置偏差不应超过设计位置20mm,吊绳与构件水平面夹角不应小于45°。

⑦对安装后不易稳定以及可能遭受风浪、水流和船舶碰撞等影响的构件,应在安装后及时采取夹木、加撑、加焊和系缆等加固措施,防止构件倾倒或坠落。

⑧横梁施工时还需符合下列规定。

a.施工用的预埋铁件,应避免外露,对必须外露的铁件应采取防腐蚀措施。

b.构件节点采用预埋铁件连接时,宜采取间隔焊法,以保证混凝土的质量。

c.掌握施工时水位的变化规律,以免影响混凝土的质量。

⑨码头施工区挖泥前应测量挖泥区水深断面,进行阶梯形分层挖泥。挖泥应在码头主体工程完成后进行,且挖泥过程中应对结构物的沉降位移进行监测,分层挖泥每层厚度不大于1.5m,挖泥完成后应复核开挖范围的水深断面,超深不大于0.5m,平均超深不大于0.3m。

(4)浮码头与斜坡码头

①水下土方开挖。应根据水深、流速、地质情况及所采用的施工设备等条件确定水下开挖方法。开挖过程中,应及时检查开挖范围并控制高程。

②钢引桥和钢撑杆。

a.钢引桥和钢撑杆须由专业的工厂加工制造。

b.钢引桥和钢撑杆的吊点应合理布置,防止构件变形。

c.钢引桥和钢撑杆就位后,应及时固定。

③趸船就位。应根据水深、流速、流向、水域和水底土质等情况,按设计系留方式定位,确定锚位及抛锚顺序,并按设计要求吊装撑杆体系,趸船就位应准确、稳固。趸船就位后,应绞紧锚链。

(5)道路与堆场

①道路施工应严格控制基层压实度及路基弯沉值,道路基层表面应平整,路拱合适,路基高程、坡度符合设计要求。

②港区道路的铺面形式应根据港口使用功能、地基条件,兼顾投资确定。铺面基层施工前对其下回填土进行压实。严禁用软土(包括淤泥、淤泥质土、粉土)、建筑垃圾、有机质含量高及夹大块石的土回填。

③沥青混凝土工程中沥青应选用符合重交通道路石油沥青技术要求的沥青,采用70号A级道路石油沥青。沥青混凝土集料技术要求、配合比等应满足设计规定和质量要求。

④堆场施工过程中,对于按不同施工工艺处理的土基区域,应注意检查交界处的处理措施,防止不均匀沉降;加强对水稳基层铺设质量问题的防范,控制好摊铺的厚度、高程和压实度;注意水泥混凝土质量通病的防范,尤其要处理好大板混凝土表面龟裂和切缝爆边、爆角等问题。

⑤排水明沟施工应严格按设计要求进行分段,沉降缝严格按规范要求进行设置;沟槽开挖后应及时安排垫层施工,如受水浸泡后必须重新进行处理;检查槽底高程、宽度和平整度。

⑥管道敷设,应控制管道高程、坡度及顺直度;严格控制管、井接合部及井壁与井底基础接合部施工质量;管沟回填应根据不同的地质情况采取不同的回填方案,严格按照确定的专项施工回填方案进行管沟及构筑物的回填,确保回填质量。

4.8.9 船闸工程

(1)施工导截流

①船闸施工围堰必须经设计,并应满足船闸主体施工和防汛的需要。对于在汛期存在的

围堰工程,应做施工期洪水位、围堰是否过水、建筑物及人身安全和施工期度汛方案等论证。不可过水围堰在围堰施工完工后应进行检查验收;船闸主体施工过程中应对围堰进行检测和维护。

②应根据工程实际,结合枢纽工程等,设计合理可行的导、截流方案。依据导流标准优化导流方案,并应包括特殊情况预案。施工截流应符合下列规定及船闸施工。

a. 截流的方法和龙口位置及宽度应根据水位、流量、河床冲刷性能和施工条件等因素确定。

b. 截流施工宜选择在枯水季节进行。

c. 易冲刷河床的截流段应有可靠的护底措施。

d. 合龙过程中,应根据龙口的水力特征值的变化及时改换投料的种类、强度和方法。截流后应对围堰合龙段进行闭气加固。

③对于导截流工程影响较大的船闸工程,应进行物理模型试验以论证方案的合理可行性。

(2)闸首

①闸首基坑采用垂直开挖方案时,垂直开挖部分需设置可靠的挡土结构,以及相应的水平临时支撑,确保基坑的稳定。临时支撑拆除后,采用已浇筑的闸首混凝土兼作临时支撑的,必须严格控制施工工序,确保施工全过程的安全。

②闸首混凝土浇筑顺序、墙后回填土安排和地下水高程控制应遵循以下原则。

a. 浇筑底板混凝土时,地下水位应控制在底板底面以下0.5m;当底板混凝土达到设计强度的75%后,方可夯填底板外侧的土方,直至与底板顶面齐平。

b. 采取自下而上分块浇筑闸首混凝土时,浇筑块的划分应根据结构特点、便于施工并有利于减小混凝土温度应力等综合考虑,但最多不宜超过3层。两边墩应均匀同步施工,不允许一侧边墩浇到墩顶后,再浇另一侧边墩。

c. 底板施工时,应在底板和墩墙部位设测温计,布置测点,对底板内外温差及降温速度进行监测,以便掌握内部温度变化状态。

d. 采用临时围护施工的闸首,拆除或割除某层临时支撑时,其下部混凝土结构需达到设计强度的80%。同时,闸首主体结构与挡土结构之间必须联系可靠,以确保基坑支撑的整体稳定。

e. 闸首预埋件须埋设牢固、位置准确,并采取措施防止浇筑过程中移位。

(3)闸室

①浇筑底板混凝土时,地下水位应控制在底板底面以下0.5m;当底板混凝土达到设计强度后,方可拆除闸墙临时支撑并进行墙后土方回填。

②浇筑闸室墙身混凝土前应仔细检查爬梯、系船设施、钢护木等预埋件是否正确、牢固。

③施工期间严禁踩踏止水材料。

④底板周边的4个角点部位均应设置沉陷观测钉。

⑤挡浪板的钢筋应与墙身钢筋焊接牢固,现浇混凝土应与墙身混凝土接合紧密。

(4)导航墙

船闸上下游导航墙应与闸首边墩平顺衔接,闸首处导航墙的施工应在闸首结构沉降基本稳定后进行。沉降基本稳定标准可根据地质条件、施工规模、埋置深度、结构尺寸和施工方案确定,一般可按照连续 5~10d 平均沉降量小于或等于 2mm/d,或者土体固结度达到 80% 以上执行。

(5)墙后回填及排水

船闸墙后的回填应对称进行并应分层密实,空间不大区域应采用小型压实机具,确保回填土质量。墙后排水系统施工应与回填协调进行,需保证排水系统的通畅,对于有反滤要求的材料必要时需进行淤堵试验。

(6)预应力混凝土结构施工

预应力混凝土结构船闸施工时,应根据工程需要埋设预应力钢筋及相应设备,保护预应力钢筋孔道。

(7)混凝土裂缝控制

①减少水泥用量,降低水灰比,控制混凝土的温升,防止产生墩墙裂缝。

②考虑闸室底板老混凝土的约束,缩短底板与墩墙混凝土浇筑时间间隔,减少底板和墩墙混凝土刚度差异。

③掺加抗裂防渗剂使混凝土早期适度膨胀,消除混凝土收缩及温差引起的拉应力,延缓混凝土的初凝和终凝时间,避免施工中出现"冷缝"。

④在墙体等关键部位如闸室侧墙、闸首及闸室大底板埋设冷凝水管,通过冷凝水管降低混凝土内部温度,减少内外温差。

(8)沉降缝处渗漏水

①止水带的品种、规格、质量和焊(黏)接质量必须符合设计要求。

②严禁在止水带上打眼、割口或用钉子固定止水带。

③沉降伸缩缝止水分层施工时,其上下层的位置应一致,缝内不得有杂物。

④止水带与混凝土的结合应严密,不得发生卷曲。

⑤止水带安装应牢固,用成型的钢筋夹固,加固的钢筋应与结构钢筋帮扎或焊牢,防止位移产生渗漏水。

(9)混凝土外观控制

①采用大片定型钢模板。

②水泥须选用同一厂家、同一品种,砂、碎石选用同一产地,脱膜剂选用同一厂家生产的无杂色品种专用脱模剂。

③严格控制水灰比和砂、碎石的含水率。

④混凝土必须挂串筒入仓,落料高度不超过 2m。

⑤模板接缝处填加橡皮条。

⑥拆除模板时,混凝土必须达到规定强度,不损伤表面及棱角。

⑦预留螺栓洞孔的表面应由专人进行修补,修补前须经凿毛处理且保持尺寸、形状一致,形成约 2cm 深度的修补面。

4.8.10 航道整治工程

(1)一般要求

①航道应分段开挖、分段施工,两岸的工程应同步完成。

②抛泥区围堰应按照不低于三级堤防标准建设,并满足设计要求。填筑前应清基,严格控制回填质量、压实度,保持内外坡面平整、顺直,堤顶道路通畅。

③退水口建设应进行专业设计,穿越堤防的退水口设计及施工、拆除以及恢复堤防等应取得水务部门批准。

④退水口应设置过滤帘、泥砂池、消能池、消能坎。

⑤有防洪要求的退水口,应设置两道闸门,高水位时应及时安放闸门,闸门槽与闸门之间应密封处理,两道闸门之间用麻袋装土填筑。

⑥底高程控制。设置两组以上的水尺,相互校验,存在变化及时调整挖深,须经常用水准点校正水尺,检查水尺读数,应根据不同河床地质及疏浚设备确定超挖深度。

⑦平面控制。根据施工控制网测放出施工样标,且放出开挖每条的边线、中心线和边坡梯形分层开挖线的样标,间距10~20m。对样标和船位定期进行校核,发现偏差,及时修正。

（2）施工技术要求

①采取疏浚措施开挖新航槽时,疏浚施工应合理确定施工水位,延长施工作业期。开挖新的引河或航道的裁弯取直工程,可采用陆上开挖中段和挖泥船开挖两头的方法施工,段间土埂可采用爆破与疏浚相结合的方法清除。

②复杂河段和河口段的航道整治工程施工须采取动态管理模式。施工中应对河段的水流、冲刷、回淤和河势变化等进行观测或试验研究,并根据观测和试验研究成果对设计和施工进行适时调整。

③陆上炸礁与水下炸礁的分界线为设计最低通航水位以上1.0m,工况复杂的应由设计单位根据工况和施工条件分析确定。炸礁的爆破方法应根据工程规模、开挖要求、地质情况、环境条件和安全要求等进行选择。

④水下爆破钻孔船的位置必须准确定位,并应经常校核,锚定牢固。钻孔位置的偏差,内河不应大于200mm,河口不应大于400mm。

⑤无备淤深度的航道疏浚工程,设计底边线以内水域的开挖范围应满足设计要求。开挖断面不应小于设计开挖断面,设计底边线以内水域严禁出现浅点。

⑥有备淤深度的航道疏浚工程,设计底边线以内的中部水域不得出现浅点。边缘水域的底质为中、硬底质时,不得出现浅点;边缘水域的底质为软底质时,浅点不得在测图的同一断面或相邻断面的相同部位连续出现,浅点数不得超过该水域总测点的2%。

⑦挖岩与炸礁清渣应满足设计要求,开挖区内不得出现浅点,平均超深不得大于1m,平均超宽不得大于4m,边坡不得陡于设计边坡。

⑧护底和护滩施工应与堤坝、护岸等整治建筑物施工相协调,对于冲刷严重区域应提前护底和护滩。

⑨护底和护滩区域在铺设和沉放排体前应施测沉排区域的河床地形。对重点部位应进行扫床和探摸,对木桩、沉船、铁锚和块石堆等凸出的尖锐物应予以清除或处理。

⑩陆上护滩施工时,排体宜由人力铺放,排上铺石时应防止损坏排体。

⑪浆砌条石和块石面层宜采用坐浆法砌筑。错缝和灰缝应符合设计要求和有关标准的规定,砌筑砂浆应饱满,勾缝应密实牢靠。干砌块石应相互错缝并坐实挤紧,不应松动、叠砌和浮砌。

⑫采用块石灌浆护面时,应先将块石理砌平整后再灌注砂浆,砂浆应灌注饱满。

4.8.11 附属工程

(1)面层施工

①新、老混凝土接触和有预留钢筋的部位须进行人工凿毛处理,浇筑前应将混凝土表面清洗干净。

②码头平台的每条伸缩缝应上下贯通,位置应符合要求。

③在浇注过程中应保证钢筋顺直,钢筋网不变形。

(2)抛石和倒滤层

①棱体抛填前应检查基床和岸坡有无回淤或塌坡,棱体抛填应与墙身安装相配合。抛石棱体表面的二片石应进行整理,倒滤层完工后应尽快覆盖。

②抛石护脚应由岸边向河心逐步抛填。

③基床抛石应符合下列规定:

a.基床应分段、分层抛石和夯实,每层厚度应大致相等且不大于2m。

b.夯实范围如设计未规定,可按墙身底面各边加宽1m,夯击遍数由试验确定。

c.沉箱基床整平,宜采用细平,对块石间的不平整部分使用二片石填充。

d.方块和扶壁基床整平,宜采用极细平。对块石间的不平整部分使用二片石填充,对二片石间的不平整部分使用碎石填充整平,但碎石层厚度不应大于50mm。

e.每段基床整平后应及时安装预制件。

④堤身块石抛填应符合下列规定:

a.水上抛填时应根据水深、水流及波浪等自然条件确定对块石产生的漂流影响,通过试抛石确定抛石船的驻位,先粗抛再细抛。

b.陆上推进抛填时,可视水深、地基承载力及波浪影响情况,采取一次抛填到位或分层阶梯状抛填到顶。

⑤软土地基上的抛填应满足下列要求:

a.抛填的程序、分层厚度和加荷速率应满足设计要求。

b.当有挤淤要求时,宜从堤轴线逐渐向两侧抛填。

⑥土工织物垫层和软体排上部的抛填和回填应满足下列要求:

a.分层厚度和加荷速率应满足设计要求;

b.首层抛填和回填宜采用人工或小型船机设备;

c.土工材料性能指标满足规范、规程的要求;

d.土工合成材料,优先采用卷材。

⑦在接岸结构抛石时,应由水域向岸分层进行,施工期对正在施工部位以及附近受影响的建筑物或岸坡定期进行沉降及位移观测,并做好记录。

⑧倒滤层。

a.反滤料的基面在铺筑滤料前应进行验收。并按施工图纸要求分层铺设中粗砂、瓜子片、碎石等,同时对砂、石粒径及含泥量进行检验,符合要求后方可使用。

b.压实后的反滤层应采取保护措施,不得破坏。

(3）系靠船设备

①钢结构应放足大样进行下料,下料时应根据工艺要求预留制作和安装时的焊接收缩余量及切割等加工余量。

②系船设备表面应平顺、圆滑。铸件的底盘应平整,无明显翘曲、节瘤和浮渣。系船设备埋置深度须符合设计要求。

③靠船护舷等安装应紧贴承压面,安装结束后,须涂二道环氧沥青防腐,螺孔应用沥青胶泥嵌实。

（4）钢构件

钢楼(爬)梯、钢护角、钢板护面、钢栏杆、护舷等钢结构表面应采用电动除锈,除锈后及时进行防腐处理。

（5）码头、护岸墙后等排水

①观测井、检修井。

a. 基础应设在未扰动的原状土或碾压密实的回填土上。

b. 砖砌井的内外面均须用1:3的水泥砂浆抹光,随砌随抹,保证密实,不漏水。

c. 预制混凝土井圈安装接缝时应密实、不漏水。

d. 穿管四周宜用微膨胀细石混凝土填塞密封、牢固,不能渗水。

②排水暗管。

a. 埋设墙后软式透水管时,应在碾压密实的回填土上开槽埋设,对纵向主排水管,应先开槽铺砂后将软管就位,然后再覆盖上部砂滤层和土。但覆盖土的厚度一般不小于0.3m,以免碾压时砂滤层受到破坏。

b. 墙后排水管与穿墙塑料管连接牢固。在墙后回填土时,应有专人管理,以防损坏和两管之间分离脱节。在软管顶部应予以封口,以防泥土进入管中。

c. 横向水平管接头宜根据不同的管质,采用不同的接头方法,水泥管可采用砂浆封堵;透水管采用直接连接,应按产品提供的方法进行绑扎固定。

d. 排水管与井壁连接应可靠,接缝处用砂浆涂抹防漏,防止水流把土带入排水井。

5 质量通病防治

质量通病是指在工程施工过程中经常和反复出现的质量问题，主要包括管理通病、施工工艺通病和实体质量通病三类，本章主要针对典型的实体质量通病。质量通病一般具有两个特点：一是不仅影响工程外观，还危害工程安全性和耐久性；二是治理难度大，易反复。

质量通病可防可治，重在预防。近年来，工程人员按照精细化施工的要求，采取科学有效的措施和方法，严格遵守技术规范与操作规程，优化施工工艺，在工程实践中形成了一系列符合工程实际、效果明显、经济合理的通病防治方法。

本章对通用工程、路基工程、路面工程、桥梁工程、隧道工程、交通安全设施和内河水运工程中常见质量通病进行了研究，提出了相应的防治措施。

5.1 通用工程

5.1.1 混凝土结构蜂窝

（1）表现特征

混凝土结构局部出现疏松、砂浆少、集料多，集料之间形成空隙，类似蜂窝状的空洞。

（2）防治措施

①根据构件特征，通过试验选定合适的混凝土配合比，拌和设备计量装置应经国家认可的有资质的单位定期检测，保证计量准确。

②根据拌和机械性能及试验确定搅拌时间，在施工过程中按确定参数进行搅拌，出现异常情况时，应停机进行检查，查明原因并处理完成后方可继续施工。

③混凝土从高处直接倒入时，其自由下落高度不应超过 2m；超过 2m 时，应通过串筒、溜管或振动溜管等设施下落；倾落高度超过 10m 时，应设置减速装置。

④浇筑超过规定高度的梁、板、承台等时，应按要求分层浇筑，防止振捣不实或漏振。

⑤混凝土浇筑应连续不间断施工，并针对不同构件、气温条件，配备不同缓凝要求的混凝土，保证在上层混凝土浇筑时，下层混凝土未初凝。

⑥模板缝应有效密封，并对模板进行加固处理，浇灌中，应随时检查模板支撑情况，防止漏浆。

⑦碎石最大粒径应小于钢筋间距的 1/2 并不大于 75.0mm，防止钢筋间隙太小，振捣不密实造成离析（特殊构件的钢筋密集区混凝土浇筑，调整配合比，在不降低混凝土强度等级的前提下，减小粗集料粒径并配以小棒头振捣设备施工）。

⑧对大体积混凝土应做好施工组织设计，对浇筑时间过长的混凝土断面应按施工缝处理。

5.1.2 混凝土工程麻面、气泡

(1) 表现特征

混凝土局部表面出现缺浆和许多小凹坑、麻点,形成粗糙面、气泡多。

(2) 防治措施

①拆模后,应对模板及时清理并妥善保护;使用前应经检查,并按要求再次清理,均匀涂刷脱模剂。

②宜使用钢模。钢模应满足强度、刚度和稳定性要求,并确保模板表面平整光洁,接缝平整密实。

③加强混凝土振捣质量控制,分层下料,分层振捣,防止漏振。

④采取适宜的配合比,控制混凝土原材料计量,级配、坍落度等指标,确保混凝土施工和易性。

⑤混凝土下料高度超过2m应设串筒或溜槽。

⑥选用适宜的外加剂,并与水泥做好适应性试验,严格按规定时间进行搅拌。

⑦混凝土浇筑施工时,应防止混凝土溅落,对已溅落到模板上的浮浆应进行处理。

5.1.3 梁板表面水波纹

(1) 表现特征

预制梁板腹板表面出现水波纹。

(2) 防治措施

①严格控制混凝土的配合比,加强对砂石原材料的含水率、集料级配、粒径检测,选择适宜的坍落度,保证混凝土的工作性能。

②严格振捣工艺,选择适宜的振捣组合,控制好振捣时间,避免过振。

③应用定位钢筋将波纹管定位牢靠,减少振动,改善混凝土的喂料及浇筑顺序。

④加强外加剂与水泥、砂、石等原材的匹配性,对新进场的外加剂及水泥、砂、石等原材料按频率进行检验。

5.1.4 混凝土强度离散性大

(1) 表现特征

混凝土强度数值偏差较多,忽高忽低,不均匀。

(2) 防治措施

①对进场原材料按频率进行严格检验,保证原材料规格、质量统一。

②对拌和设备及计量设备进行定期检验。

③每次浇筑混凝土前,应对砂、石等原材料的含水率进行检测,控制施工配合比。

④在浇筑过程中保证振捣时间和振捣质量。

⑤加强混凝土后期养生。

5.1.5 钢筋保护层厚度合格率低

(1) 表现特征

钢筋保护层厚度超出规范允许误差,合格率低。保护层厚度过小时,常发生锈胀现象;保护层过厚,混凝土表面出现裂缝。

（2）防治措施

①规范钢筋绑扎成型工艺。先放出大样,安装时,保证骨架各部的尺寸与精度,确保钢筋位置安放准确,同时注意施工次序,避免钢筋挤占其保护层情况的发生。

②模板设计应充分考虑混凝土重力、侧压力、施工荷载等作用的影响,满足强度、刚度和稳定性的要求,制作规范;安装时应强化支撑加固,内拉外撑,加强检查验收,防止在混凝土浇筑过程中出现胀模现象。

③重视钢筋保护层垫块的材料和质量。采用强度高、厚度准确、定位牢靠的新型垫块。垫块安装应根据平面、立面等不同位置按规定布置,相互错开,重要及特殊部位宜适当加密。

④严禁人员在钢筋上行走,振捣过程严格按照操作规范认真有序地进行,振动棒不可随意碰触钢筋骨架;混凝土浇筑时,施工跳板应独立于钢筋骨架,防止相互影响。

5.1.6 护坡沉陷开裂

（1）表现特征

护坡石块沉陷,相邻石块出现错位,勾缝开裂、脱落,护坡下面填土流失,出现空洞。

（2）防治措施

①严控护坡填土质量,按要求分层夯实。

②路肩填筑应按设计要求保证必要的宽度,削坡成形,不得在宽度不足时临时用土贴面砌石,或采用边填土边砌锥坡的做法。

③浆砌片石护坡的石块须按规范要求坐浆,相互咬接紧密,砌缝砂浆饱满,砌缝宽度宜为40~70mm,砂砾垫层材料的粒径不宜大于50mm,含泥量不宜超过5%,含砂量不宜超过40%,铺砌厚度宜不小于300mm。垫层应均匀,垫层与铺砌层应配合铺筑,随铺随砌。

④设置急流槽集中排水,防止雨水冲刷边坡;保证路基边沟质量,并做好沟槽衔接。

⑤按设计要求设置泄水孔和反滤层;严格控制坡脚挡墙施工质量,当出现下沉、开裂等现象时,须根据实际情况及设计要求进行处理或返工。

5.1.7 涵台墙身裂缝

（1）表现特征

涵台墙身出现裂缝,以竖向为多,常贯通墙身。

（2）防治措施

①基础开挖后应加强验槽和检测,确保基础埋置深度、地基承载力符合要求。当地基土层不均匀时,应挖除软弱土层,确保基础受力均匀,防治不均匀沉降,必要时应会同设计部门进行处理。

②按设计要求设置沉降缝,沉降缝处两端面应竖直、平整,上下不得交错。预制盖板涵的沉降缝应设在盖板的接缝处,贯穿整个断面,做好沉降缝的防水处理。

③当涵台砌体砂浆或混凝土强度达到设计强度后架设盖板;盖板架设完毕后,方可进行涵洞洞身两侧的回填;回填土应按照水平分层、对称方式进行填筑和压实,台背回填材料和压实

度须满足设计要求。

④涵台底部铺砌应坐浆饱满,不得出现空洞;保证涵洞排水设施畅通,防止下渗现象。

5.1.8 涵洞洞口翼墙、挡墙等倾斜、开裂

(1)表现特征

涵洞洞口翼墙、挡墙等推移、变形、开裂、倾斜。

(2)防治措施

①施工前加强验槽和检测,严格按要求进行地基处理,确保地基承载力满足设计要求。

②保证洞口铺砌质量,防止出现空洞;施工期间应加强基坑排水,防止基坑土层浸水软化。

③墙后应分层填土压实,严格控制分层厚度,保证压实质量。

④砂浆强度应符合要求,砌筑饱满。

⑤涵洞两侧紧靠涵台部分的回填土不得用大型机械施工,宜采用人工配合小型机械的方法夯填密实。

5.1.9 台后路基沉陷

(1)表现特征

桥涵或其他构筑物与台后填土顶面出现高差形成错台。

(2)防治措施

①填料优先选用砂类土或透水性材料,当采用非透水性材料时,应进行改善处理,分层回填压实,必要时增设土工格栅。

②尽量采用大型压实机具,分层填筑,控制最佳含水率和铺筑层厚度,当不能使用大型机具时,宜选用小型振动压路机配合其他适宜的压实机具,路桥过渡段台阶处必须沿台阶进行横向碾压,台背后2m范围内禁止大型振动机械驶入,避免其对桥台造成挤压。

③严格控制填土速率和开挖断面台阶,台阶宽度不小于1m。条件许可时,主线路堤与台背过渡段应同步回填分层压实,采用反开挖方式进行桥台施工。保证足够的台前预压长度。

④台背回填前,台后基底应严格按设计要求施工。确保基础处理深度符合要求,严格控制基础处理质量。

5.1.10 砌体开裂、空洞、沉陷等

(1)表现特征

砌体块、片石块体之间存在空隙和孔洞,砂浆不饱满、勾缝缺陷等。

(2)防治措施

①砌筑时应严格控制砂浆配合比和砂浆强度,保证灌浆质量。

②砌筑前必须认真放样,竖好样架,并经检查合格后方准施工;在砌筑过程中应随时检查样架是否走动,如有走动,应随时纠正样架。

③用于砌筑沉降缝处的块石应经过加工,块石形状应基本方正,大小适中,表面平整,相邻面相互垂直;用于转角处的块石至少有两个面经过加工,平面处有一个面经过加工。

④砌筑时做到上、下对齐,侧面垂直,坐浆饱满,填缝密实,缝宽一致。

⑤用于浇筑压顶混凝土的模板做到支立牢固,尺寸符合要求,缝隙与墙身一致。
⑥砌筑前,应按要求对地基承载力进行检查,满足设计要求。
⑦按设计及规范要求设置泄水孔,并保证养护质量。

5.2 路基工程

5.2.1 路基纵横向开裂

(1)表现特征

路基填挖交界处产生不均匀沉降,出现路基纵横向裂缝以及路基施工纵缝、横缝、网状裂缝。

(2)防治措施

①严格分层压实厚度和压实度控制标准,及时完善排水系统和支挡工程。
②完善半填半挖、填挖接合区域方案设计,关键路段进行个别设计;施工过程中应彻底清除地基表面软弱滑动层,开挖台阶后,沿路线全断面采用同种筑路材料填筑。
③路基半填半挖与填挖接合路段应优先安排施工,并在基底、填挖交界处以及路床范围内增设高强或双向土工格栅。

5.2.2 路基填筑过程中翻浆

(1)表现特征

填筑碾压过程中,局部段落出现"弹簧"、鼓包、车辙,挤出泥浆。

(2)预防措施

①采取措施降低地下水位,对沟、塘等软弱路段可采取抛石、注浆等方法进行处理。
②加强排水工作,防止路基受水浸泡。
③不同性质的土应分别填筑,不得混填,对不符合要求的填料不得使用。
④对表层翻浆可掺加生石灰粉,挖开晾晒后重新压实。对天然地基上产生的翻浆,可布设土工格栅、土工布,然后填干土碾压施工。

5.2.3 路基边坡冲刷严重

(1)表现特征

雨后路基边坡冲刷严重,甚至形成浪窝。

(2)防治措施

①削坡后边坡防护工程应及时跟上。种植灌木、草皮,强化边坡植被防护。
②完善临时急流槽和拦水埂等设施。
③雨水冲刷后应及时修补路基,整修时应分层填筑、分层压实,严禁贴补,确保路基整体性和边坡密实。
④路基施工应超宽填筑、超宽碾压,一般较设计宽度每侧超出不少于50cm,确保边坡密实。

5.3 路面工程

5.3.1 半刚性基层存在裂缝

(1)表现特征

半刚性基层产生收缩裂缝,主要表现为温缩、干缩和水泥硬化收缩3种裂缝形式,导致沥青路面产生反射裂缝或对应裂缝。

(2)防治措施

①混合料的级配设计应采用骨架密实结构,在满足设计强度的条件下尽量降低水泥用量。

②选择合适的原材料并确保料源稳定,水泥初凝时间、细度、比表面积、凝结时间、安定性、抗压强度等指标必须满足规范要求;碎石材料加工生产的同时必须配备振动预筛和除尘装置,以减少集料的含泥量。

③严格控制拌和、碾压时的含水率,保证计量准确,在碾压时混合料含水率宜较试验得出的最佳含水率大0.5%~1%。压实须及时,压实度须满足要求。

④压实成形后应及时用透水土工布覆盖,保证在7d内及时洒水保湿养生,严禁在终凝前失水影响强度形成,纵横向施工接缝严格按规范要求进行处理。

⑤严禁车辆在基层强度未达到龄期前通行;在水泥稳定基层养生结束后应及时喷洒透层沥青或做下封层,有条件时应立即铺筑沥青面层。

⑥地表温度低于2~3℃时不宜施工,严防基层受到霜冻。夏天高温施工时,在摊铺前对下层洒水湿润,摊铺压实施工应连续紧凑。

5.3.2 半刚性基层层间整体黏结性不足

(1)表现特征

半刚性基层层间整体黏结性强度不足,出现推移、分离等现象。

(2)防治措施

①水泥稳定碎石分层施工时,应在水泥稳定碎石底基层与下基层之间、上基层与下基层之间喷洒水泥净浆,提高基层间、基层与底基层间的有效黏结。

②采用骨架密实型级配,成形表面粗集料颗粒应均匀分布。

③养生期结束后,应先清扫基层,并立即喷洒透层或黏层沥青。在清扫干净的基层上,可先做下封层,以防止基层干缩开裂,同时保护基层免遭施工车辆破坏,宜在铺设下封层后的10~30d内开始铺筑沥青面层的下面层。

④加强施工现场组织管理,降低施工车辆对沥青透封层的损伤和破坏,适当提高沥青下面层施工温度,增强半刚性基层与柔性面层之间的黏结性能。

⑤摊铺沥青下面层前,及时清扫由于施工车辆运输造成的水泥稳定碎石顶面石子松散脱落颗粒。

5.3.3 沥青面层层间污染

(1)表现特征

沥青面层施工中受交叉作业等因素影响,表面遭到污染,主要表现为路肩及中央分隔带填土的污染、沿线部分便道接线及接缝施工处污染、路缘石安装及附属工程施工带来的砂浆污染、交通工程施工及各种油污造成的污染等。

(2)防治措施

①施工现场应实行交通管制,规范车辆行驶路线,运输车辆车厢必须密封严实,防止滴油洒料。严禁施工机械在施工路面上修理、拆装,施工机械停放应铺垫土工布等防渗漏材料,防止污染。

②统筹协调路面交叉施工作业,在沥青混凝土路面施工前尽可能完成会产生污染的工程。不得已采取交叉作业时,应在作业场所铺设足够宽度的隔渗土工布或其他防止污染的材料。

③沥青面层铺设前,对全线的施工便道进行全面排查、修整,控制便道数量。有条件时可在便道口增设冲洗设施,防止施工车辆将泥土带入路面。

④对散落的集料应安排专人及时清理。

5.3.4 沥青混凝土路面出现早期水破坏

(1)表现特征

雨水下渗后积聚在沥青层间,在荷载作用下产生泵吸、冒浆现象。

(2)防治措施

①优化骨架密实型级配,严格控制沥青混凝土空隙率。

②适当提高沥青混合料的出场温度和摊铺温度,按要求进行压实,确保压实度满足要求,增强水密性能。

③完善压实度评价体系,采用马歇尔压实度和理论最大相对密度,作为压实度双控指标,防止出现离析和不均匀性。

④加强半刚性水泥稳定层基层施工质量控制,优化水泥稳定层材料级配设计,合理控制水泥稳定层强度标准,防止反射裂缝对路面质量的影响。

5.3.5 沥青路面出现纵、横向裂缝

(1)表现特征

在行车荷载作用下,半刚性基层的底部开裂,扩展到上部,引起沥青面层开裂。同时,还有温度、疲劳等产生的裂缝及刚性路面的反射裂缝等。

(2)防治措施

①优化半刚性基层材料组成设计,加强水稳混合料的压实和含水率控制,配备足够数量胶轮压路机,加强洒水保湿养生,降低干缩和冷缩开裂造成的沥青路面反射性裂缝。

②优化沥青混合料组成设计,采用骨架密实型级配,并适当增大沥青用量改善混合料的抗裂性能。

③严格控制路基施工质量,避免路基产生滑移、不均匀沉降等问题,施工接缝应按规范设置。

④控制沥青面层的施工质量。发现封层破损须提前进行补洒,严格按验证后的生产配合

比进行沥青混合料的拌和,定期检查油石比、拌和温度、拌和时间,不合格的混合料必须废弃,摊铺时应保持摊铺机连续均匀、不间断地进行。碾压必须及时,严格控制洒水量,防止沥青混合料降温过快。

⑤严格控制终压时的沥青混凝土温度,及时碾压。

⑥加强施工接缝质量控制,做到接缝紧密,接合良好。

5.3.6 车辙

(1)表现特征

高温季节和渠化交通作用,以及沥青混凝土设计配合比不合理,施工时压实度不足等综合因素,导致沥青路面结构层出现永久性变形(车辙、拥包、搓板)。

(2)防治措施

①提高基层强度和刚度,加强基层施工质量控制,杜绝夹层出现。

②严格控制沥青混合料中的沥青用量,严格通过室内马歇尔试验确定沥青混合料中的沥青用量。

③加强沥青混合料配合比设计和矿料质量管理,改善集料级配,建议中、上面层采用机制砂,控制机制砂的粉尘含量,采取措施如在中面层中掺加聚酯纤维或抗车辙剂等。

④严格按照工艺试验要求进行机械配备,保证压实质量。

⑤在半刚性基层上及时施作下封层,碎石撒布量以沥青不黏轮为准。

⑥对长大陡坡路段的路面进行特殊设计,对纵坡大于2.5%、坡长大于500m的路段,其路面结构必须进行特殊设计。

5.3.7 水泥混凝土面层抗滑能力不足

(1)表现特征

混凝土路面面层由于车辆行驶摩擦或其他原因导致刻痕或压纹磨损。

(2)防治措施

①严格混凝土配合比设计,保证原材料质量。

②严格控制坍落度及水泥用量。

③刻痕深度应满足要求。

④采用耐磨性能好的水泥。

5.3.8 水泥混凝土面层平整度差

(1)表现特征

面层不平整,有高低起伏现象。

(2)防治措施

①严格原材料质量控制。

②加强施工配合比管理,进场后砂石料采取避雨储存。

③对施工过程混凝土质量严格控制,使用性能良好的大型自动拌和机械,运输车辆封闭性能良好。

④混凝土摊铺设备应通过试验段进行检验,保证其满足要求。

5.4 桥梁工程

5.4.1 桥头跳车

(1)表现特征

桥台构造物与台背路基填土衔接处出现较大沉降差,形成陡坡或错台;桥头搭板断裂或搭板末端沉降过大;桥头伸缩缝损坏,路面线形突变,行驶车辆产生跳动。

(2)防治措施

①台背回填,应与路基填土协调进行,严格控制分层厚度和密实度。

②对软基路段,基础处理应严格按设计要求进行,进行地基处理后再分层回填压实,台前填土应保证预压长度;台背填料,宜采用天然砂砾、二灰土、水泥稳定土或粉煤灰等符合要求的材料,不得采用含有泥草、腐殖物或冻土块的土。

③填土施工时,应保证排水坡度,设置必要的排水设施。

④台背与路基接合部按规范开挖台阶,并保证台背压实质量。采用透水性材料回填,必要时增设土工格栅提高整体承载能力。

⑤伸缩缝预埋钢筋应准确,如钢筋损坏,应与设计部门联系,保证预埋钢筋锚固质量;伸缩缝安装应由专业施工人员进行。

⑥桥面、路面、伸缩缝施工应有序安排,梁式桥的轻型桥台背回填,宜在梁体安装完成以后,在两侧平衡地进行;埋置式桥台台背回填,宜在柱侧对称、平衡地进行。

5.4.2 锚固体系施工质量差

(1)表现特征

锚固体系施工质量差,如锚固区混凝土不密实、锚垫板变形、锚具夹片不配套等。

(2)防治措施

①预应力施工前应对锚具进行静载锚固性能试验,确保所选用锚夹具配套后的锚固效果;预应力产品应配套使用,同一结构或构件中应采用同一生产厂的产品,工作锚不得作为工具锚使用。

②严格按照要求布设锚固区钢筋,锚固区可采用小粒径混凝土,加强振捣,确保混凝土密实性;安装锚具时,应认真检查,调整锚垫板位置使其与锚具孔对中。

③夹片安装时间隙须均匀,用专用工具敲足;预应力筋应编束,整束穿入,对预应力筋应施加10%~20%的初张力进行预紧,以保持预应力筋受力均匀。压浆完成后,应及时封锚,梁端混凝土应凿毛并冲洗干净,安装钢筋网浇筑封锚混凝土;长期外露的锚具,应采取防锈措施。

④竖向预应力筋宜反复1~2次张拉到控制应力,尽可能消除构件间非弹性变形后,按正常张拉程序张拉锚固。

⑤扁锚施工,波纹管定位应精确,采用集中穿束,使预应力筋受力状态一致。

5.4.3 孔道压浆不密实

(1) 表现特征

孔道压浆不饱满,有空洞,预应力钢绞线没有完全被水泥浆保护,减小了结构断面,引起预应力筋锈蚀,降低了桥梁结构的耐久性和安全性。

(2) 防治措施

①波纹管钢带厚度及加工质量应满足要求,保证波纹管刚度;长束预应力筋波纹管应加密设置定位筋,预应力筋应按顺序进行编束,防止扭曲或变形。增加衬芯管,浇筑混凝土过程中及时检查,防止波纹管堵塞。

②排气孔应合理布置,防止堵塞;压浆时应严格控制速度,保持缓慢均匀,不得中断。

③封锚应规范,保证密闭性。

④孔道灌浆用水泥浆应根据设计要求进行试配,合格后方可使用。合理选用压浆材料,加强水泥、外加剂等原材料检验,防止浆体收缩和有害腐蚀物质的出现。压浆过程中,加强对水泥浆配合比的检测,严格控制水灰比、流动度等指标,确保灰浆的工作性能。

⑤曲线孔道灌浆应从最低处开始,待一定稠度的灰浆从排气孔溢出后方可堵塞排气孔,但仍应稳压一段时间,进出口的阀门密封要严实。竖向孔道灌浆,尽量采取一次灌浆到顶,孔道灌浆的压力应符合规范要求;不得分段压浆,当确需采用分段灌浆时要防止接浆处憋气。

⑥应使用活塞式压浆泵,不得使用压缩空气。压浆的最大压力宜为0.5~0.7MPa;当孔道较长或采用一次压浆时,最大压力宜为1.0MPa。可采用二次压浆法,两次压浆的间隔时间宜为30~45min。在压浆的最后阶段,可进行补浆,以保证孔道顶端的浆体饱满密实。

⑦灌浆前应采用高压水冲洗清孔,清洗后应将孔道吹干,以保持管道清洁、畅通。

5.4.4 连续箱梁裂缝

(1) 表现特征

连续箱梁混凝土表面出现受力裂缝、温度裂缝、收缩裂缝等。

(2) 防治措施

①支架应按施工专项方案进行,验收后对支架进行预压,预压荷载宜为支架,需承受全部荷载的1.05~1.10倍,预压荷载的分布应模拟需承受的结构荷载及施工荷载,以消除支架地基的不均匀沉降和支架的非弹性变形,检验支架的安全性。

②箱梁混凝土应按设计要求顺序进行浇筑,无设计要求时由跨中向两端顺序浇筑。

③应根据施工季节等合理确定支架拆除时间,不得提前拆除支架,支架应在结构建立预应力后方可拆除,拆除顺序应由跨中向两端均匀对称进行,拆除速度不宜过快。

④增加定位钢筋,精确定位波纹管位置,确保波纹管底混凝土保护层厚度满足设计要求。

⑤预应力筋张拉时,应保证混凝土强度和弹性模量达到设计要求,尽可能采取智能等措施控制,保证张拉力质量,降低预应力损失。

⑥底板和腹板混凝土浇筑时间不宜相隔太久,腹板混凝土浇筑时,严格控制分层浇筑厚度,并加强接合面振捣。

⑦确保通气孔畅通,减小箱梁内外温度差。改善混凝土配合比,加强振捣和养生,减小混

凝土收缩变形。

5.4.5 悬臂浇筑箱梁接缝错台

（1）表现特征

悬臂浇筑箱梁在接缝处出现错台，较多出现在底板，有时也在腹板出现。

（2）防治措施

①浇筑前应检查模板接缝情况，做到模板接缝平顺、密贴。底模应有足够平面尺寸，以满足模板安装、支撑及浇筑混凝土时需要的工作宽度和刚度要求。

②挂篮就位后，锚固螺栓应紧固到位；在校正底模梁架时，根据荷载计算要求预留混凝土浇筑时的抛高量，模板安装时以此严格定位，校准垂直与左右位置，保证与已浇节段间的连接平整密贴。

③底模架下面的纵梁及横梁应有足够的刚度，纵横梁之间应以剪刀撑等方式加固，并保持连接紧固，以防止底模的变形。

④按照设计要求准确放样，保证底模架满足箱梁节段尺寸渐变及预拱度设置要求。

⑤采取挂篮预压试验，消除对挂篮体系几何变形的影响，挂篮就位后应支垫稳固，收紧吊带后紧固后锚，并注意检查吊带受力是否均衡，否则应重新调整，以防浇筑时产生下沉变形，在收紧后锚的同时，可适当预加一定的预应力，消除锚杆自身受力伸长。

5.4.6 主梁下挠变形

（1）表现特征

主梁出现的非正常下挠变形。

（2）防治措施

①优化配合比设计，合理选择混凝土原材料，减少收缩徐变对预应力的影响。制订张拉方案，控制预应力张拉程序，及时标定千斤顶和压力表，确保施加预应力值准确。加强预应力管道及安装质量的检查，防止管道变形、漏浆等病害，减小摩阻力，降低预应力损失。严格控制锚具安装质量，减少锚口预应力损失。

②预应力管道定位应准确、牢固，减小预应力束张拉后的线形与设计中心的偏离。

③加强施工监控，对实际浇筑的混凝土重量、临时荷载大小、挂篮可能发生的超重影响因素进行监控，以免增加荷载引起挠度偏差。

④观测合龙前连续 2~3d 的昼夜温度场变化与合龙口梁段高程及长度变化的关系，选定一天中温度最低、变化幅度最小的时段作为合龙时间。合龙段混凝土浇筑完成后，应加强养护，悬臂端应覆盖，防止日晒。

5.4.7 预制梁板尺寸偏差

（1）表现特征

由于立模不规范、模板刚度不足、模板变形等原因造成的梁板尺寸与设计值不吻合，存在偏差。

（2）防治措施

①模板安装时应严格控制尺寸,端模板的安装应考虑封锚端厚度要求。
②模板的强度和刚度应进行计算,侧模支撑应稳定牢固,拉杆布设间距应满足要求。浇筑过程中及时检查模板变形情况,加固支撑。
③对斜交梁板,端部模板安装时严格校正。对横隔板、预埋件的位置,应保证准确。
④梁板一次浇筑时,应严格控制浇筑振捣后底板顶面高度,使底板厚度满足设计要求。内模安装时,应精确控制内模顶面高程,避免内模伸入顶板厚度范围。在混凝土振捣时应注意避免在两侧腹板进行强振或过振,以免引起内模偏移。
⑤模板周转使用次数不宜过多,模板变形过大后应进行更换。

5.4.8 梁板铰缝病害

(1)表现特征
凿毛不规范,铰缝混凝土浇筑质量差等。
(2)防治措施
①梁板吊装前,应按要求对梁体进行凿毛,并将铰缝钢筋凿出,按设计要求绑扎铰缝钢筋。浇筑铰缝混凝土前,应清理铰缝内杂物,湿润梁体表面,保证铰缝混凝土质量。
②加强铰缝混凝土配合比验证,不得低于梁板混凝土强度,必要时掺加适量微膨胀剂。
③铰缝内空间较小,应加强混凝土振捣,采用小粒径骨料,以便于浇筑和振捣密实。
④铰缝混凝土浇筑前应用高强度等级砂浆对梁底勾缝,防止浇筑时漏浆。
⑤铰缝混凝土浇筑后,在强度未达到要求前应封闭桥面,不得承受施工车辆、机械、材料等外荷载,在桥面铺装完成前对外加荷载应加以控制。

5.4.9 钢结构焊接缺陷

(1)表现特征
钢结构工程焊接质量缺陷有焊瘤、咬边、烧穿、未焊透、夹渣、表面气孔、焊接裂缝以及焊缝形状和尺寸不符合要求等外部缺陷和内部缺陷。
(2)防治措施
①焊接材料的型号应与焊件材质相匹配,施焊前应按施工图及工艺文件检查坡口尺寸、根部间隙等,如不符合要求应处理改正。
②按照钢材品种对施焊构件采取预热和保温措施。
③应编制焊接工艺评定报告,施焊时严格遵守焊接工艺,不得随意改变焊接参数。焊接材料应根据焊接工艺评定报告确定,熔剂、焊条应按产品说明书烘干使用,对储存期较长的焊接材料,使用前应重新按标准检验。事先计算好焊丝用量和长度,避免长度不足而造成焊缝接头。
④焊接工作宜在室内或防风、防晒、防雨雪设施内进行,焊接环境的相对湿度应小于80%;焊接环境的温度,对低合金高强度结构钢不应低于5℃,普通碳素结构钢不应低于0℃。主要杆件应在组装后24h内焊接。
⑤焊件的坡口角度和装配间隙必须符合图纸设计或所执行标准的要求。焊件坡口应打磨清理干净,无锈、垢、脂等污物杂质。施焊时母材的非焊接部位严禁焊接引弧,焊接后应及时清

除熔渣及飞溅物。多层焊接时宜连续施焊,且应控制层间温度,每一层焊缝焊完后应及时清理检查,应在清除药皮、熔渣、溢流和其他缺陷后,再焊下一层。

⑥根据不同的焊接位置、焊接方法,不同的对口间隙等,按照焊接工艺卡和操作技能要求,选择合理的焊接电流参数、施焊速度和焊条(枪)的角度。

5.4.10 钢结构涂层缺陷

(1)表现特征

漆膜损坏,有锈蚀现象。

(2)防治措施

①涂装前应对底面进行清洁、除锈、干燥,尤其是阴角、转折处,确保无焊瘤、焊渣、气孔、飞边、毛刺、锈斑等。大面积涂装可采用高压无气喷涂施工,不易喷涂的部位可以采用人工涂刷。

②选择附着力强、密封性好的防锈涂料,避免一次涂刷太厚,第一层漆膜干后方可涂刷第二层。

③控制涂料黏度,并选用相匹配的合适熔剂。

④涂装施工温度、湿度应符合要求。

⑤两层涂刷之间应保持清洁,防止层间污染,且两次涂刷间隔不宜太长。

⑥下层表面涂刷应均匀,不平整区域处理后再涂上层。

⑦正式喷涂前应进行试验,合格后方可正式进行,喷涂完成后应及时进行保护。

5.4.11 橡胶支座剪切变形过大

(1)表现特征

支座向一侧发生剪切角大于35°的剪切变形。

(2)防治措施

①加强支座质量检验,对抗剪弹性模量不符合要求的应清除出场。

②检查支座垫石高程,使之满足设计要求,垫石顶面高程的误差不得超过3mm。防止支座脱空而引起个别支座集中受力,变形过大。

③梁、板吊装时,梁、板就位应准确且应与支座密贴,否则应将梁、板吊起,重新调整就位安装;安装时不得用撬棍移动梁、板的方式进行就位。

5.4.12 支座鼓胀、破裂

(1)表现特征

支座出现破裂或侧面波纹状凹凸现象,表面出现龟裂现象。

(2)防治措施

①加强支座质量检验,对不符合质量要求者,应清除出场。

②确保安装精度。检查同一梁板各支座垫石高程,防止支座脱空;保证支座垫石表面平整,防止单个支座本身局部集中受力过大。

③加强支座存放时的保护,严禁与酸、碱、油类、有机溶剂等接触,远离热源且不直接接触地面,以防支座污染、腐蚀或老化。

5.4.13 支座脱空

（1）表现特征

梁板就位后,支座与梁板或垫石间存在空隙,不能全截面受力。

（2）防治措施

①支座在安装前,应对支座垫石的混凝土强度、平面位置、顶面高程和预埋钢垫板等进行复核检查,确认符合设计要求后方可进行安装。支座垫石的顶面高程应准确,表面应平整、清洁;对先安装后填灌浆料的支座,其垫石的顶面应预留出足够的灌浆料层的厚度。

②确保梁端底面平整,厚度准确。

③加强垫石浇筑质量控制,确保垫石强度。

④选择合理气温安装梁板,梁板安装后选择合适气温条件下对支座变形进行恢复调整。

5.4.14 伸缩缝病害

（1）表现特征

伸缩缝处的病害,如橡胶条破损、锚固混凝土开裂、梳齿板翘曲、伸缩缝与桥面高差大等。

（2）防治措施

①伸缩缝的规格、性能应符合设计要求。伸缩缝安装前,应按照现场的实际气温调整其定位值。安装固定后,两侧过渡段的混凝土宜在接缝伸缩开放状态下进行浇筑,浇筑时应采取措施防止已定位固定的构件移位,并应在浇筑后及时养护,养护时间应不少于7d。

②伸缩缝安装预留槽口的尺寸应符合设计规定,锚固钢筋的位置应准确。伸缩缝安装前应将预留槽口清理干净,伸缩缝钢板与锚固件应焊接牢固。

③伸缩缝宜在桥面铺装完成后,采取反开槽的方式进行安装;当采取先安装再铺装桥面的方式时,应采取有效措施对安装好的伸缩缝进行妥善保护。开槽深度、宽度应符合要求,便于安装和混凝土浇捣。浇筑时应采取密封措施,防止混凝土砂浆流入橡胶条或钢梁异形腔内。伸缩缝四周混凝土应充分振捣密实,更应特别注意在支承箱下的混凝土,在浇捣过程中,不可出现空洞、缝隙,注意防止混凝土中的尖状物刺入位移控制箱,加强混凝土养生。

④梳齿板式伸缩缝安装时,应采取措施防止产生梳齿不平、扭曲和变形等现象,并应对梳齿间隙的偏差进行控制。

⑤施工时注意避免缝内落入杂物,并及时检查清理。同时,安装完毕后应及时在锚孔内灌注环氧树脂胶。

⑥伸缩缝初步定位后应进行临时固定,检查高程后,点焊边梁与锚固钢筋,予以初步固定,从两侧对称间隔点焊,不宜单边进行,以免引起钢梁的过大翘曲变形影响伸缩缝与桥面高差。初步固定后进行高程检查,检查无误后对全部预埋件进行焊接,并确保焊接质量。

5.4.15 泄水管损坏或排水不畅

（1）表现特征

泄水管锈蚀、损坏,发生堵塞导致排水不畅。

（2）防治措施

①泄水管选用应考虑坚固性和耐久性,宜选用铸铁管等作为泄水管。

②严格按照设计要求布设泄水管,不得漏设、少设或减小孔径。泄水管布设时应严格放样,准确控制管口高程,防止因管口过高导致水流不畅和积水,或管口过低造成堵塞和影响桥面外观。管口周围的集水区应形成平缓的凹槽,确保管口周围能顺畅汇集水流。

③根据桥面纵横坡合理确定泄水管位置,孔径应符合要求,桥面低凹段应加密布设,防止桥面低凹处积水。同时,应注意伸出桥面部分有足够长度和下倾角,以免管口水流冲刷、腐蚀梁体。

④管底防水层施工要严格控制,泄水管安装牢固,周边混凝土密实,并与泄水管紧密结合,不得出现脱空、松动。

5.4.16　混凝土防撞护栏不顺直

(1) 表现特征

混凝土防撞护栏棱线不直,外观顺直度差。

(2) 防治措施

①采用特制钢模板,确保模板刚度、精度和几何尺寸,对模板进行组合调试、消除错台,浇筑前要经过检验;

②提高放样精度,加密放样点确定底、边线并进行校核;

③精心制订切实可行的防撞护栏施工工艺,如模板接缝、模板固定定位、顶面混凝土收缩影响,采用脱模剂确保棱角直顺度。

5.5　隧道工程

5.5.1　隧道超挖、欠挖

(1) 表现特征

超挖导致初支钢拱架(或格栅钢架)与开挖轮廓线间距过大,造成初支背部空洞。欠挖致使钢拱架(或格栅钢架)无法安装到位。

(2) 防治措施

①及时掌握岩质变化情况,充分考虑断面形状尺寸、岩质变化、裂隙、涌水、围岩条件等因素。通过试爆确定周边眼间距、最小抵抗线、相对间距、装药集中度等关键爆破参数。合理调整开挖方式,根据地质条件的变化及时对炮眼布置、深度、装药量等参数进行调整。

②全断面开挖的隧道,可采用拱部断面光面爆破、边墙断面预裂爆破相结合的方法。分步开挖时,可考虑预留光面层的爆破方案。

③加强开挖断面的检测,欠挖超出允许范围时必须做凿除处理,超挖超出允许范围较大时,应根据具体情况采取相应的处理措施。严格控制欠挖。拱脚、墙脚以上1m范围内断面严禁欠挖。

④预留开挖轮廓线,在开挖过程中采取人机配合,避免机械开挖造成超欠挖现象。

⑤开挖到设计轮廓线后立即进行初喷封闭开挖面,再架设型钢拱架。

⑥隧道开挖轮廓应按设计要求预留变形量,预留变形量大小宜根据监控两侧信息进行调整。

5.5.2 隧道初期支护中的常见病害

(1)表现特征

初期支护中的病害,如不平整、开裂、松动、剥落、离层、厚度不足、拱顶空洞、衬砌干缩裂缝及荷载变形裂缝等。

(2)防治措施

①喷射混凝土前认真检查开挖断面,补凿欠挖处,清除松动石块。

②用高压风或高压水清理岩面杂物、粉尘,防止接合不良,确保喷射混凝土与岩面的黏结性能。

③低凹处和存在较大裂隙处应喷混凝土找平,保证初次衬砌混凝土喷射时受喷面基本平整、密封。

④严格控制喷射混凝土操作程序,控制喷射速度、风压、水压。施工时,对于拱顶部分,喷嘴宜垂直于岩面,对于侧墙部分,喷嘴角度宜适当倾斜。

⑤根据回弹量等情况,适当调整喷射距离,原则上以回弹量最小为控制标准。每次喷射厚度应视具体情况而定,总的原则是以每次喷射混凝土层不错裂、不脱落为准,粒径与厚度匹配。

⑥为减小先后喷射混凝土相互影响,原则上应先侧墙,后拱部,自下而上,同时,注意先填补低凹处或裂隙处。喷射速度均匀,不宜过快。

⑦在钢支撑、钢筋网部位应注意保持足够厚度,喷射混凝土必须覆盖钢支撑和钢筋网,背后不得留有空隙。

⑧加强对围岩渗漏水处理,按设计要求及有关规定做好防水工作。

5.5.3 二次衬砌厚度不足

(1)表现特征

二次衬砌混凝土壁厚低于设计要求,或混凝土设计轮廓线存在偏差。

(2)防治措施

①模板安装时应严格放样,对可能发生的沉落量应严格控制,并根据已浇段情况及时调整。安装后认真调整各控制点,使高程和线形符合隧道断面要求。

②模板和拱架应有足够的支撑刚度,保证混凝土浇筑过程中不发生偏位、变形、跑模等现象。对于曲墙式整体衬砌的隧道,模板应具有一定的重量或必要的固定措施,以抵抗曲墙下部混凝土浇筑过程中产生的上浮力。

③立模时应注意前后端高程的衔接,后端应以已浇段内轮廓线为准,保证节段间衔接平顺,前端应以拱顶设计高程和边墙基础、顶面横断面控制点为基准。

④堵头板的制作尽量与岩面凹凸形状相符,并加强支垫,防止漏浆,同时,堵头板的安装不得损伤防水卷材。

⑤选用的钢轨应确保拱架能顺畅移动,能承受拱架、模板及所浇筑节段混凝土荷载作用下不发生下沉、变形,一般尽量使用长轨,而且刚度应满足要求。轨道架设前应平整地面,清除松

软杂物,确保地基承载力满足要求,必要时加密轨枕。

5.5.4 连拱隧道中隔墙开裂

(1)表现特征

连拱隧道中隔墙有裂缝,存在渗水现象。

(2)防治措施

①应根据围岩级别选择适当的开挖方法,Ⅳ、Ⅴ级围岩通常采用中导坑加侧壁导坑法开挖,先墙后拱法衬砌;Ⅲ级围岩通常中导开挖并浇筑中隔墙混凝土,正洞采用上下台阶法开挖;Ⅰ、Ⅱ级围岩通常采用中导洞先行,正洞全断面开挖。

②加强对中隔墙的支撑,并注浆将中隔墙顶与围岩之间填充密实。在正洞开挖前、爆破时及单洞实施衬砌时,应对中隔墙的另一侧加强临时支撑,以防造成中隔墙侧移或倾覆,临时支撑在双洞连拱成型后方可拆除。

③安全转换受力体系是连拱隧道施工的重点,只有在正洞初期支护支点作用于中隔墙顶面时方可拆除中导洞临时支护。同时,要防止中导洞临时支护突然断开时影响中导洞另半侧的安全防护,可在中隔墙顶面用方木等将另半侧钢支撑顶紧,确保另半侧的荷载安全传递至中隔墙顶面上,使中隔墙受力平衡。注意中隔墙顶部混凝土浇捣的密实性,可以采用二次衬砌混凝土浇筑时,在中隔墙顶部模板上预留混凝土灌注口,或进行注浆回填。

④中导洞施工时严格控制炮眼深度和装药量,以免松动基底围岩;中隔墙底部开挖后宜立即灌注混凝土整平,封闭基底;加强施工现场管理,及时清除施工中的废水、泥浆,加强洞内引排水,避免基底围岩受水的浸泡。

5.5.5 锚杆间距及角度偏差

(1)表现特征

锚孔间距不符合要求,钻孔方向与设计断面不垂直等。

(2)防治措施

①严格按照设计要求确定钻孔位置,钻孔偏位值不得超过150mm。

②严格控制钻进方向和角度,按照与隧道设计开挖轮廓线垂直进行控制,不得出现偏斜、台阶。

③钻杆机具应根据锚杆类型、规格及围岩情况选择,锚杆材料型号、规格、品种应符合设计要求,配件应配套。

5.5.6 隧道钢筋网安装不规范

(1)表现特征

钢筋网露筋、保护层厚度不足、网片混凝土脱落等。

(2)防治措施

①如开挖岩面起伏过大,应在初喷一层混凝土后再进行钢筋网铺设。

②钢筋网应与每一根锚杆牢固绑扎,绑扎点高度的确定应使钢筋网能随岩面起伏,并且,钢筋网与初喷面距离一般不大于3cm,以确保最终保护层厚度符合要求。

③严格按照要求控制喷射混凝土厚度,同时,合理安排工序,避免已喷射段混凝土受相邻段开挖爆破的影响。

④钢筋搭接长度不得小于30倍钢筋直径,并不得小于一个网格长边尺寸。

5.5.7 支撑钢架制作精度不足

(1)表现特征

支撑钢架强度和刚度不符合设计要求、布设间距过大、曲率与开挖断面不符等。

(2)防治措施

①钢架原材料须进行现场检验后方可使用,钢架断面形状和尺寸、布设间距等必须满足设计要求,充分考虑预留沉降量、预留拱度、断面加宽等因素,确保有足够的强度、刚度。

②钢架布设时必须准确放样、定位,布设间距严格按照设计要求确定,不得随意挪动;钢架安装应垂直于中线,竖向不倾斜,平面不错位、不扭曲,上、下、左、右允许偏差为50mm,倾斜度应小于2°。

③钢架拱脚必须放在牢固的基础上,分节段安装。在开挖后应尽快安装钢架支撑,增强开挖断面的稳定性。钢架的支撑端部应坐落在基岩上,不得落在废渣上。若地基强度不足,应用锁脚锚杆、浇筑混凝土等使其稳固,安装就位后,钢架的拱背与开挖面之间应采用钢楔块等顶紧,使其在后期喷射混凝土施工中稳定而不产生移动。

5.5.8 衬砌后洞内渗水

(1)表现特征

衬砌浇筑完成后,洞顶、洞壁及路面出现渗漏水现象,衬砌混凝土和机电设备在渗漏水长期作用下受到腐蚀,路面渗水对行车安全产生不利影响。

(2)防治措施

①隧道开挖后及时检查围岩渗漏水情况,合理确定防排水方案和位置。在进行衬砌施工前,对排水系统进行检查,并进行排水试验,合格后方可进行衬砌施工;衬砌背后设置排水管、排水沟时,应根据隧道开挖情况及渗漏水部位合理选择布设位置,并与衬砌施工配合进行;做好洞外的引排水,查明水源,根据地形、地质及气候条件,合理设置疏水、截水、引水设施。

②严格按照设计要求铺设碎石盲沟,防止路面渗水,碎石盲沟应与纵向排水沟连通,保证排水畅通。施工中如发现地下渗水较严重,可根据实际情况适当加密排水盲沟。

③排水沟管施工时应做好记录,在衬砌施工完成后标出排水沟管的位置,钻孔和注浆时避开沟管,以防损坏沟管或使浆体流入而堵塞沟管,影响排水效果。加强衬砌背后排水系统施工质量控制。

④选用耐老化、耐腐蚀、易操作和顶破强度、延伸率较好的防水板,经过检测后方可使用;在铺设防水板前,应加强对外露的锚杆头、钢筋头等尖锐突出部位的检查,防止防水板受损;防水板最好是由下往上环形铺设,边铺设边固定。应加强对接缝处的检查,特别在施工缝处应加铺一层防水板,加强接合强度和止水性。

⑤加强混凝土灌注、振捣等工艺的操作控制,保证混凝土的密实;混凝土灌入时应避免直接对着防水板出料,不得紧贴防水层插入振捣棒,振捣过程中避免振捣棒触及防水板。

⑥衬砌后如发现渗漏水,应及时查明原因并进行处理,可以采用水泥注浆、化学注浆等方式。注浆的顺序应是:从无水区向渗漏严重区、从侧面向顶面、从下坡向上坡、从洞口向洞身方向进行。

5.6 交通安全设施

5.6.1 波形梁护栏线形差

(1)表现特征

波形梁护栏线形顺直度不合格、桥头"突变"。

(2)防治措施

①合理安排工期,立柱施工应尽量安排在面层施工后进行,以利于立柱高程的控制,保证护栏线形。

②对路基工程施工的结构物上预留的预埋件和立柱孔洞全线统一标准和类型,位置准确。

③设计主要考虑结构物上护栏立柱的设置方式,与路基设计的护轮带上护栏立柱设置预留方式统一,划分好施工界面,避免含混用词导致后期发生变更,如设置植筋方式应明确由护栏施工单位实施,是护栏立柱施工的附属工作,避免额外变更发生。

④以结构物为控制点进行放样时,立柱施工中应注意高程控制和立柱竖直度控制。监理工程师及时检查立柱高程、竖直度、垂直度,着重控制打入立柱与结构物上立柱过渡的线形和埋设方式。

⑤钻孔施工时承包人应根据立柱放样点,准确安置钻孔机,确保钻头对准放样点。施工过程中应随时观测钻杆的垂直度,及时进行调整,确保钻杆始终处于垂直状态。

5.6.2 标线起皮易剥落

(1)表现特征

标线起皮、不清晰。

(2)防治措施

①应确保路面清洁,尽量使用下涂剂,下涂剂干燥后应立即施画标线;如没有下涂剂处理工序,环境温度宜在10℃以上施工为好。涂料涂敷到路面瞬间温度不宜低于180℃;初冬季节施工应考虑在上午10时至下午3时进行,环境温度不宜太低。

②施工时应确保路面干燥,在特殊情况下必须赶工时,可用人工方法进行干燥。

③施工时涂料应充分熔解,充分搅匀和熟化后方能涂敷。

④可调整涂料配方,增加黏结力和柔韧性。

⑤应选用渗透型下涂剂处理水泥路面,以提高附着强度;对新浇水泥路面进行认真清扫。

5.6.3 标线夜间反光效果不佳、诱导性差

(1)表现特征

标线夜间反光不清晰。

(2)防治措施

①玻璃珠撒布机安装防风罩并做好涂料操作准备工作,掌握好施工前进速度。

②在施工中应使用合格的玻璃珠产品。

③应提高施工技术和应变能力,对凹凸不平路面进行适当调整,保证反光效果。

5.7 内河水运工程

5.7.1 打入桩桩身开裂,棱角掉落

(1)表现特征

主要表现为桩顶下纵横向裂缝,裂缝呈不规则分布,一般裂缝长度小于1m,裂缝宽度一般为0.2mm以下。

(2)防治措施

①严格沉桩进场检查,混凝土强度应满足设计要求。

②加强预制桩存放过程中管理工作,严格按要求进行堆放,禁止堆放过高。

③打桩过程中遇地质有变化,当出现桩身开裂、棱角掉落现象时,及时与设计等各方联系,根据设计单位的处理方案施工。

④检查桩帽、桩垫、锤垫是否平整,不平整时应及时处理。

⑤打桩时应保持桩身垂直,避免偏心击打。设计单位应依据地质资料、试桩、静载试验等确定单桩承载力,选择合理桩型、沉桩工艺及停锤贯入度等。

5.7.2 打入桩偏位、垂直度偏差大

(1)表现特征

桩体下沉过程中,因地质、风浪及施工因素影响,产生的沉桩偏位现象。

(2)防治措施

①放样前对仪器进行校核、对测量成果进行精确计算,确保测量成果的准确性,放样时采用两台经纬仪定位,第三台经纬仪复核。

②打桩船抛锚的距离与角度应满足要求,确保施工中不发生跑锚现象。

③沉桩前认真分析地质情况,遇到有发生地质变化的可能时,应加强观测,采取措施预防桩体滑移。

④根据沉桩区域地形,合理安排沉桩顺序,边坡沉桩提前考虑偏位富余量。

⑤打桩船垂直度盘定期校验,保证打桩船度盘垂直度准确。

⑥桩体压锤下沉后,根据船体上浮情况及时调整桩架角度。

5.7.3 码头、护岸位移过大、变形、不均匀沉降

(1)表现特征

倒滤层及滤水盲沟损坏,重力式码头、护岸产生不均匀沉降,护岸产生滑移、凹陷,胸墙出现错牙。

(2)防治措施

①基槽开挖时应认真核对地质情况,对承载力进行复核,并经设计部门认可,当与设计不符时,应及时会同建设、监理、设计等各方商定处理方案。

②基床进行抛石处理时,应进行工艺性试验,确保夯实效果达到要求后方可进行规模施工。

③墙后回填材料应符合要求,尽量采用内摩擦角较大的透水性材料,在施工中严格分层压实。

④墙后排水系统严格按设计要求进行施工。

⑤严格控制港池疏浚超挖。

5.7.4 码头胸墙、挡浪墙墙面竖向裂缝

(1)表现特征

自下向上出现不规则纵向裂缝,裂缝长度、宽度不等。

(2)防治措施

①下部构件施工完成后应进行沉降位移观测,待稳定方可进行上部结构施工。

②按设计要求合理设置变形缝,减少由于不均匀沉降或变形产生的裂缝。

③按规范和设计要求进行混凝土养生。

5.7.5 道路堆场轨道安装不规范

(1)表现特征

道路堆场轨道线形不顺,高程有误差。

(2)防治措施

①轨道固定螺栓带线预埋。

②轨道梁混凝土浇筑后,轨道底座进行收光并测量,带线找平。

③安装轨道时加垫片局部找平。

5.7.6 航道工程漏挖、挖深不足、边坡开挖不足

(1)表现特征

河床底高程、河槽宽度不满足设计要求。

(2)防治措施

①保证分条开挖搭接宽度不小于1m,校核导标,采用全站仪校核船位。

②抓斗式挖泥船下斗深度应满足要求,考虑漂斗和回淤,适当超深。

③按要求正确设置边坡导标,按设计要求进行超宽超深施工。

④施工人员应加强水位观测,根据水位变化及时调整施工参数。

5.7.7 闸首、闸室墙、导航墙裂缝

(1)表现特征

因荷载、温度变化、收缩徐变及施工不当等因素引起的裂缝。

(2)防治措施

①对于闸首环形输水廊道内外侧拐弯段、闸室墙身浮式系船柱井拐角处等断面变化部位,易产生裂缝的部位处加设分布钢筋(丝)网。

②保证钢筋位置和保护层垫块安设位置正确,并加强检查;在结构开有孔洞的四周增加主钢筋、环形钢筋及辐射钢筋,施工时严格按设计要求和规范规定控制保护层厚度。

③优化设计方案,合理分段;施工过程中严格按设计及规范要求进行。

④采取统一料源,施工前进行混凝土配合比试验,水泥采用中低水化热水泥、掺入粉煤灰与高效缓凝减水剂,根据试验结果确定各部位混凝土配合比。

⑤严格控制混凝土分层浇筑时间,严禁出现冷缝,在混凝土初凝前进行二次振捣。

⑥对已浇筑混凝土成品及时覆盖洒水养护,保持湿润状态,按规范要求进行混凝土养生。

5.7.8 施工缝、伸缩缝处渗水

(1)表现特征

伸缩(沉降)缝止水带损坏及渗漏水、闸室墙体施工缝的渗水。

(2)防治措施

①安装前对止水带进行检查,合格后方可进行安装,保证缝头板刚度和做好端头板支撑,在混凝土浇筑时端头板上悬挂垂球加强观测,发现变化及时纠正。

②安装时严格按设计及规范要求进行,防止止水带卷曲、变形,在止水带两侧采用人工摊铺,振捣器振捣时不得碰到止水带并保证振捣质量。

③施工缝应按规范要求进行处置,保证施工缝质量。

④混凝土浇筑严格按规范要求进行;施工孔洞采用试验部门配制的微膨胀砂浆填补。

5.7.9 护岸墙墙体位移、前倾或整体不均匀沉降

(1)表现特征

墙体发生位移、倾斜及不均匀沉降。

(2)防治措施

①基槽开挖时,应对地基承载力进行检测,并满足设计要求;加强基坑开挖时的降排水,尽量不扰动原状土,按设计要求进行地基处理。

②回填前,先清除回填范围内的积水、淤泥、垃圾等杂物,选用较好的土质,控制含水率,回填采取分层夯实,墙后临时集中堆土高度不得过大,堆土位置应远离开挖范围。

③航道土方开挖时,严格按照设计图纸要求施工,严禁墙前土方超挖,现场管理人员应跟踪监控开挖。

④前墙模板刚度和支撑必须稳定,混凝土浇筑过程中应注意观察,发现偏差及时纠正。

5.7.10 闸、阀门渗漏水

(1)表现特征

闸、阀门门侧、底部或闸门门中渗漏水。

(2)防治措施

①安装前对运到现场的闸、阀门及部件运输和转运过程中产生变形进行检查,如有变形应

及时处理校正。

②底支承座、顶拉杆、门槛的高程、宽度、角度、旋转中心、开关门位置线、底槛预埋控制线等应重点控制,按图纸、工艺要求和规范标准严格检查,并设置好各工件安装好后无法检查的辅助线。

③加强对安装质量的控制,安装前对闸首进行清理,检查埋件、开(关)门位置,根据埋件安装时放的大样线,放闸门安装大样和控制线;以旋转中心控制安装底枢承轴台、门端下拉杆座和门端上拉杆座,严格控制好底枢在承轴台的四角水平及高程,保证门端上下拉杆的高程与承轴台旋转中心的同轴度后,吊装端柱。

④应对联合调试过程中发现的问题及时解决,严格按调试方案进行。

5.7.11 码头混凝土面层裂缝

(1)表现特征

码头混凝土面层裂缝有龟裂和规则裂缝两种:龟裂,一般呈网状或发射状,裂缝较浅而细,裂缝长短、粗细不一,裂缝宽度一般小于0.2mm;规则裂缝,一般在面板的板缝处或上横梁梁顶处,基本呈蜿蜒弯曲形状,裂缝宽度不一,但裂缝宽度明显大于龟裂。

(2)防治措施

①在满足混凝土设计强度和施工工艺的前提下,尽量减少水泥用量和降低水灰比。

②尽量采用小坍落度,泵送混凝土的坍落度宜控制在12cm±2cm,且必须每车检查,对不符合要求的严禁使用。

③浇筑面层混凝土前,面板应凿毛并清理干净,用清水充分湿润,不得有积水。混凝土振动、提浆及找平后,如表面有泌水现象,则采用海绵或土工布吸除,严禁采用干灰吸水。

④严格控制混凝土面层抹面工艺,特别是二次抹面的时间应依据经验确定。

⑤混凝土应用土工布及时覆盖,洒水养护时间应在7d以上。

⑥为防止面层在板缝和梁槽顶部出现裂缝,在面板安装好后,尽快进行梁槽、板缝混凝土施工,浇筑厚度与面板厚度一致为宜,一般在梁槽、板缝混凝土浇筑15d后进行面层混凝土的施工。

⑦面层分跨浇筑,梁顶作为后浇带。

⑧在面层混凝土强度达8~10MPa后及时进行切缝,切缝间距应在4~6m之间,深度为30~50mm,施工缝应平顺。

5.7.12 启闭机电机运行异常

(1)表现特征

启闭机电机跳闸,噪声过大等。

(2)防治措施

①将断路器整定电流调大,防止电机启动跳闸。

②电机启动前进行电机常规检查,电路电压检查是否有过压或者欠压情况,电压是否在电机运行正常范围之内,运行时多观察多听声音,防止电机出现异常现象。

③定期进行电缆及电机检查,并做好检查记录,有效预防电机出现异常现象。

附录 1

建设工程质量管理条例

(2000 年 1 月 30 日　国务院令第 279 号)

第一章　总　　则

第一条　为了加强对建设工程质量的管理,保证建设工程质量,保护人民生命和财产安全,根据《中华人民共和国建筑法》,制定本条例。

第二条　凡在中华人民共和国境内从事建设工程的新建、扩建、改建等有关活动及实施对建设工程质量监督管理的,必须遵守本条例。

本条例所称建设工程,是指土木工程、建筑工程、线路管道和设备安装工程及装修工程。

第三条　建设单位、勘察单位、设计单位、施工单位、工程监理单位依法对建设工程质量负责。

第四条　县级以上人民政府建设行政主管部门和其他有关部门应当加强对建设工程质量的监督管理。

第五条　从事建设工程活动,必须严格执行基本建设程序,坚持先勘察、后设计、再施工的原则。

县级以上人民政府及其有关部门不得超越权限审批建设项目或者擅自简化基本建设程序。

第六条　国家鼓励采用先进的科学技术和管理方法,提高建设工程质量。

第二章　建设单位的质量责任和义务

第七条　建设单位应当将工程发包给具有相应资质等级的单位。

建设单位不得将建设工程肢解发包。

第八条　建设单位应当依法对工程建设项目的勘察、设计、施工、监理以及与工程建设有关的重要设备、材料等的采购进行招标。

第九条　建设单位必须向有关的勘察、设计、施工、工程监理等单位提供与建设工程有关的原始资料。

原始资料必须真实、准确、齐全。

第十条　建设工程发包单位不得迫使承包方以低于成本的价格竞标,不得任意压缩合理工期。

建设单位不得明示或者暗示设计单位或者施工单位违反工程建设强制性标准,降低建设工程质量。

第十一条　建设单位应当将施工图设计文件报县级以上人民政府建设行政主管部门或者其他有关部门审查。施工图设计文件审查的具体办法,由国务院建设行政主管部门会同国务院其他有关部门制定。

施工图设计文件未经审查批准的,不得使用。

第十二条 实行监理的建设工程,建设单位应当委托具有相应资质等级的工程监理单位进行监理,也可以委托具有工程监理相应资质等级并与被监理工程的施工承包单位没有隶属关系或者其他利害关系的该工程的设计单位进行监理。

下列建设工程必须实行监理:

(一)国家重点建设工程;

(二)大中型公用事业工程;

(三)成片开发建设的住宅小区工程;

(四)利用外国政府或者国际组织贷款、援助资金的工程;

(五)国家规定必须实行监理的其他工程。

第十三条 建设单位在领取施工许可证或者开工报告前,应当按照国家有关规定办理工程质量监督手续。

第十四条 按照合同约定,由建设单位采购建筑材料、建筑构配件和设备的,建设单位应当保证建筑材料、建筑构配件和设备符合设计文件和合同要求。

建设单位不得明示或者暗示施工单位使用不合格的建筑材料、建筑构配件和设备。

第十五条 涉及建筑主体和承重结构变动的装修工程,建设单位应当在施工前委托原设计单位或者具有相应资质等级的设计单位提出设计方案;没有设计方案的,不得施工。

房屋建筑使用者在装修过程中,不得擅自变动房屋建筑主体和承重结构。

第十六条 建设单位收到建设工程竣工报告后,应当组织设计、施工、工程监理等有关单位进行竣工验收。

建设工程竣工验收应当具备下列条件:

(一)完成建设工程设计和合同约定的各项内容;

(二)有完整的技术档案和施工管理资料;

(三)有工程使用的主要建筑材料、建筑构配件和设备的进场试验报告;

(四)有勘察、设计、施工、工程监理等单位分别签署的质量合格文件;

(五)有施工单位签署的工程保修书。

建设工程经验收合格的,方可交付使用。

第十七条 建设单位应当严格按照国家有关档案管理的规定,及时收集、整理建设项目各环节的文件资料,建立、健全建设项目档案,并在建设工程竣工验收后,及时向建设行政主管部门或者其他有关部门移交建设项目档案。

第三章 勘察、设计单位的质量责任和义务

第十八条 从事建设工程勘察、设计的单位应当依法取得相应等级的资质证书,并在其资质等级许可的范围内承揽工程。

禁止勘察、设计单位超越其资质等级许可的范围或者以其他勘察、设计单位的名义承揽工程。禁止勘察、设计单位允许其他单位或者个人以本单位的名义承揽工程。

勘察、设计单位不得转包或者违法分包所承揽的工程。

第十九条 勘察、设计单位必须按照工程建设强制性标准进行勘察、设计,并对其勘察、设计的质量负责。

注册建筑师、注册结构工程师等注册执业人员应当在设计文件上签字,对设计文件负责。

第二十条 勘察单位提供的地质、测量、水文等勘察成果必须真实、准确。

第二十一条 设计单位应当根据勘察成果文件进行建设工程设计。

设计文件应当符合国家规定的设计深度要求,注明工程合理使用年限。

第二十二条 设计单位在设计文件中选用的建筑材料、建筑构配件和设备,应当注明规格、型号、性能等技术指标,其质量要求必须符合国家规定的标准。

除有特殊要求的建筑材料、专用设备、工艺生产线等外,设计单位不得指定生产厂、供应商。

第二十三条 设计单位应当就审查合格的施工图设计文件向施工单位作出详细说明。

第二十四条 设计单位应当参与建设工程质量事故分析,并对因设计造成的质量事故,提出相应的技术处理方案。

第四章 施工单位的质量责任和义务

第二十五条 施工单位应当依法取得相应等级的资质证书,并在其资质等级许可的范围内承揽工程。

禁止施工单位超越本单位资质等级许可的业务范围或者以其他施工单位的名义承揽工程。禁止施工单位允许其他单位或者个人以本单位的名义承揽工程。

施工单位不得转包或者违法分包工程。

第二十六条 施工单位对建设工程的施工质量负责。

施工单位应当建立质量责任制,确定工程项目的项目经理、技术负责人和施工管理负责人。

建设工程实行总承包的,总承包单位应当对全部建设工程质量负责;建设工程勘察、设计、施工、设备采购的一项或者多项实行总承包的,总承包单位应当对其承包的建设工程或者采购的设备的质量负责。

第二十七条 总承包单位依法将建设工程分包给其他单位的,分包单位应当按照分包合同的约定对其分包工程的质量向总承包单位负责,总承包单位与分包单位对分包工程的质量承担连带责任。

第二十八条 施工单位必须按照工程设计图纸和施工技术标准施工,不得擅自修改工程设计,不得偷工减料。

施工单位在施工过程中发现设计文件和图纸有差错的,应当及时提出意见和建议。

第二十九条 施工单位必须按照工程设计要求、施工技术标准和合同约定,对建筑材料、建筑构配件、设备和商品混凝土进行检验,检验应当有书面记录和专人签字;未经检验或者检验不合格的,不得使用。

第三十条 施工单位必须建立、健全施工质量的检验制度,严格工序管理,作好隐蔽工程的质量检查和记录。隐蔽工程在隐蔽前,施工单位应当通知建设单位和建设工程质量监督机构。

第三十一条 施工人员对涉及结构安全的试块、试件以及有关材料,应当在建设单位或者工程监理单位监督下现场取样,并送具有相应资质等级的质量检测单位进行检测。

第三十二条 施工单位对施工中出现质量问题的建设工程或者竣工验收不合格的建设工程,应当负责返修。

第三十三条 施工单位应当建立、健全教育培训制度,加强对职工的教育培训;未经教育培训或者考核不合格的人员,不得上岗作业。

第五章 工程监理单位的质量责任和义务

第三十四条 工程监理单位应当依法取得相应等级的资质证书,并在其资质等级许可的范围内承担工程监理业务。

禁止工程监理单位超越本单位资质等级许可的范围或者以其他工程监理单位的名义承担工程监理业务。禁止工程监理单位允许其他单位或者个人以本单位的名义承担工程监理业务。

工程监理单位不得转让工程监理业务。

第三十五条 工程监理单位与被监理工程的施工承包单位以及建筑材料、建筑构配件和设备供应单位有隶属关系或者其他利害关系的,不得承担该项建设工程的监理业务。

第三十六条 工程监理单位应当依照法律、法规以及有关技术标准、设计文件和建设工程承包合同,代表建设单位对施工质量实施监理,并对施工质量承担监理责任。

第三十七条 工程监理单位应当选派具备相应资格的总监理工程师和监理工程师进驻施工现场。

未经监理工程师签字,建筑材料、建筑构配件和设备不得在工程上使用或者安装,施工单位不得进行下一道工序的施工。未经总监理工程师签字,建设单位不拨付工程款,不进行竣工验收。

第三十八条 监理工程师应当按照工程监理规范的要求,采取旁站、巡视和平行检验等形式,对建设工程实施监理。

第六章 建设工程质量保修

第三十九条 建设工程实行质量保修制度。

建设工程承包单位在向建设单位提交工程竣工验收报告时,应当向建设单位出具质量保修书。质量保修书中应当明确建设工程的保修范围、保修期限和保修责任等。

第四十条 在正常使用条件下,建设工程的最低保修期限为:

(一)基础设施工程、房屋建筑的地基基础工程和主体结构工程,为设计文件规定的该工程的合理使用年限;

(二)屋面防水工程、有防水要求的卫生间、房间和外墙面的防渗漏,为5年;

(三)供热与供冷系统,为2个采暖期、供冷期;

(四)电气管线、给排水管道、设备安装和装修工程,为2年。

其他项目的保修期限由发包方与承包方约定。

建设工程的保修期,自竣工验收合格之日起计算。

第四十一条 建设工程在保修范围和保修期限内发生质量问题的,施工单位应当履行保修义务,并对造成的损失承担赔偿责任。

第四十二条 建设工程在超过合理使用年限后需要继续使用的,产权所有人应当委托具有相应资质等级的勘察、设计单位鉴定,并根据鉴定结果采取加固、维修等措施,重新界定使用期。

第七章 监督管理

第四十三条 国家实行建设工程质量监督管理制度。

国务院建设行政主管部门对全国的建设工程质量实施统一监督管理。国务院铁路、交通、水利等有关部门按照国务院规定的职责分工,负责对全国的有关专业建设工程质量的监督管理。

县级以上地方人民政府建设行政主管部门对本行政区域内的建设工程质量实施监督管理。县级以上地方人民政府交通、水利等有关部门在各自的职责范围内,负责对本行政区域内的专业建设工程质量的监督管理。

第四十四条 国务院建设行政主管部门和国务院铁路、交通、水利等有关部门应当加强对有关建设工程质量的法律、法规和强制性标准执行情况的监督检查。

第四十五条 国务院发展计划部门按照国务院规定的职责,组织稽查特派员,对国家出资的重大建设项目实施监督检查。

国务院经济贸易主管部门按照国务院规定的职责,对国家重大技术改造项目实施监督检查。

第四十六条 建设工程质量监督管理,可以由建设行政主管部门或者其他有关部门委托的建设工程质量监督机构具体实施。

从事房屋建筑工程和市政基础设施工程质量监督的机构,必须按照国家有关规定经国务院建设行政主管部门或者省、自治区、直辖市人民政府建设行政主管部门考核;从事专业建设工程质量监督的机构,必须按照国家有关规定经国务院有关部门或者省、自治区、直辖市人民政府有关部门考核。经考核合格后,方可实施质量监督。

第四十七条 县级以上地方人民政府建设行政主管部门和其他有关部门应当加强对有关建设工程质量的法律、法规和强制性标准执行情况的监督检查。

第四十八条 县级以上人民政府建设行政主管部门和其他有关部门履行监督检查职责时,有权采取下列措施:

(一)要求被检查的单位提供有关工程质量的文件和资料;

(二)进入被检查单位的施工现场进行检查;

(三)发现有影响工程质量的问题时,责令改正。

第四十九条 建设单位应当自建设工程竣工验收合格之日起15日内,将建设工程竣工验收报告和规划、公安消防、环保等部门出具的认可文件或者准许使用文件报建设行政主管部门或者其他有关部门备案。

建设行政主管部门或者其他有关部门发现建设单位在竣工验收过程中有违反国家有关建设工程质量管理规定行为的,责令停止使用,重新组织竣工验收。

第五十条 有关单位和个人对县级以上人民政府建设行政主管部门和其他有关部门进行的监督检查应当支持与配合,不得拒绝或者阻碍建设工程质量监督检查人员依法执行职务。

第五十一条 供水、供电、供气、公安消防等部门或者单位不得明示或者暗示建设单位、施工单位购买其指定的生产供应单位的建筑材料、建筑构配件和设备。

第五十二条 建设工程发生质量事故,有关单位应当在 24 小时内向当地建设行政主管部门和其他有关部门报告。对重大质量事故,事故发生地的建设行政主管部门和其他有关部门应当按照事故类别和等级向当地人民政府和上级建设行政主管部门和其他有关部门报告。

特别重大质量事故的调查程序按照国务院有关规定办理。

第五十三条 任何单位和个人对建设工程的质量事故、质量缺陷都有权检举、控告、投诉。

第八章 罚 则

第五十四条 违反本条例规定,建设单位将建设工程发包给不具有相应资质等级的勘察、设计、施工单位或者委托给不具有相应资质等级的工程监理单位的,责令改正,处 50 万元以上 100 万元以下的罚款。

第五十五条 违反本条例规定,建设单位将建设工程肢解发包的,责令改正,处工程合同价款百分之零点五以上百分之一以下的罚款;对全部或者部分使用国有资金的项目,并可以暂停项目执行或者暂停资金拨付。

第五十六条 违反本条例规定,建设单位有下列行为之一的,责令改正,处 20 万元以上 50 万元以下的罚款:

(一)迫使承包方以低于成本的价格竞标的;

(二)任意压缩合理工期的;

(三)明示或者暗示设计单位或者施工单位违反工程建设强制性标准,降低工程质量的;

(四)施工图设计文件未经审查或者审查不合格,擅自施工的;

(五)建设项目必须实行工程监理而未实行工程监理的;

(六)未按照国家规定办理工程质量监督手续的;

(七)明示或者暗示施工单位使用不合格的建筑材料、建筑构配件和设备的;

(八)未按照国家规定将竣工验收报告、有关认可文件或者准许使用文件报送备案的。

第五十七条 违反本条例规定,建设单位未取得施工许可证或者开工报告未经批准,擅自施工的,责令停止施工,限期改正,处工程合同价款百分之一以上百分之二以下的罚款。

第五十八条 违反本条例规定,建设单位有下列行为之一的,责令改正,处工程合同价款百分之二以上百分之四以下的罚款;造成损失的,依法承担赔偿责任。

(一)未组织竣工验收,擅自交付使用的;

(二)验收不合格,擅自交付使用的;

(三)对不合格的建设工程按照合格工程验收的。

第五十九条 违反本条例规定,建设工程竣工验收后,建设单位未向建设行政主管部门或者其他有关部门移交建设项目档案的,责令改正,处 1 万元以上 10 万元以下的罚款。

第六十条 违反本条例规定,勘察、设计、施工、工程监理单位超越本单位资质等级承揽工程的,责令停止违法行为,对勘察、设计单位或者工程监理单位处合同约定的勘察费、设计费或者监理酬金1倍以上2倍以下的罚款;对施工单位处工程合同价款百分之二以上百分之四以下的罚款,可以责令停业整顿,降低资质等级;情节严重的,吊销资质证书;有违法所得的,予以没收。

未取得资质证书承揽工程的,予以取缔,依照前款规定处以罚款;有违法所得的,予以没收。

以欺骗手段取得资质证书承揽工程的,吊销资质证书,依照本条第一款规定处以罚款;有违法所得的,予以没收。

第六十一条　违反本条例规定,勘察、设计、施工、工程监理单位允许其他单位或者个人以本单位名义承揽工程的,责令改正,没收违法所得,对勘察、设计单位和工程监理单位处合同约定的勘察费、设计费和监理酬金1倍以上2倍以下的罚款;对施工单位处工程合同价款百分之二以上百分之四以下的罚款;可以责令停业整顿,降低资质等级;情节严重的,吊销资质证书。

第六十二条　违反本条例规定,承包单位将承包的工程转包或者违法分包的,责令改正,没收违法所得,对勘察、设计单位处合同约定的勘察费、设计费百分之二十五以上百分之五十以下的罚款;对施工单位处工程合同价款百分之零点五以上百分之一以下的罚款;可以责令停业整顿,降低资质等级;情节严重的,吊销资质证书。

工程监理单位转让工程监理业务的,责令改正,没收违法所得,处合同约定的监理酬金百分之二十五以上百分之五十以下的罚款;可以责令停业整顿,降低资质等级;情节严重的,吊销资质证书。

第六十三条　违反本条例规定,有下列行为之一的,责令改正,处10万元以上30万元以下的罚款:

(一)勘察单位未按照工程建设强制性标准进行勘察的;

(二)设计单位未根据勘察成果文件进行工程设计的;

(三)设计单位指定建筑材料、建筑构配件的生产厂、供应商的;

(四)设计单位未按照工程建设强制性标准进行设计的。

有前款所列行为,造成工程质量事故的,责令停业整顿,降低资质等级;情节严重的,吊销资质证书;造成损失的,依法承担赔偿责任。

第六十四条　违反本条例规定,施工单位在施工中偷工减料的,使用不合格的建筑材料、建筑构配件和设备的,或者有不按照工程设计图纸或者施工技术标准施工的其他行为的,责令改正,处工程合同价款百分之二以上百分之四以下的罚款;造成建设工程质量不符合规定的质量标准的,负责返工、修理,并赔偿因此造成的损失;情节严重的,责令停业整顿,降低资质等级或者吊销资质证书。

第六十五条　违反本条例规定,施工单位未对建筑材料、建筑构配件、设备和商品混凝土进行检验,或者未对涉及结构安全的试块、试件以及有关材料取样检测的,责令改正,处10万元以上20万元以下的罚款;情节严重的,责令停业整顿,降低资质等级或者吊销资质证书;造成损失的,依法承担赔偿责任。

第六十六条　违反本条例规定,施工单位不履行保修义务或者拖延履行保修义务的,责令改正,处10万元以上20万元以下的罚款,并对在保修期内因质量缺陷造成的损失承担赔偿责任。

第六十七条 工程监理单位有下列行为之一的,责令改正,处 50 万元以上 100 万元以下的罚款,降低资质等级或者吊销资质证书;有违法所得的,予以没收;造成损失的,承担连带赔偿责任:

(一)与建设单位或者施工单位串通,弄虚作假,降低工程质量的;

(二)将不合格的建设工程、建筑材料、建筑构配件和设备按照合格签字的。

第六十八条 违反本条例规定,工程监理单位与被监理工程的施工承包单位以及建筑材料、建筑构配件和设备供应单位有隶属关系或者其他利害关系承担该项建设工程的监理业务的,责令改正,处 5 万元以上 10 万元以下的罚款,降低资质等级或者吊销资质证书;有违法所得的,予以没收。

第六十九条 违反本条例规定,涉及建筑主体或者承重结构变动的装修工程,没有设计方案擅自施工的,责令改正,处 50 万元以上 100 万元以下的罚款;房屋建筑使用者在装修过程中擅自变动房屋建筑主体和承重结构的,责令改正,处 5 万元以上 10 万元以下的罚款。

有前款所列行为,造成损失的,依法承担赔偿责任。

第七十条 发生重大工程质量事故隐瞒不报、谎报或者拖延报告期限的,对直接负责的主管人员和其他责任人员依法给予行政处分。

第七十一条 违反本条例规定,供水、供电、供气、公安消防等部门或者单位明示或者暗示建设单位或者施工单位购买其指定的生产供应单位的建筑材料、建筑构配件和设备的,责令改正。

第七十二条 违反本条例规定,注册建筑师、注册结构工程师、监理工程师等注册执业人员因过错造成质量事故的,责令停止执业 1 年;造成重大质量事故的,吊销执业资格证书,5 年以内不予注册;情节特别恶劣的,终身不予注册。

第七十三条 依照本条例规定,给予单位罚款处罚的,对单位直接负责的主管人员和其他直接责任人员处单位罚款数额百分之五以上百分之十以下的罚款。

第七十四条 建设单位、设计单位、施工单位、工程监理单位违反国家规定,降低工程质量标准,造成重大安全事故,构成犯罪的,对直接责任人员依法追究刑事责任。

第七十五条 本条例规定的责令停业整顿,降低资质等级和吊销资质证书的行政处罚,由颁发资质证书的机关决定;其他行政处罚,由建设行政主管部门或者其他有关部门依照法定职权决定。

依照本条例规定被吊销资质证书的,由工商行政管理部门吊销其营业执照。

第七十六条 国家机关工作人员在建设工程质量监督管理工作中玩忽职守、滥用职权、徇私舞弊,构成犯罪的,依法追究刑事责任;尚不构成犯罪的,依法给予行政处分。

第七十七条 建设、勘察、设计、施工、工程监理单位的工作人员因调动工作、退休等原因离开该单位后,被发现在该单位工作期间违反国家有关建设工程质量管理规定,造成重大工程质量事故的,仍应当依法追究法律责任。

第九章 附 则

第七十八条 本条例所称肢解发包,是指建设单位将应当由一个承包单位完成的建设工程分解成若干部分发包给不同的承包单位的行为。

本条例所称违法分包,是指下列行为:

(一)总承包单位将建设工程分包给不具备相应资质条件的单位的;

(二)建设工程总承包合同中未有约定,又未经建设单位认可,承包单位将其承包的部分建设工程交由其他单位完成的;

(三)施工总承包单位将建设工程主体结构的施工分包给其他单位的;

(四)分包单位将其承包的建设工程再分包的。

本条例所称转包,是指承包单位承包建设工程后,不履行合同约定的责任和义务,将其承包的全部建设工程转给他人或者将其承包的全部建设工程肢解以后以分包的名义分别转给其他单位承包的行为。

第七十九条 本条例规定的罚款和没收的违法所得,必须全部上缴国库。

第八十条 抢险救灾及其他临时性房屋建筑和农民自建低层住宅的建设活动,不适用本条例。

第八十一条 军事建设工程的管理,按照中央军事委员会的有关规定执行。

第八十二条 本条例自发布之日起施行。

附录 2
安徽省公路水运工程质量监督实施细则
（皖交建管〔2013〕190号）

第一章 总 则

第一条 为加强我省公路水运工程质量监督，保证公路水运工程质量，根据国务院《建设工程质量管理条例》、交通部《公路工程质量监督规定》及《水运工程质量监督规定》等有关法规和规章，结合本省实际，制定本实施细则。

第二条 在本省行政区域内实施公路水运工程质量监督，适用本细则。

本细则所称公路工程，是指公路（含公路桥梁、公路隧道和公路渡口）的新建、改建、扩建及养护大修等工程；水运工程，是指港口、航道、航标、通航建筑物的新建、改建、扩建及大修工程。

本细则所称从业单位，是指从事公路水运工程的建设、勘察、设计、施工、监理、试验检测单位及相关设备、材料的供应单位。

第三条 公路水运工程质量监督实行统一领导、分级管理。县级以上地方人民政府交通运输行政主管部门负责本行政区域内公路水运工程质量监督管理工作，并可以委托本级交通建设工程质量监督机构（以下简称质监机构），具体实施本行政区域内公路水运工程质量监督工作。

第四条 公路水运工程质量监督应当遵循科学、客观、公开、公平、公正的原则。

第五条 公路水运工程从业单位依法对建设工程质量负责，积极配合交通运输行政主管部门及其委托的质监机构的监督检查，不得拒绝或阻碍。

第二章 机构与职责

第六条 各级交通运输主管部门及其委托的质监机构对工程质量监督的职责主要是：

（一）监督检查从业单位是否具有依法取得的相应等级的资质证书，从业人员是否按照国家规定取得上岗资格；

（二）监督检查建设、勘察、设计、施工和监理单位质量保证体系的针对性、严密性和运行的有效性，以及各单位质量保证体系之间的协调性和一致性；

（三）监督检查勘察、设计文件是否符合国家规定的技术标准和规范要求，设计文件是否达到国家规定的编制要求；

（四）监督检查施工、监理和设备、材料供应单位是否严格按照有关质量标准和技术规范进行施工、监理和供应设备、材料；

（五）监督检查监理单位的质量管理和现场质量控制情况，以及对公路、水运工程关键部位和隐蔽工程旁站情况，对各施工工序的质量检查情况；

（六）监督检查试验检测设备是否合格，试验检测方法是否规范，试验检测数据是否准确，试验检测频率是否符合有关规定；

（七）监督检查材料采购、进场和使用等环节和关键设备性能情况，并公布抽查样品的质量检测结果和关键设备状况；

（八）对公路水运工程质量情况进行抽检，分析主要质量指标的变化情况，评估总体质量状况和存在的主要问题，提出加强质量管理的政策措施和指导性意见，定期发布质量动态信息；

（九）对完工项目进行质量检测和质量鉴定；

（十）法律、法规、规章规定的其他职责。

第七条 各级质监机构应具备以下基本条件：

（一）按照精简、效能、专业结构合理的原则配备质监人员，从事公路水运工程质量监督工作的专业技术人员结构合理，其数量不少于职工总数的70%；

（二）行政负责人和技术负责人应具有10年以上公路或水运工程专业工作经历和高级专业技术职务任职资格；

（三）从事质量监督工作的专业技术人员具有本专业大专以上学历或本专业中级以上专业技术职务任职资格；

（四）有健全的质量监督、组织管理和技术培训制度等；

（五）具备与质量监督工作相适应的试验检测条件。

第八条 设区的市质监机构应当经省级交通运输主管部门考核合格。

第九条 各级交通运输行政主管部门应当为其委托的质监机构提供必要的工作条件，并将工作经费纳入本级部门预算。

第十条 公路水运工程符合下列条件之一的，由省级质监机构负责监督管理：

（一）列入省交通建设计划的高速公路工程以及跨长江、淮河的特大型桥梁工程、隧道工程的新建、改建、扩建工程和养护大修工程项目；

（二）列入省交通建设计划的3 000吨级以上港口工程、3级以上航道工程、1 000吨级以上通航建筑物的新建、改建、扩建和大修工程；

（三）省交通运输主管部门指定监督的其他公路水运工程项目。

本条规定以外的公路水运工程的监督管理职责由设区的市、县级交通运输行政主管部门划分。

第三章　程序和内容

第十一条 公路工程办理施工许可证前三十日起至工程通过竣工验收止，为公路工程质量监督期；水运工程自招标投标公告发布之日或投标邀请书发出之日起至工程保修期届满为止，为水运工程质量监督期。

第十二条 建设单位或项目法人（以下统称"建设单位"）在完成开工前各项准备工作之后，应当在公路工程办理施工许可证或水运工程办理开工备案前三十日，填写《公路水运工程质量监督申请书》（附件1），按照本细则划分的监督范围到相应质监机构办理质量监督申请手续。对于未按时办理监督申请手续的，质监机构应向建设单位发出《公路水运工程质量监督申请手续催办通知书》（附件2），督促限期办理监督申请手续。

列入省交通建设计划、跨省辖市区域的一级公路建设工程项目实行"省市联合,以市为主"的监督模式,建设单位应到所在地设区的市质监机构办理质量监督申请手续。

同一县(市、区)内多个农村公路工程项目,可集中合并申请办理工程质量监督手续。

第十三条 建设单位在办理质量监督申请手续时应及时提交以下材料:

(一)《公路水运工程质量监督申请书》;

(二)工程项目审批文件。包括工可批复(核准、备案文件)、初步设计的批复、施工图的批复、工程地质勘察资料的验收文件;

(三)地质水文勘察资料、施工图纸;

(四)质监机构要求的其他相关材料。

第十四条 建设单位在监督过程中应分阶段提交以下材料:

(一)工地试验室有关审查结果和申请备案资料;

(二)工程监理机构人员情况表(附件1-4)、各合同段施工单位主要人员情况表(附件1-5);

(三)工程项目勘察、设计、监理、施工、试验检测、相关设备、主要材料供应等招标文件及合同副本;

(四)工程从业单位的资质证书复印件,主要设计、监理人员、施工单位项目经理、技术负责人,各从业单位工地试验检测人员资格证书复印件及监理计划、监理细则、施工组织设计等;

(五)各标段工程概况及主要工程量汇总统计表;

(六)质监机构要求的其他相关材料。

第十五条 质监机构在收到建设单位提交的质量监督申请和有关资料时,对申请资料的完整性、真实性进行初步审查,应当对符合要求的,及时办理质量监督登记手续;不符合要求的,不予登记,并一次性告知应予补正的材料。

质监机构自办理质量监督登记手续之日起十五日内,对所收到的监督申请资料及施工现场进行核实,对符合基本建设程序的公路水运工程项目,制定监督计划,确定工程质量监督人员,发出《公路水运工程质量监督通知书》(附件3)送建设单位。对不符合基本建设程序的项目,填写《公路水运工程质量监督申请不予受理告知单》(附件4),书面通知建设单位不予受理并告知原因,同时向本级交通运输行政主管部门报告。交通运输主管部门应当根据有关规定,责令建设单位完善基本建设程序。公路水运工程项目符合基本建设程序后,建设单位应当重新提出质量监督申请。

第十六条 质监机构应根据监督工作计划,采取综合督查、专项督查、巡视督查、备案督查等方式,对从业单位质量管理行为、施工工艺、工程实体质量等进行监督检查。应当重点督查质量保证体系建立和运行情况、强制性标准执行情况及通病治理等情况,特别是质量管理的薄弱环节和涉及结构强度、稳定性和耐久性等关键指标。

第十七条 质监机构履行监督检查职责时,可以采取下列措施:

(一)要求被检查的单位提供有关工程质量的文件和资料;

(二)进入被检查单位的施工现场进行检查;

(三)对检查中发现的工程质量问题,责令改正。

第十八条 质监机构在开展质量监督过程中,应做好现场监督检查记录,认真填写《建设项目质量安全监督检查告知单》(附件5)、《建设项目质量安全管理不良行为记录表》(附件6)。

第十九条 质监机构对督查中发现的质量问题,应当现场提出整改要求,并在督查结束后7日内向建设单位发送公路水运工程质量督查意见,同时抄送有关项目主管单位。一般质量管理问题和质量缺陷,责令限期改正;对不合格工程,责令限期返修;对违法的质量行为依法予以纠正。

第二十条 有关单位应按要求进行整改或返修,并及时提交书面整改报告。质监机构对质量问题的整改落实情况实行追踪检查,对严重质量问题的整改结果进行现场核验。

第二十一条 建设单位应按现行国家标准、行业标准规定的质量要求组织工程交工验收,未经交工验收或交工验收不合格的工程不得交付使用。

建设项目开工令发布后,高速公路等重点工程项目在六个月内、水运工程和其他公路工程项目在一个月内,应按有关规定确定交工验收质量检测单位。检测单位应及时了解项目建设特点,按照质监机构的要求,编制交工质量检测大纲,依据工程进展情况,分阶段对工程质量进行检测,按要求及时出具检测报告,并对检测数据的真实性、准确性负责。

第二十二条 质监机构在公路水运工程交工验收前,根据中间质量监督检测情况和交工验收质量检测结果,出具《公路水运工程交工质量检测意见》(附件7)。

第二十三条 在项目试运营期间,质监机构应组织工程质量回访,督查工程质量状况及交工遗留问题的处理情况。督查结果通报建设单位,并督促相关从业单位对存在问题整改到位。

第二十四条 公路、水运工程竣工验收前,建设单位向质监机构提交《公路水运工程竣工质量鉴定申请书》(附件8),建设单位和质监机构按有关规定确定竣工验收质量检测单位,对规定复测项目和试运营期间工程质量出现明显变异的工程实体项目进行检测,质监机构依据交工验收质量检测资料、竣工验收复测资料、设计单位质量评价报告及监督过程中的检查资料,对工程进行质量鉴定,并出具《公路水运工程竣工质量鉴定报告》(附件9)。

未经质量鉴定或质量鉴定不合格的项目,不得组织竣工验收。

质监机构因工作需要对工程实体进行非常规试验检测和交工、竣工验收检测依法发生的试验检测费用,由建设单位承担。

第二十五条 公路水运工程竣工验收时,质监机构应提交《公路水运工程质量监督工作报告》(附件10)。

第二十六条 交、竣工验收合并进行的公路水运项目,其交、竣工验收质量检测工作可合并进行。

第二十七条 质监机构依据竣工验收结论,对通过竣工验收的公路水运工程各参建单位签发《参建单位工作综合评价等级证书》(附件11)。

第四章 质量举报及事故处理

第二十八条 任何单位和个人有权对公路水运工程质量缺陷、质量事故和影响工程质量的行为,向交通运输主管部门、质监机构举报或投诉。

第二十九条 交通运输主管部门、质监机构应当依照相关规定及时、公正地处理投诉和举报事宜,并将处理结果反馈给投诉或举报人。

第三十条　交通运输主管部门或其委托的质监机构应按照科学、公正的原则仲裁工程质量争端,必要时可委托具有相应资质的试验检测机构进行质量检测,聘请专家进行质量鉴定。

第三十一条　公路水运工程发生质量事故,有关单位应当在24小时内向当地交通运输主管部门和质监机构报告。对重大质量事故,当地交通运输主管部门应向上级交通运输主管部门报告,必要时向当地人民政府报告。特大质量事故的调查处理按照国务院有关规定办理。

第三十二条　质量事故发生后,交通运输主管部门或其委托的质监机构应及时到现场了解事故情况,督促相关单位调查分析并制定技术处理方案,并应依据工程建设标准、规范、质量事故技术处理方案以及工程设计等要求对处理过程进行监督检查。

第三十三条　建设单位应在质量事故处理结束后,组织有关单位进行检查验收,并向交通运输主管部门或其委托的质监机构及时报送复查记录。

第五章　监督管理

第三十四条　各级交通运输主管部门应当依照有关法律、法规、规章的规定对本行政区域内公路水运工程质量监督工作进行指导、监督和服务。

第三十五条　质监机构应当认真履行公路水运工程质量监督工作职责,建立完善的监督管理制度和工作机制,落实监督责任制,并加强对质监人员的监督管理和业务培训。

第三十六条　质监人员取得执法证件后方可从事公路水运工程质量监督行政执法工作。在执法过程中,应当忠于职守,秉公办事,清正廉洁,热情服务。

第三十七条　公路水运工程质量监督工作实行公开办事制度和服务承诺制。任何单位和个人都有权对质监机构和质监人员进行监督,有权对其违法失职行为向交通运输主管部门提出检举、控告。

第三十八条　各级质监机构应定期向社会公开发布工程项目法人、勘察设计、施工、监理等单位的名称和责任人姓名,接受社会监督。

第三十九条　交通运输主管部门和质监机构应按照有关信用评价办法的规定,对相关从业单位进行信用评价。信用评价结果可作为交通建设工程招标投标管理的依据之一。

第四十条　质监机构应当建立健全档案管理制度,对监督工作中形成的资料应及时进行整理、立卷和归档。

第四十一条　质监机构违反有关规定,对不合格的公路水运工程出具质量合格文件的,由交通运输主管部门责令改正;构成犯罪的,依法追究刑事责任。

第四十二条　质监机构工作人员在公路水运工程质量监督工作中玩忽职守、滥用职权、徇私舞弊,由交通运输主管部门或其委托的质监机构依据有关规定给予处分;构成犯罪的,依法追究刑事责任。

第六章　附　则

第四十三条　对违反本实施细则的行为,依据《建设工程质量管理条例》、《公路工程质量监督规定》、《水运工程质量监督规定》等有关规定进行处罚。

第四十四条　本实施细则自2013年11月10日起施行。

《安徽省公路水运工程质量监督实施细则》(皖交质监〔2009〕345号)同时废止。

第四十五条 本实施细则由安徽省交通运输厅负责解释。

附件:1. 公路水运工程质量监督申请书

2. 公路水运工程质量监督申请手续催办通知书

3. 公路水运工程质量监督通知书

4. 公路水运工程质量监督申请不予受理告知单

5. 建设项目质量安全监督检查告知单

6. 建设项目质量安全管理不良行为记录表

7. 公路水运工程交工质量检测意见

8. 公路水运工程竣工质量鉴定申请书

9. 公路水运工程竣工质量鉴定报告

10. 公路水运工程质量监督工作报告

11. 参建单位工作综合评价等级证书

附件1

公路水运工程质量监督申请书

_____质量监督局(站)：

_____工程项目即将申请开工报告,按照《建设工程质量管理条例》《公路工程质量监督规定》《水运工程质量监督规定》和《安徽省公路水运工程质量监督实施细则》等规定,现提供该工程概况和有关资料,申请办理工程质量监督手续,请予以办理。

附件:1-1 _____工程项目基本情况一览表
    1-2 项目业主组织机构情况表
    1-3 公路水运工程质量监督申请资料一览表
    1-4 _____工程监理机构人员情况表
    1-5 各合同段施工单位主要人员情况表

申请单位(公章)
年 月 日

质量监督机构审核意见

质量监督机构(公章)
年 月 日

附件 1-1

_____工程项目基本情况一览表

项目名称			
建设单位			
负责人		电话	
办公室电话		邮编及地址	
工程简况	要求简况中必须写明以下内容		
	1. 工程起止地点、里程		
	2. 工程设计标准		
	3. 工程开工时间、计划完工时间		
	4. 工程总投资		

续上表

标段	施工单位名称	起止桩号	中标价	项目经理	电话

监理单位	起止桩号	监理处(组)长	电话	备注

设计单位	负责人	电话	备注

填报： 填表日期： 年 月 日

附件 1-2

项目业主组织机构情况表

项目名称:				
建设单位:				
姓　　名	担任职务	办公室电话	手　机	备注(分管工程)
	项目负责人			
	技术负责人			
	总监			
	总监代表			
	……			
	工程部部长			
	……			
组织机构框图				

填报：　　　　　　　　　　　　　　　　　　　　　　　填表日期：　年　月　日

附件 1-3

公路水运工程质量监督申请资料一览表

序 号	项 目		份 数
1	质量监督申请书	工程概况一览表	
2		项目建设组织机构情况表	
3		监理单位人员情况表	
4		施工单位人员情况表	
5		工地试验室审查结果和申请备案资料	
6	基本建设程序审批文件	工可批复(核准、备案)文件	
7		初步设计批复文件	
8		施工图设计批复文件、施工图纸	
9		工程地质勘察资料及验收文件	
10	监理单位有关材料	工程实体进度计划	
11		监理合同副本	
12		监理单位资质证书	
13		监理人员名单及资格	
14		监理工作计划	
15		监理细则	
16	施工单位有关材料	施工承包合同副本	
17		施工单位资质证书	
18		主要人员资格证书	
19		施工组织设计、质量自检程序	

附件 1-4

________工程监理机构人员情况表

第____监理处(组)　　　　　　　　　　　　　　　　　　第　页　共　页

建设单位：								填表时间：　年　月　日							
单位：															
驻地高监：				电话：				监理标段： 起止桩号：							
办公室电话：								邮编及地址：							
投标承诺								实际进场							
序号	投标拟任职务	姓名	性别	年龄	职称	监理资格证编号（培训证）	是否进行执业登记	序号	实际进场任职	姓名	性别	年龄	职称	监理资格证编号（培训证）	是否进行执业登记
人员变动情况说明及相关变更证明材料															

填报：　　　　复核：　　　　监理处(组)长：　　　　总监：

附件1-5

各合同段施工单位主要人员情况表

项目名称：

建设单位：

主要人员到位情况：

第　页　共　页

标段	施工单位	投标承诺						实际进场					
		担任职务	姓名	性别	年龄	职称	聘任资格证书编号	是否外聘	担任职务	姓名	性别	年龄	职称	聘任资格证书编号	是否外聘
		项目经理							项目经理						
		副经理							副经理						
		技术负责人							技术负责人						
		试验工程师							试验工程师						
		结构工程师							结构工程师						
		质检工程师							质检工程师						
		道路工程师							道路工程师						
		……							……						
		安全生产负责人							安全生产负责人						

人员变动情况说明及相关变更证明材料

质量自检管理体系组织框图

填报：　　　　复核：　　　　项目经理：　　　　工程部部长：　　　　填表日期：

附件 2

公路水运工程质量监督申请手续催办通知书

____质监字〔____〕第__号

_____：

　　根据《公路工程质量监督规定》《水运工程质量监督规定》和《安徽省公路水运工程质量监督实施细则》等规定，你单位建设的_____工程应接受质量监督。请接到本通知之日起十日内携带《公路水运工程质量监督申请书》及相关附件资料，到我单位办理质量监督手续。

　　特此通知

联系人：
电　话：
地　址：

质量监督机构（公章）
年　月　日

（注：此通知书一式二份，建设单位一份，质量监督机构一份。）

附件3

编号：_____

公路水运工程质量监督通知书

工程名称：_____

监督单位：_____

年　月　日

_____:

　　根据《建设工程质量管理条例》《公路工程质量监督规定》《水运工程质量监督规定》和《安徽省公路水运工程质量监督实施细则》的规定,我局(站)受理_____工程项目的质量监督。将按下述计划由_____监督工程师、_____监督员对该工程进行质量监督,本项目的监督负责人为_____。

　　一、监督依据
　　二、监督范围
　　三、监督主要职责
　　四、监督计划
　　(一)工程开工前
　　(二)工程施工阶段
　　(三)工程交工、竣工验收阶段
　　五、其他内容

质量监督机构(公章)
年　月　日

附件4

公路水运工程质量监督申请不予受理告知单

_____：

　　你单位_____年___月___日报送的《_____工程质量监督申请书》及有关文件资料收悉。经审查：

　　_____等项不符合《公路工程质量监督规定》《水运工程质量监督规定》及《安徽省公路水运工程质量监督实施细则》的相关要求(详见附表)，暂不予受理。请你单位完善相关手续后，重新办理监督申请。

质量监督机构(公章)

年　　月　　日

附件5

建设项目质量安全监督检查告知单

项目名称：　　　　　　　　　　　　　　　　　　　　编号：

标段/驻地		受检单位	
监督人员		检查人员	
检查内容：			

一、主要问题及处理意见：

二、有关要求：
1. 问题处理结果于＿日内反馈给监督负责人；
2. 各参建单位应举一反三，加强自查自纠＿＿＿＿＿＿＿。

受检单位负责人签名：　　　项目业主代表签名：　　　督查人员签名：

　　　　　　　　　　　　　　　　　　　　　　　　　年　月　日

注：1. 本表一式三份。现场管理机构、受检单位、质监机构各留存一份。
　　2. 本表中"检查人员"为业主现场管理机构、总监办、驻地、中心试验室等主要参与检查人员。
　　3. 编号统一为"项目名称(缩写拼音字母) + 数字代码(001~100)"。

附件6

建设项目质量安全管理不良行为记录表

项目名称：   编号：

标段/驻地		受检单位	
监督人员		检查人员	

不良行为及原因：

处理意见：
<div align="right">监督负责人签名： 年　月　日</div>

受检单位意见：
<div align="right">负责人签名： 年　月　日</div>

项目业主意见：
<div align="right">负责人签名： 年　月　日</div>

注：1. 本表一式三份。现场管理机构、受检单位、质监机构各留存一份。
    2. 本表中"检查人员"为业主现场管理机构、总监办、驻地、中心试验室等主要参与检查人员。
    3. 编号统一为"项目名称（缩写拼音字母）+数字代码（001~100）"。
    4. 本表由质监机构依据相关信用评价内容填写，作为对受检单位信用评价依据。

附件 7

公路水运工程交工质量检测意见

一、工程概况

工程名称、范围,建设、设计、施工、监理单位名称,各单位工程(合同段)投资额。

二、检测依据

文字描述。

三、检测项目、检测频率及检测方法

文字描述。

四、检测结果

文字描述。

五、存在的问题及建议

文字描述。

六、附件

抽检项目检测报告。

附件8

公路水运工程竣工质量鉴定申请书

_____工程质量监督局(站)：

　　_____工程项目业已经过缺陷责任期。按《公路工程质量监督规定》《水运工程质量监督规定》《公路工程竣工验收办法》《港口工程竣工验收办法》《航道工程竣工验收办法》和《安徽省公路水运工程质量监督实施细则》等规定，现向你局(站)提供下列资料，申请办理工程竣工验收质量检测鉴定手续。

　　附件：1. 交工验收报告
　　　　　2. 缺陷责任期内维修情况报告
　　　　　3. 工程质量自评报告
　　　　　4. 交工验收存在问题处理情况

申请单位：(公章)

年　月　日

（注：本申请书由建设单位在竣工验收前填写，一式两份送质量监督机构办理手续。）

附件9

＿＿＿＿＿＿＿工程竣工质量鉴定报告

＿＿＿＿（质量监督机构）＿＿＿＿

年 月 日

工程质量鉴定报告内容

一、项目基本情况

（一）项目概况：介绍项目地理位置、包含工程内容、主要技术经济指标，总概算投资及合同工期。

（二）项目组织：介绍项目建设、设计、监理、施工单位的情况。

二、鉴定工作依据及内容

（一）鉴定工作依据；

（二）鉴定工作内容：

1. 按照批准的检测大纲进行复测。

2. 对交工验收遗留问题的处理情况、试运营期工程质量出现明显变异的工程实体及处理情况进行检查。

3. 对项目质量监督机构的质量鉴定资料及与之相关的施工、监理单位质量评定资料、内业资料分标段进行抽查。

三、鉴定工作组织及实施情况

四、复测指标、外观质量检查、内业资料审查结果

五、工程交工验收时存在主要质量问题及处理情况

六、试运营期出现的主要问题及处理情况

七、鉴定评分及质量等级结论

八、主要问题及建议

附件 10

＿＿＿＿＿＿工程质量监督工作报告

一、工程质量监督机构及依据
（一）监督单位名称
（二）监督负责人（职务、职称、监督资格）
（三）监督人员（职务、职称、监督资格）
（四）监督依据
二、工程基本情况
（一）工程规模、主要技术指标
（二）开工、完工日期
（三）建设、设计、施工单位、监理单位、检测单位
建设单位名称、负责人
各设计单位名称、负责人
各施工单位名称和资质等级、项目经理名单和资格证书及编号
各分包单位名称和资质等级、项目经理名单和资格证书及编号
各监理单位名称和资质等级、总监理工程师、总监理工程师代表、高级驻地监理工程师名单和资格证书及编号
三、基本建设程序执行情况
基本建设程序审批机关、批准文号和批准设计（可用表格方式）
（一）工程可行性研究报告
（二）初步设计
（三）施工图设计
（四）土地征用
（五）施工监理招标投标（重点是程序性监督的内容、评标专家名单）
（六）施工招标投标（视质监机构工作权限编写）
（七）开工报告
四、施工过程监督工作完成情况
（一）监督工作程序（监督登记、落实监督人员、编制工作计划、监督通知书等）
（二）监督工作方法（监督检查人员、检查仪器设备、检查频率、历时、检查工作重点）
（三）监督工作效果（检查次数、各次检查中的质量情况及结果简述、发现的主要问题及处理情况）
（四）历次监督抽查质量情况及抽检结果汇总（表格方式）
五、对工程建设各行为主体质量行为（工作）评价要点
（一）建设单位（项目法人）质量行为要点性评价
（二）设计单位质量行为要点性评价（主要针对现场）
（三）监理单位质量行为要点性评价

（四）施工单位质量行为要点性评价

（以上内容重点放在质量保证体系、从业人员资格和素质、设备配置、执行国家法律法规标准规范、企业内部管理等方面）

六、交工验收质量检验评定及质量缺陷处理

（一）交工验收质量检验工作（检验依据、检验方法、检验项目及完成成果）

（二）交工验收中提出的主要缺陷及要求

（三）缺陷维修期内对质量缺陷的处理完成情况

七、工作质量评定意见

（一）建设项目总体质量意见（质量评分及等级、对交工验收质量评定意见的修正调整）

（二）各合同段质量鉴定意见（注明调整质量意见的合同段）

八、问题与建议

附件 11

参建单位工作综合评价等级证书

证书编号：

工程名称				
单位名称				
承担工程的内容：				
主要人员：				
开工时间		竣工验收质量评分		
竣工时间		竣工验收评价等级		

质监机构负责人：　　　　　　　　　　　　　　　　　　　　　　盖章
　　　　　　　　　　　　　　　　　　　　　　　　　　　　　　年　月　日

注：1. 项目参建单位包括建设单位、设计单位、监理单位、施工单位。
　　2. 竣工验收完成时，项目质量监督机构分别对项目各参建单位填写工作综合评价等级证书。
　　3. 竣工验收结论根据对各参建单位工作综合评价结果填写综合评价评语（包括评分和评价等级）。

附录 3

交通运输部关于进一步加强
公路项目建设单位管理的若干意见

交公路发〔2011〕438号

各省、自治区、直辖市、新疆生产建设兵团交通运输厅(局、委),天津市市政公路管理局:

公路项目建设单位是工程建设的组织者和管理者,在保证工程建设质量和提高管理水平方面承担着重要职责。近年来,各级交通运输主管部门切实加强对项目建设单位的管理,充分发挥项目建设单位的主导作用,为保证公路建设又好又快发展作出了重要贡献。但是,随着公路建设规模的持续扩大,一些项目建设单位出现了管理能力下降、技术人员配备不足等问题,影响工程建设质量与耐久性。为提高公路建设管理水平,规范管理行为,加快推行现代工程管理,现就进一步加强公路项目建设单位管理提出以下意见:

一、充分认识加强公路项目建设单位管理的重要意义

(一)加强公路项目建设单位管理是确保工程质量与安全的需要。质量与安全是工程建设永恒的主题。公路项目建设单位承担着工程的组织、协调和管理职责,处在建设项目管理的中心枢纽位置,其管理能力、眼界视野和质量安全意识,决定着工程的建设质量与安全水平。进一步提高项目建设单位的能力与素质,推行建设单位管理高标准、严要求,对提升工程内在品质与耐久性,提高工程质量与安全具有重要的保障作用。

(二)加强公路项目建设单位管理是控制工程投资、确保建设工期的需要。控制工程造价、降低建设成本,保证在合同工期内按时完成建设任务,是工程项目管理的重要内容。加强项目建设单位在工程建设中的全过程管理,保证勘察设计工作深度,落实各参建单位有效投入,明确建设各方责、权、利关系,有利于控制工程造价,减少设计变更,确保合理建设工期,发挥工程投资最大效益。

(三)加强公路项目建设单位管理是规范建设市场行为的需要。建立市场诚信体系,规范市场行为,引导从业单位和从业人员自觉遵章守纪,是工程建设市场管理的重要内容。项目建设单位作为工程合同的管理者和执行者,在落实建设单位合同义务,促进参建各方信守合同,提高市场履约水平等方面承担着重要职责。落实项目建设单位合同管理职责,严格合同执行,对于促进公路建设市场信用体系建设,建立规范、诚信的市场秩序,具有重要的推动作用。

(四)加强公路项目建设单位管理是建设廉洁工程的需要。开展工程建设领域专项治理工作,建立健全防治公路建设领域商业贿赂的长效机制,是当前工程建设管理的一项重要工作。项目建设单位通过加强制度建设,完善工作机制,强化工程和人员的管理,从体制和机制上堵塞管理漏洞,有利于加快构建预防和惩治腐败体系,建设廉洁工程,提高行业形象。

二、指导思想和工作原则

（五）指导思想：深入贯彻落实科学发展观，以增强建设单位能力与素质、推进建设管理专业化、提高工程质量与安全为核心，以严格资格标准、健全组织机构、规范管理行为、落实监督考评为举措，充分发挥建设单位的主导作用，完善公路建设市场信用体系建设，推进工程管理现代化，提高公路建设管理水平。

（六）工作原则：

——严格资格标准，推行管理专业化。严格公路项目建设单位的资格与素质要求，鼓励组建专业齐全、技术精湛、经验丰富的专业化管理团队，推进工程管理现代化。

——规范建设管理，实行施工标准化。健全公路项目建设单位的管理制度，细化质量安全与投资控制目标，严格建设管理关键环节控制，落实标准化要求，建立现代工程管理运行机制。

——加强监督检查，狠抓行为规范化。加强对公路项目建设单位的监督检查，落实管理制度与管理责任，发挥建设单位的管理示范效应，确保现代工程管理取得实效。

——创新管理机制，推进人员职业化。不断创新管理方法，推进公路项目建设单位的考核评价，加强绩效评估，建立考核制度，完善市场信用体系，促进建设管理队伍职业组化。

三、严格公路项目建设单位资格管理

（七）公路项目建设单位系指承担工程建设管理职责的项目法人，及其派驻工程现场指挥、协调、管理各参建单位完成工程建设任务的管理机构（指挥部、项目办、管理处等）。

公路项目建设单位履行建设管理职责，应具备相应的管理能力和建设经验，按规定组建机构、配备人员，制定完善工程管理各项规章制度。

（八）高速公路新建（改扩建）项目或独立特大型桥梁、隧道项目，派驻工程现场的建设管理机构、管理人员应符合以下资格条件。各省级交通运输主管部门可根据本地区实际制定具体标准，但不应低于以下资格条件：

1. 管理机构：应设有计划、合同、技术、质量、安全、财务、纪检等职能部门。

2. 管理人员：总人数视工程项目建设规模和专业技术要求确定，其中工程技术人员应不少于管理人员总数的65%，具有高、中级以上专业技术职称的人员应占工程技术人员总数的70%以上。

3. 人员资格：管理机构负责人及其关键岗位人员应具有良好的社会信用和职业道德，具备相应工程组织管理能力，严格执行国家有关法律和规定，熟悉、掌握公路建设规章、政策，其中：

机构负责人：具有中级以上专业技术职称，具备2个及以上高速公路项目的建设管理经历；

技术负责人：熟悉、掌握公路工程技术标准、规范和规程，具有高级及以上专业技术职称，具备2个及以上高速公路项目的技术管理经历；

财务负责人：熟悉、掌握财经法规和财务制度，具有中级以上职称，具备1个及以上高速公路项目的财务管理经历；

关键岗位人员：计划、合同、技术、质量、安全等部门负责人应具备相应岗位的专业技术和任职资格，并分别具备1个及以上高速公路项目的建设管理经历。

其他技术等级公路项目建设单位及其派驻工程现场的管理机构、管理人员及资格条件由省级交通运输主管部门根据本地区实际确定。

（九）公路项目建设单位派驻工程现场的管理机构、管理人员及资格条件实行核备制度。

在报批项目初步设计文件时，公路项目建设单位应将派驻工程现场的管理机构、管理人员及资格条件报有关交通运输主管部门核备。交通运输主管部门应及时审核，对未达到资格标准的，要责成其补充完善，或责成其按规定委托具备相应管理能力的代建单位负责建设管理。

四、规范建设管理行为

（十）执行国家基本建设程序。公路项目建设单位应按照公开、公平、公正的原则，依法组织招标投标，择优选定勘察、设计、施工、监理单位，按规定向主管部门报送有关文件，依法办理施工许可和竣（交）工验收。

（十一）严格合同管理。公路项目建设单位应严格履行合同义务，创建良好的施工环境和条件，确保按设计施工、按规程施工、按合同要求施工。所有设计变更应按规定程序经批准后实施，不得擅自修改。加强投资控制和资金管理，严格计量支付和工程造价控制，做到专款专用，专户储存，不得挤占挪用、不得拖欠工程款。

（十二）细化目标管理与责任。公路项目建设单位应根据工程特点，按单位工程、分项工程分解质量目标与管理要点，细化保证措施，健全岗位责任，落实工程质量责任登记制度，做到工程管理中各单项、各环节、各部位都有技术要求、管理措施和人员责任。

（十三）加强质量安全管理。公路项目建设单位应严格执行国家有关技术标准和规范，结合项目特点制定质量和安全管理要求，依据勘察、设计、施工、监理合同，加强检查落实，实行严格问责和评价制度，督促各从业单位建立健全规章制度，落实环境保护与资源节约政策，强化质量与安全保证措施，确保管理到位。

（十四）推进信息化管理。公路项目建设单位要以科技手段、信息技术、网络管理为支撑，建立并应用覆盖公路项目建设管理全过程的信息系统，将工程质量、安全、进度、投资以及设计变更和试验检测等管理内容纳入系统，实行动态管理，提高工程现代化管理水平。

（十五）维护公众利益。公路项目建设单位在加强工程管理的同时，要承担必要的社会责任，维护农民工合法权益，督促施工单位按时发放农民工工资；协调处理好与相关单位及沿线群众的关系，树立公路项目建设单位的良好社会形象。

（十六）加强廉洁自律。公路项目建设单位应依法办事、规范管理，切实加强廉政建设，自觉接受纪检监督、行政监督、舆论监督和社会监督，落实各项廉政制度和措施；要与从业单位逐一签订廉政合同，形成公路项目建设单位与从业单位相互监督机制。

五、加强监督检查

（十七）落实建设管理责任。省级交通运输主管部门要加强监管，重点核查公路项目建设单位在质量、安全、资金、环保等方面的制度建设与执行情况，发现问题及时提出整改意见；要加快省级项目管理信息平台建设，制定统一标准，督促建设单位应用技术成熟的项目管理信息系统，动态掌握项目建设进程与管理信息、质量安全信息、质量抽检评定信息等；要突出建设资金管理与使用的全过程、全方位的监督检查，确保建设资金安全，严肃查处虚假合同、违规支付等行为。

（十八）严格工程验收工作。省级交通运输主管部门要加强对验收工作的监督管理，严格按照规范、标准和设计批复文件鉴定、审核、验收工程项目。对违规自行提高或降低建设标准，增加或减少建设规模，隐瞒工程存在的质量和安全隐患的项目，交通运输主管部门不得批准开放交通，不得通过项目竣（交）工验收，要依法追究建设单位及其相关人员的责任并记入信用档案。

（十九）推行考核评价制度。省级交通运输主管部门要结合本地区公路建设实际，制定有针对性、操作性强的考核评价办法，加强对公路项目建设单位的履职状态、管理成效的考核评价，督促建设单位完善制度、提高素质、增强管理能力，切实履行建设管理职责，维护公共安全和公众利益。考核评价指标应涵盖工程质量、安全生产、环境保护、合同管理、投资控制、廉政建设等关键内容，实行质量、安全一票否决制。

（二十）建立奖惩激励机制。省级交通运输主管部门对公路项目建设单位管理创新、质量优良、安全有序、投资节省的，要给予表彰和奖励；对管理混乱、发生质量和安全责任事故的，要依法撤换或清退有关单位或人员，并追究其责任。

六、有关要求

（二十一）分步实施。省级交通运输主管部门要对照高速公路项目建设单位的资格标准，在2011年底前对本地区在建高速公路（含独立特大型桥梁、隧道）项目建设单位进行全面核查，对不符合要求的建设单位要责令整改，确保各建设单位派驻工程现场的管理机构和管理人员条件合格、素质过硬、管理规范。

（二十二）重点督查。从2012年上半年开始，部将结合公路建设市场督查，对高速公路（含独立特大型桥梁、隧道）项目建设单位的管理能力、管理行为、管理成效进行抽查，切实增强建设单位的素质能力，提高公路建设管理水平。

（二十三）考核评价。省级交通运输主管部门要按照强化管理、落实责任、切实推进的原则，不断深化公路项目建设单位的考核评价工作，建立公路项目省级建设管理人才库，2011年底前要将考核评价办法报部。

从2012年开始，各省级交通运输主管部门要对高速公路（含独立特大型桥梁、隧道）项目建设单位开展年度考核评价，评价结果计入公路建设市场信用评价体系，并于当年底前报部，确保公路项目建设单位考核评价工作取得实效。

（二十四）本意见自2011年10月1日起施行。原交通部2001年9月30日公布的《公路建设项目法人资格标准（试行）》（交公路发〔2001〕583号）同时废止。

附录 4
中国土木工程詹天佑奖评选条例

第一章 总 则

第一条 为贯彻国家科技创新战略,提高工程建设水平,促进先进科技成果应用于工程实践,创造优秀的土木建筑工程,特设立中国土木工程詹天佑奖。

第二条 中国土木工程詹天佑奖(简称詹天佑奖)为詹天佑土木工程科学技术奖的主要奖项。詹天佑土木工程科学技术奖由詹天佑土木工程科技发展基金会(简称詹天佑基金会)设立,由中国土木工程学会承办,于 2001 年 3 月经国家科技部首批核准,国家住房和城乡建设部认定为全国建设系统工程奖励项目。

第三条 本奖项是我国土木工程领域工程建设项目科技创新的最高荣誉奖(国家创新工程);由中国土木工程学会和詹天佑基金会联合颁发;在住房和城乡建设部、铁道部❶、交通运输部、水利部等建设主管部门的支持与指导下进行。

第四条 本奖项的奖励对象是:在科技创新(尤其是自主创新)和科技应用方面,成绩显著的优秀土木工程建设项目。本奖项应充分体现"创新性"、"先进性"和"权威性"。

第五条 本奖项评选始于 1999 年,每两年评选一次,自 2003 年起本奖改为每年评选一次,每次评选获奖工程 30 项左右,必要时可设"特别奖"。

第二章 评选工程范围及申报条件

第六条 本奖项评选范围包括下列各类工程:
一、建筑工程(含高层建筑、大跨度公共建筑、工业建筑、住宅小区工程等);
二、桥梁工程(含公路、铁路及城市桥梁);
三、铁路工程;
四、隧道及地下工程、岩土工程;
五、公路及场道工程;
六、水利、水电工程;
七、水运、港工及海洋工程;
八、市政工程(含给排水、燃气热力工程);
九、特种工程(含防护工程、核工程、航空航天工程、塔桅工程、管道工程等)。

第七条 申报条件

---

❶ 2013 年 3 月,根据第十二届全国人民代表大会第一次会议审议的《国务院关于提请审议国务院机构改革和职能转变方案》的议案,铁道部实行铁路政企分开。将铁道部拟定铁路发展规划和政策的行政职责划入交通运输部;组建国家铁路局,由交通运输部管理,承担铁道部的其他行政职责;组建中国铁路总公司,承担铁道部的企业职责;不再保留铁道部。

申报本奖项的单位必须是中国土木工程学会的团体会员。申报本奖项的工程需具备下列条件：

一、必须在勘察、设计、施工以及工程管理等方面有所创新和突破（尤其是自主创新），整体水平达到国内同类工程领先水平。

二、必须突出体现应用先进的科学技术成果，有较高的科技含量，具有一定的规模和代表性。

三、必须贯彻执行节能、节地、节水、节材以及环境保护等可持续发展方针。

四、工程质量必须合格。

五、必须通过竣工验收。对建筑、市政等实行一次性竣工验收的工程，必须是已经完成竣工验收并经过一年以上使用核验的工程；对铁路、公路、港口、水利等实行"交工验收或初验"与"正式竣工验收"两阶段验收的工程，必须是已经完成竣工验收的工程。

第三章 参选工程的推荐与申报

第八条 提名推荐

根据本条例第二章所列的评选工程范围及申报条件，由下述三个推荐渠道的各相关单位，组织对所属专业（地区）领域的工程项目进行遴选后推荐，每家推荐单位最多可以推荐参选工程3项。

一、建设、铁道、交通、水利等有关部委主管部门；

二、省、自治区、直辖市土木工程或土木建筑学会（会同当地建设行政主管部门），港澳台地区受委托的相应组织；

三、中国土木工程学会专业分会（委员会）。

中国土木工程学会团体会员单位可以自荐参选工程1项，但须报经上述三个推荐渠道之一进行认定。

第九条 申报

一、在推荐单位同意推荐（或认定）的条件下，由参选工程的主要完成单位（报奖单位）共同协商填报"参选工程推荐申报书"（附件1），并提交相关的申报附件材料（附件2）。推荐申报书及相关申报附件材料由第一报奖单位（即申报单位）负责协调并提交。

二、参选工程的报奖单位应为该工程项目在技术创新与先进科技成果应用方面的主要完成单位（包括工程的勘察、设计、施工、科研和建设、监理单位等）；每项工程的报奖单位原则上限报5家单位，对特大型工程可适当增加。

第四章 评 选

第十条 评选机构

一、评选委员会由各专业的土木工程资深专家组成，设主任委员1人，委员若干（建立评委专家库，每届选取部分专家组成），由詹天佑基金会和中国土木工程学会共同聘任。

二、设詹天佑奖指导委员会负责工程评选的指导和监督。詹天佑奖指导委员会由住房和城乡建设部、铁道部、交通运输部等有关部门及学会和基金会的领导组成。

第十一条 专业预选

一、根据参选工程类型，按相近专业分成若干专业组，由预选评审组进行专业预选，提出候选工程报评选委员会。发挥专业专家的技术把关作用。

二、预选由专业分会协办；预选评审组原则上以分会（或相近专业分会联合）为基础，聘请有关专家组成。

三、必要时，对于选出的工程可组织有关专家进行实地考察。

第十二条　评选

一、评选工作要坚持公正、公平、公开的原则，建立回避制和监督制；坚持科学公开、严格筛选，宁缺毋滥。

二、评审由评选委员会组织进行。评选委员会对预选评审组提出的候选工程的评审材料进行审查，并以无记名投票方式选出获奖工程。

第十三条　网上公示及通告

一、对评选委员会评选出的获奖工程名单，在中国土木工程学会网站上进行公示，广泛听取各方面的意见，必要时可有重点地对某些候选工程组织核查。

二、将评选委员会评选出的"获奖工程"书面通告各报奖（即获奖）单位。

第十四条　终审

一、在詹天佑奖指导委员会会同评选委员会负责人的联席会议上对最后评选结果进行终审，做出评选结果的决定。

二、会议认为必要时，可以对国计民生具有重大意义和影响的国家特大型工程授予"特别奖"。

第五章　奖励与颁奖

第十五条　奖励

一、对每项获奖工程，颁发中国土木工程詹天佑奖奖牌（要求镶嵌在工程显要位置）。

二、对获奖工程的每个主要完成单位（报奖单位），授予"詹天佑铸像"奖杯、纪念奖牌及荣誉证书。

三、在科技、建设及学术报刊以及学会网站上，公告获奖名单，在新闻媒体上介绍获奖工程，展示科技创新成果。

四、对每届获奖工程组织编辑出版《中国土木工程詹天佑奖获奖工程集锦》大型图集等宣传材料。

第十六条　颁奖

在评奖年度（或次年初）隆重举行颁奖仪式。

第六章　附　　则

第十七条　本条例经詹天佑基金会理事会议修订通过，自2011年2月起实施。本条例的解释权属詹天佑基金会。

附录 5

中国建设工程鲁班奖（国家优质工程）评选办法

（2013 年修订）

第一章 总 则

第一条 为贯彻落实科学发展观，坚持"百年大计、质量第一"的方针，加快我国建筑业的技术进步，促进建筑业企业提高技术装备水平和经营管理水平，推动建设工程质量水平的提高，规范中国建设工程鲁班奖（国家优质工程）（以下简称鲁班奖）的评选活动，制定本办法。

第二条 鲁班奖是我国建设工程质量的最高奖，工程质量应达到国内领先水平。

第三条 鲁班奖的评选工作在住房和城乡建设部指导下由中国建筑业协会组织实施，评选结果报住房和城乡建设部。

第四条 鲁班奖的评选工作要本着对人民负责、对历史负责的精神，坚持"优中选优"和公开、公正、公平的原则。

第五条 鲁班奖每两年评选一次，获奖工程数额不超过 200 项。获奖单位为获奖工程的主要承建单位、参建单位。

第六条 鲁班奖由建筑业企业自愿申报，经省、自治区、直辖市建筑业协会、有关行业建设协会或有关单位择优推荐后进行评选。

有关单位是指没有成立建筑业（建设）协会，并与中国建筑业协会商妥的归口本系统申报工程的单位。

第二章 评选工程范围

第七条 鲁班奖的评选工程为我国境内已经建成并投入使用的各类新（扩）建工程。

第八条 鲁班奖的评选工程分为：

（一）住宅工程；

（二）公共建筑工程；

（三）工业交通水利工程；

（四）市政园林工程。

以上四类工程的评选范围和规模应符合本办法附件 1、2 的规定。各类工程的获奖比例视当年实际情况确定。

第九条 已参加过鲁班奖评选而未获奖的工程，不再列入评选范围。

第三章 申 报 条 件

第十条 中国建筑业协会按年度提出各省、自治区、直辖市、有关行业和有关单位当年申报鲁班奖工程的建议数量。

第十一条　申报工程应具备以下条件：

（一）符合法定建设程序、国家工程建设强制性标准和有关省地、节能、环保的规定，工程设计先进合理，并已获得本地区或本行业最高质量奖；

（二）工程项目已完成竣工验收备案，并经过一年使用没有发现质量缺陷和质量隐患；

（三）工业交通水利工程、市政园林工程除符合本条（一）、（二）项条件外，其技术指标、经济效益及社会效益应达到本专业工程国内领先水平；

（四）住宅工程除符合本条（一）、（二）项条件外，入住率应达到40%以上；

（五）申报单位应没有不符合诚信的行为。自2014年起，申报工程原则上应已列入省（部）级的建筑业新技术应用示范工程或绿色施工示范工程，并验收合格。

（六）积极采用新技术、新工艺、新材料、新设备，其中有一项国内领先水平的创新技术或采用建设部"建筑业10项新技术"不少于6项。

第十二条　对于已开展优质结构工程评选的地区和行业，申报工程须获得该地区或行业结构质量最高奖；尚未开展优质结构工程评选的地区、行业，对纳入创鲁班奖计划的工程应设专人负责，在施工过程中组织3至5名相关专业的专家，对其地基基础、主体结构施工进行不少于二次的中间质量检查，并有完备的检查记录和评价结论。

第十三条　申报工程的主要承建单位，是指与申报工程的建设单位签订施工承包合同的独立法人单位。

（一）在工业建设项目中，应是承建主要生产设备和管线、仪器、仪表的安装单位或是承建主厂房和与生产相关的主要建筑物、构筑物的施工单位；

（二）在交通水利、市政园林工程中，应是承建主体工程或是工程主要部位的施工单位；

（三）在公共建筑和住宅工程中，应是承建主体结构的施工单位。

第十四条　申报工程的主要参建单位，是指与承建单位签订分包合同的独立法人单位，其完成的建安工作量应占10%以上且超过3 000万元。

第十五条　两家以上建筑业企业联合承包一项工程，并签订联合承包合同的，可以联合申报鲁班奖。

对于分标段发包的大型建设工程，两家以上建筑业企业分别与建设单位签订不同标段的施工承包合同，原则上每家建筑业企业完成的工作量均在20%以上，且不少于2亿元的，可作为承建单位共同申报。与建设单位签订分标段施工承包合同的建筑业企业，其完成的工作量不满足上述要求，但超过1亿元的，可申报参建单位。

第十六条　申报工程在建设过程中，发生过质量事故、较大以上生产安全事故以及在社会上造成恶劣影响的其他事件的，不得申报鲁班奖。

第四章　申报和初审

第十七条　申报工程由承建单位提出申请，主要参建单位的资料由承建单位统一汇总申报。

（一）地方建筑业企业向所在省、自治区、直辖市建筑业协会申报；有关行业的建筑业企业向该行业建设协会申报；有关单位系统的建筑业企业向该单位申报。

（二）有关行业的建筑业企业申报非本专业工程的，其公共建筑和住宅工程应征求工程所在地的省、自治区、直辖市建筑业协会的意见,其他专业工程应征求相关行业建设协会的意见;地方建筑业企业申报专业工程的,应征求有关行业建设协会或行业主管部门的意见。

(三)受理申报的省、自治区、直辖市建筑业协会、有关行业建设协会和有关单位,应依据本办法对申报资料进行审查,在鲁班奖申报表中签署意见,加盖公章,并征求省级建设行政主管部门或行业主管部门的意见后,正式行文向中国建筑业协会推荐。

第十八条 申报资料的主要内容和要求如下:
(一)主要内容
1. 申报工程、申报单位及相关单位的基本情况;
2. 工程立项批复、承包合同及竣工验收备案等资料;
3. 工程彩色数码照片20张及5分钟工程DVD录像。
(二)要求
1. 申报资料由申报单位通过"中国建筑业协会网"传送电子版,并提供鲁班奖申报表原件2份和书面申报资料1套;
2. 鲁班奖申报表中需由相关单位签署意见的栏目,应写明对工程质量具体评价意见;
3. 申报资料中提供的文件、证明材料和印章应清晰,容易辨认;
4. 申报资料要准确、真实,如有变更应有相应的文字说明和变更文件;
5. 工程DVD录像的内容主要是施工特点、施工关键技术、施工过程控制、新技术推广应用等情况,要充分反映工程质量过程控制和隐蔽工程的检验情况。

第十九条 中国建筑业协会秘书处依据本办法规定的申报条件和要求对当年申报的工程进行初审,并将初审结果告知推荐单位。

第五章 工 程 复 查

第二十条 中国建筑业协会组成若干复查组对通过初审的工程进行复查。

工程复查专家由建设行政主管部门、建筑业(建设)协会和中国建筑业协会直属会员企业按条件推荐,经中国建筑业协会遴选后组成鲁班奖工程复查专家库,每年根据需要从专家库中抽取。复查专家每年更换三分之一,原则上每位复查专家连续参加复查工作不超过三年。

第二十一条 工程复查的内容和要求:
(一)听取申报单位对工程施工和质量的情况介绍。
(二)听取建设、使用、设计、监理及质量监督单位对工程质量的评价意见。复查组与上述单位座谈时,受检单位的人员应当回避。
(三)查阅工程建设的前期文件、施工技术资料及竣工验收资料等。
(四)实地检查工程质量。复查组要求查看的工程内容和部位应予满足,不得以任何理由回避或拒绝。
(五)复查组对工程复查情况进行现场讲评。
(六)复查组向评审委员会提交复查报告。复查报告要对工程的整体质量状况做出"上好"、"好"、"较好"三类的评价,并提出"推荐"或"不推荐"的意见。

第六章 工程评审

第二十二条 鲁班奖评审设立评审委员会,由21人组成。其中主任委员1人,副主任委员2至4人。评审委员须是具有高级技术职称,有丰富实践经验,并在业内有一定知名度的专家。

第二十三条 评审委员由建设行政主管部门、建筑业(建设)协会和中国建筑业协会直属会员企业按条件推荐,经中国建筑业协会遴选后组成鲁班奖工程评审专家库,中国建筑业协会每年根据需要从专家库中抽取。评审委员每年更换三分之一,原则上每位委员连任不超过三年。

第二十四条 评审委员会通过听取复查组汇报、观看工程录像、审查申报资料、质询评议,最终以投票方式评出入选鲁班奖工程,报会长会议审定后,在"中国建筑业协会网"或有关媒体上公示。

第七章 表 彰

第二十五条 中国建筑业协会每两年召开颁奖大会,向荣获鲁班奖的主要承建单位授予鲁班金像和获奖证书;向荣获鲁班奖的主要参建单位颁发奖牌和获奖证书。

地方建筑业协会、有关行业建设协会和获奖单位可根据本地区、本部门和本单位的实际情况,对获奖单位和有关人员给予奖励。

第二十六条 获奖工程的建设单位可向中国建筑业协会申请颁发鲁班金像作为纪念。

第二十七条 任何单位和个人都不得复制鲁班金像、奖牌和证书。如有违者,将依法追究其法律责任。

第二十八条 为交流和推广创鲁班奖工程经验,促进工程质量水平的提高,中国建筑业协会组织编辑出版创鲁班奖工程经验汇编、专辑等。

第八章 纪 律

第二十九条 鲁班奖复查工作与评选工作必须认真执行国家有关工程建设质量管理的法律、法规和国家、行业有关标准、规范、规程。凡参与鲁班奖工程复查与评选工作的人员,必须严格执行本办法及有关纪律规定,严禁收取任何单位或个人赠送的任何礼品、纪念品和现金、有价证券、支付凭证。

第三十条 工程复查和评审专家实行回避制度。复查专家不得参与复查本单位的申报工程。评审专家不得选自当年有申报工程的企业。

第三十一条 申报鲁班奖工程的受检企业不得弄虚作假。申报企业和工程复查、评审专家以及参与相关工作的所有人员,均不得以任何方式为申报工程拉选票。

第三十二条 各有关方面接待复查组的安排从简,不得超标准接待,不得赠送任何礼品、纪念品和现金、有价证券、支付凭证,不得组织旅游和与工程复查工作无关的参观活动。

第三十三条 凡违反本办法及有关纪律规定,情节严重的,对申报企业取消参评资格;对复查、评审专家取消复查或评审资格,并终身不得再进入中国建筑业协会专家库;对工作人员建议所在单位给予严肃处理,属中国建筑业协会的工作人员,视情节给予行政处分。

第九章 附 则

第三十四条 中国建筑业协会对获奖工程实行回访制度,跟踪了解工程在使用运行过程中的情况,获奖工程如发现质量问题,中国建筑业协会要组织专家进行鉴定,经鉴定确实不符合鲁班奖评选条件的,有权做出取消该工程鲁班奖称号的决定。

第三十五条 本办法由中国建筑业协会负责解释。

第三十六条 本办法自2014年起施行,《中国建设工程鲁班奖(国家优质工程)评选办法》(建协〔2008〕17号)同时废止。

附件:1. 中国建设工程鲁班奖(国家优质工程)工程类别划分
　　　2. 中国建设工程鲁班奖(国家优质工程)申报工程规模要求

附件1

中国建设工程鲁班奖(国家优质工程)
工程类别划分

(一)住宅工程

住宅工程包括住宅小区、公寓、单体住宅、群体住宅和以住宅为主的综合楼等工程。

(二)公共建筑工程

公共建筑工程包括教育科研、商业服务、医疗福利、文化娱乐、旅游服务、体育、邮电、客运、办公、会展、广场及纪念性等工程。

(三)工业交通水利工程

工业工程包括钢铁、有色金属、煤炭、石油、石化、化工、电力、机械、建材、核工业、机电、轻纺等工程。

交通工程包括公路和铁路的线路、桥梁、隧道,铁路编组站,货运码头、港口,水运船闸、航道、造船厂,机场场道、货运站等工程。

水利工程包括水坝、水闸、引水、灌溉及排水泵站、堤防等工程。

(四)市政园林工程

市政园林工程包括城市道路、桥梁、公共交通设施、供气、供暖、给水、排水、水处理、公园、动物园、植物园等工程。

附件 2

中国建设工程鲁班奖(国家优质工程)
申报工程规模要求

一、住宅工程

(一)建筑面积 5 万平方米以上的住宅小区或住宅小区组团;
(二)非住宅小区内的建筑面积为 3 万平方米以上的单体高层住宅。

二、公共建筑工程

(一)3 万座以上的体育场;
(二)5 000 座以上的体育馆;
(三)3 000 座以上的游泳馆;
(四)1 500 座以上的影剧院;
(五)高度 350 米以上的电视发射塔;
(六)建筑面积 3 000 平方米以上的古建筑重建工程;
(七)建筑面积 6 万平方米以上的学校、医院、科研等群体建筑工程;
(八)上述(一)至(六)项未列入的,建筑面积 3 万平方米以上的其他单体公共建筑工程。

三、工业交通水利工程

(一)工业工程

行业、项目	计算单位	规模
冶金工业		
烧结	烧结机面积　平方米	90 以上
焦化	碳化室高度　米	4.3 以上
采矿	年采矿量　万吨	60 以上
选矿	年处理原矿量　万吨	60 以上
球团	年产量　万吨	100 以上
铁合金	功率　千伏安	12 500 以上
高炉	高炉容积　立方米	1000 以上
转炉	转炉容量　吨	50 以上
连铸	年产量　万吨	50 以上
轧钢	年产量　万吨	30 以上
有色金属工业		
氧化铝厂	年产量　万吨	30 以上
电解铝厂	年产量　万吨	5 以上
镁厂	年产量　万吨	0.5 以上

行业、项目	计算单位	规模
碳素厂	年产量　万吨	1 以上
镍联合企业	年产量　万吨	1 以上
其他有色金属联合企业	年产量　万吨	3 以上
重金属加工厂	年产量　万吨	2 以上
轻金属加工厂	年产量　万吨	5 以上
砂矿采选厂	年采选矿石量　万吨	100 以上
脉矿采选厂	年采选矿石量　万吨	70 以上
岩金矿采选厂	年采选矿石量　万吨	100 以上
其他有色金属工业	投资　亿元	1.5 以上
煤炭工业		
矿建立井	井筒深度　米	500 以上
矿建斜井	井筒长度　米	700 以上
矿建平硐	长度　米	1 000 以上
其他煤炭工程	施工工作量　万元	5 000 以上
石油工业		
油气田主体配套建设工程	年产原油　万吨	30 以上
	年产天然气　亿立方米	6 以上
石油天然气管道工程	管道长度　千米	1 000 以上
炼油厂	年加工原油　万吨	250 以上
其他石油工程	投资　亿元	1 以上
石油化工工业		
气体处理工程	日处理量　万立方米	25 以上
乙烯装置	年产量　万吨	15 以上
聚乙烯装置	年产量　万吨	20 以上
聚氯乙烯装置	年产量　万吨	20 以上
聚丙烯装置	年产量　万吨	20 以上
合成氨装置	年产量　万吨	30 以上
合成橡胶	年产量　万吨	2 以上
合成树脂	年产量　万吨	2 以上
其他石油化工工业	投资　亿元	1 以上
化学工业		
硫酸厂	年产量　万吨	20 以上
磷酸厂	年产量　万吨	10 以上
醋酸厂	年产量　万吨	10 以上
纯碱厂	年产量　万吨	20 以上
烧碱厂	年产量　万吨	5 以上
磷铵厂	年产量　万吨	20 以上

行业、项目	计算单位	规模
磷矿	年产量 万吨	30 以上
硫铁矿	年产量 万吨	30 以上
塑料厂	年产量 万吨	2 以上
化学纤维单体	年产量 万吨	2 以上
甲醇	年产量 万吨	30 以上
尿素	年产量 万吨	30 以上
橡胶轮胎加工厂	年产量 万套	30 以上
其他化学工业	投资 亿元	1 以上
电力工业		
火力发电厂(站)	单机容量 兆瓦	300 以上
水力发电厂(站)	总装机容量 兆瓦	250 以上
风力发电厂(站)	总装机容量 兆瓦	50 以上
变电站	变电电压 千伏	500 以上
其他电力工业	投资 亿元	2 以上
核工业		
核电站	单机容量 兆瓦	600 以上
机械工业		
冶金矿山设备	年产量 万吨	0.5 以上
石油化工设备	年产量 万吨	0.5 以上
工程机械	年产量 万吨	0.5 以上
发电设备、大电机厂	年产量 兆瓦	300 以上
通用设备厂	投资 万元	3 000 以上
汽车厂	年产量 万辆	5 以上(一般汽车)
		0.1 以上(重型汽车)
拖拉机厂	年产量 万台	0.5 以上(轮胎式)
		0.1 以上(履带式)
柴油机厂	年产量 万马力	30 以上
其他机械工业	总投资 万元	1 000 以上
森林工业		
独立森工局	年产木材 万立方米	15 以上
其他森林工业	总投资 万元	1 000 以上
建材工业		
水泥生产线	日产量 吨	3 000 以上
玻璃生产线	日熔量 吨	500 以上
矿山生产线	年产量 万吨	100 以上
轻工业		
化学纤维厂	年产量 万吨	单体 0.5 以上

行业、项目	计算单位	规模
		长丝 0.3 以上
		短丝 0.6 以上
棉纺织厂	棉纺锭　万枚	5 以上
印染厂	年产量　亿米	0.5 以上
造纸厂	年产量　万吨	1 以上
制糖厂	日处理原料　吨	500 以上
盐厂	年产量　万吨	海盐 20 以上
		井、矿盐 10 以上
毛纺、麻纺、绢纺	纺锭　万枚	0.5 以上
合成脂肪酸	年产量　万吨	0.5 以上
合成洗涤剂	年产量　万吨	1 以上
手表(新建)	年产量　万只	40 以上
缝纫机(新建)	年产量　万架	15 以上
自行车(新建)	年产量　万辆	30 以上
塑料制品	年产量　万吨	0.5 以上
其他轻工业(包括医疗机械)	投资　万元	1 000 以上

(二)交通工程

1. 铁路工程

(1)长度 50 公里以上的单线或 30 公里以上的双线(多线)新建铁路综合工程;

(2)连续长度 80 公里以上的扩建铁路(含增建二线)综合工程;

(3)大型编组站、集装箱中心站、动车段综合工程;

(4)长度 1 500 米以上的铁路特大桥或采用新技术、新材料、新工艺,结构复杂,科技含量高的铁路大桥;

(5)长度 3 000 米以上的单线铁路隧道、2 000 米以上的双线铁路隧道或 1 000 米以上的多线铁路隧道;

(6)长度 100 公里以上的铁路电气化、通信信号、列控工程;

(7)投资 5 000 万元以上,采用新技术、新工艺,具有示范性,经济、社会效益显著的其他铁路工程。

2. 公路工程

(1)全长 3 000 米以上或单跨 300 米以上的独立特大桥或独立大型互通立交桥;

(2)长度 2 000 米以上的公路隧道;

(3)长度 50 公里以上的高速公路;

(4)长度 200 公里以上的一级公路;

(5)投资 5 000 万元以上的大型立交及其他大型交通工程。

3. 水运工程

(1)年吞吐量 100 万吨以上杂货、300 万吨以上散货或 30 万标箱以上集装箱的沿海港口;

(2)年吞吐量 60 万吨以上杂货、100 万吨以上散货或 10 万标箱以上集装箱的内河港口;

(3)沿海通航 10 000 吨级以上船舶或内河通航 300 吨级以上船舶的航道;
(4)通航 300 吨级以上船舶的渠化枢纽或船闸;
(5)投资 1 亿元以上的修造船厂及其他水运工程。
4.民航工程
机场飞行区等级 4D 以上的工程。
(三)水利工程
(1)库容 1 亿立方米以上的水库工程;
(2)过闸流量 1000 立方米/秒以上的拦河闸;
(3)装机流量 50 立方米/秒以上或装机功率 10 兆瓦以上的灌溉或排水泵站;
(4)高度 70 米以上土石、100 米以上混凝土或浆砌石的水工大坝;
(5)重现期 50 年以上的一级或二级堤防工程;
(6)投资 1 亿元以上的其他水利工程。

四、市政园林工程

(一)桥面面积 3 万平方米以上的城市立交桥或 20 万平方米以上的城市道路工程;
(二)全长 400 米以上或单跨 80 米以上的桥梁工程;
(三)长度 800 米以上的城市跨河桥;
(四)长度 5 公里以上的轨道交通工程;
(五)日供水 10 万吨以上的供水厂或日处理 10 万吨以上的污水处理厂;
(六)日处理 1200 吨及以上的生活垃圾卫生填埋处理工程;
(七)日处理 1200 吨及以上的生活垃圾焚烧处理工程;
(八)占地 5 万平方米以上且建筑面积 1 万平方米以上的园林建筑工程;
(九)投资 1 亿元以上的其他市政园林工程。

附录6
标志标牌设置标准与制作

一、标志标牌说明

1. 编制目标

为加强公路、水运工程现场环境管理,实现行为文明、环境友好、管理标准的目标,对标志的制作、安装和设置作出规定。

2. 使用范围

适用于公路或水运重点工程建设驻地、场站及施工现场。

3. 引用标准

GB/T 15565—2008	图形符号 术语
GB 2893—2008	安全色
GB 2894—2008	安全标志及其使用导则
GB/T 10001.1—2012	公共信息图形符号 第1部分:通用符号
GB 13495.1—2015	消防安全标志 第1部分:标志
GB 15630—1995	消防安全标志设置要求
GBZ 158—2003	工业场所职业病危害警示标识
GB 5768—2009	道路交通标志和标线

4. 类型

公示牌:公开项目名称、工程概况、工期、设计单位、监理单位、监督和建设主管单位及联系电话;用 GS 表示。

里程牌:标明主线或便道里程;用 LC 表示。

施工状态牌:告示道路施工的作业状态;用 ZT 表示。

禁止标志:禁止人们不安全行为的图形标志;用 JZ 表示。

指令标志:强制人们必须做出某种动作或采用防范措施的图形标志;用 ZL 表示。

明示标志:上述标志中不能包括但现场需明示相关信息的图形标志;用 MS 表示。

5. 材料

标志应采用坚固耐用的材料制作。有触电危险的场所应使用绝缘材料。边缘和尖角应适当倒棱,呈圆滑状,带有毛边处应打磨光滑。

6. 标志牌形状分为矩形和圆形

矩形标志牌尺寸(长×宽)一般为 40cm×30cm、60cm×40cm、80cm×60cm、200cm×100cm、300cm×200cm;圆形标志牌直径一般为 30cm 和 50cm。在特殊情况下可根据现场实际情况,确定标志牌尺寸。

7. 颜色

禁止标志、指令标志、指示标志颜色参照《安全色》(GB 2893—2008)的基本规定执行。安全生产警示牌、项目部安全生产危险源发布牌及安全生产单元预警牌尺寸为300cm×200cm,安全生产警示牌为红底白字,项目部安全生产危险源发布牌及安全生产单元预警牌为白底红字。

8. 设置位置

(1)标志的设置位置应合理、醒目,应能使观察者引起注意、迅速判读、有必要的反应时间或操作距离。

(2)设置的安全文明标志,应使大多数观察者的观察角接近90°。

(3)标志不应设在门、窗、架等可移动的物体上。标志前不得放置妨碍认读的障碍物。

9. 检查与维修

应经常检查标志的状态,保持清洁醒目、完整无损。如发现有破损、变形、褪色等不符合要求时,应及时修整或更换。

10. 其他

便桥、便道的相关标志,视施工现场实际情况,按《道路交通标志和标线》(GB 5768—2009)的规定执行。

标志的其他制作、安装和设置要求应符合国家有关强制性的规定。

本图尺寸均以cm为单位。

二、标志牌制作示意图

1. 公示牌

GS-01　　　　　　　　××项目建设工程公示牌

项目名称			
工程概况			
预计工期	××月(　　年　月　日至　　年　月　日)		
	单位名称	联系人	联系电话
建设单位			
设计单位			
总监单位			
质量监督单位			

注:1. "工程概况"栏主要填写工程规模(路线长度、桥梁、隧道)、投资、技术指标、施工标段等内容。

2. "建设单位"栏填写建设单位全称。

3. 制作标准:牌面尺寸300cm×200cm;蓝底白字,字体、字号自行确定。

4. 设置地点:项目办驻地大门入口处或醒目位置处。

5. 安装要求:公示牌底面距离地面1.5m,安装牢固。

GS-02 ××项目××监理合同段公示牌

项目名称			
工程概况			
预计工期	××月（　年　月　日至　年　月　日）		
参建单位		联系人	联系电话
建设单位			
监理单位			
总监单位			
施工单位（被监单位）			

注：1."工程概况"栏主要填写工程规模（路线长度、桥梁、隧道）、投资、技术指标、施工标段等内容。
　　2."建设单位"栏填写建设单位全称。
　　3.制作标准：牌面尺寸300cm×200cm；蓝底白字，字体、字号自行确定。
　　4.设置地点：驻地办驻地大门入口处或醒目位置处。
　　5.安装要求：公示牌底面距离地面1.5m，安装牢固。

GS-03 ××项目××合同段公示牌

欢迎光临××项目××合同段		
工程概况：		
起终桩号：		
施工单位：	项目负责人：×××	电话：
监理单位：	监理负责人：×××	电话：

注：1.填表要求："工程概况"栏主要填写工程规模（路线长度、桥梁、隧道）、投资、技术指标、施工标段等内容。
　　2.制作标准：牌面尺寸200cm×100cm；蓝底白字，字体、字号自行确定。
　　3.设置地点：标段首尾处，主线前进方向右侧。
　　4.安装要求：公示牌底面距离地面1.5m，安装牢固。

附录6 标志标牌设置标准与制作

2. 里程牌

LC-01 ××项目主线里程标牌

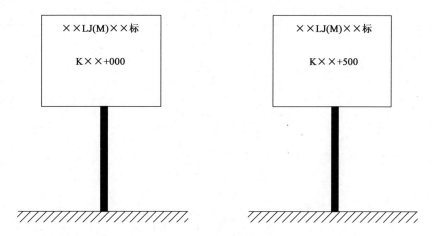

注:1.制作标准:牌面尺寸60cm×40cm;蓝底白字,字体、字号自行确定。
　　2.设置地点:路线前进方向右侧。
　　3.安装要求:状态牌底面距离地面1.0~1.2m。

LC-02 ××合同段便道里程标牌

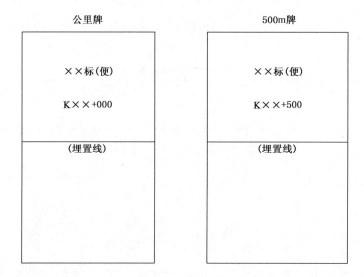

注:1.制作标准:水泥混凝土预制块,牌面尺寸60cm×40cm×15cm;白底黑字,字体、字号自行确定。
　　2.设置地点:路线前进方向右侧。
　　3.安装要求:埋置于便道前进方向右侧,埋深30cm。

3. 施工状态牌

ZT-01 ××项目××合同段

路基施工状态牌

施工单位	
起讫桩号 （施工段长度）	
施工状态	
层次： __区第__层	

施工负责人		现场监理		日期	

注：1. 填表要求：施工状态指目前处于开挖、上土、整平、碾压、待检或已检。
　　2. 制作标准：牌面尺寸80cm×60cm；白底黑字，字体、字号自行确定。
　　3. 设置地点：路线前进方向右侧。
　　4. 安装要求：状态牌顶面距离地面1.8m。

ZT-02 ××项目第××合同段

小型构造物施工状态牌

施工单位			
桩号		结构形式	
施工时间			
工序状态		下道工序	
施工负责人		现场监理	

注：1. 制作标准：牌面尺寸40cm×30cm；白底红字，字体、字号自行确定。
　　2. 设置地点：涵洞（通道）工程现场施工处。
　　3. 安装要求：状态牌顶面距离地面1.8m。

附录6 标志标牌设置标准与制作

ZT-03   ××项目第××合同段

路面施工状态牌

施工单位				
起讫桩号(施工段长度)				
施工状态				
层次:基层第____层 　　　面层第____层				
施工负责人		现场监理		日期

注:1. 填表要求:施工状态指目前处于摊铺、整平、碾压、待检或已检。
　　2. 制作标准:牌面尺寸80cm×60cm;白底黑字,字体、字号自行确定。
　　3. 设置地点:路线前进方向右侧。
　　4. 安装要求:状态牌顶面距离地面1.8m。

ZT-04   ××项目第××合同段

存梁(板)场状态牌

施工单位			
面积		梁(板)类型	
拟存入数量(片)		已存入数量(片)	
最早存梁(板)编号		最早存梁(板)时间	
预计明日 存入数量(片)		预计明日 架设数量(片)	
施工负责人		现场监理	

注:1. 填表要求:动态控制,数量及信息要及时、准确。
　　2. 制作标准:牌面尺寸60cm×40cm;白底红字,字体、字号自行确定。
　　3. 设置地点:存梁场入口处。
　　4. 安装要求:状态牌顶面距离地面1.8m。

ZT-05　　　　　　　　　　××项目第××合同段

隧道施工状态牌

施工单位					
施工状态					
隧道掘进(m) (距掌子面____m)					
仰拱(m) (已完成____m)					
二次衬砌(m) (已完成____m)					
施工负责人		现场监理		日期	

注：1. 填表要求：施工状态指目前处于开挖、爆破、出渣、初期支护、二次衬砌、待检或已检。
　　2. 制作标准：牌面尺寸80cm×60cm；白底黑字，字体、字号自行确定。
　　3. 设置地点：隧道洞门醒目位置处。
　　4. 安装要求：状态牌顶面距离地面1.8m。

ZT-06　　　　　　　　　　××项目第××合同段

现浇梁(板)支架施工状态牌

施工单位			
地基基础质量		支架施工状态	
搭设完成日期		日常检查情况	
施工负责人		现场监理	

注：1. 地基基础质量：指待验或已验。
　　2. 支架施工状态：指在搭设、待验或已验。
　　3. 日常检查情况：指每天对支架的地基基础、杆件连接、安全防护、有无超载使用等情况进行的检查，分合格和不合格。
　　4. 制作标准：牌面尺寸60cm×40cm，白底黑字，字体、字号自行确定。
　　5. 设置地点：支架爬梯入口处或醒目位置。
　　6. 安装要求：状态牌顶面距离地面1.8m。

4. 禁止标志

编 号	图 形	制 作 要 求	安 装 要 求	设置范围和部位
JZ01	禁止向水中排放泥浆	尺寸为 40cm×30cm 白底红字	悬挂或粘贴	水上施工作业场所
JZ02	禁止排放油污	尺寸为 40cm×30cm 白底红字	悬挂或粘贴	水上施工作业场所
JZ03	禁止倾倒垃圾	尺寸为 40cm×30cm 白底红字	悬挂或粘贴	水上施工作业场所
JZ04	施工重地 闲人免进	尺寸为 80cm×60cm 白底红字	悬挂或粘贴	拌和站、加工场、制梁场(预制场)、现浇梁等出入口、重点部位
JZ05	机房重地 闲人免进	尺寸为 40cm×30cm 白底红字	悬挂或粘贴	拌和站、制梁场(预制场)的控制室和发电机房、抽水机房等处
JZ06	锅炉重地 闲人免进	尺寸为 40cm×30cm 白底红字	悬挂或粘贴	锅炉房入口

续上表

编号	图 形	制作要求	安装要求	设置范围和部位
JZ07		执行《道路交通标志和标线》(GB 5768—2009)(以限速 5km 为例)	执行《道路交通标志和标线》(GB 5768—2009)	场内道路设置 5km 限速牌

5. 指令标志

编号	图 形	制作要求	安装要求	设置范围和部位
ZL01	注意通风	尺寸为 30cm×40cm	悬挂或粘贴	空气不流通,易发生窒息、中毒等作业场所
ZL02	泥浆池危险 请勿靠近	尺寸为 40cm×30cm 蓝底白字	悬挂或粘贴	泥浆池防护栏
ZL03	沉淀池危险 请勿靠近	尺寸为 40cm×30cm 蓝底白字	悬挂或粘贴	拌和站、制梁场(预制场)沉淀池
ZL04	张拉危险 请勿靠近	尺寸为 40cm×30cm 蓝底白字	悬挂或粘贴	制梁场(预制场)、现浇梁预应力张拉处
ZL05	基坑危险 请勿靠近	尺寸为 40cm×30cm 蓝底白字	悬挂或粘贴	涵洞、桥梁基坑靠便道侧防护栏

6. 明示标志

编　号	图　形	制　作　要　求	安　装　要　求	设置范围和部位
MS01	制梁台座标识牌	直径为30cm 白底红字红圈 （以06号台座为例）	悬挂、粘贴（喷涂）	梁场制梁台座或箱梁外模处
MS02	分区标识牌（清洗区）	尺寸为80cm×60cm 白底红字 （以清洗区为例）	竖立、悬挂	清洗区、备料区、待检区、合格区、加工区、制梁区、存梁区等醒目位置
MS03	复耕土堆放处	尺寸为80cm×60cm 白底红字	竖立	复耕土存放处
MS04	氧气存放处	尺寸为40cm×30cm 白底红字	悬挂或粘贴	氧气存放处
MS05	乙炔存放处	尺寸为40cm×30cm 白底红字	悬挂或粘贴	乙炔存放处

续上表

编号	图　形	制作要求	安装要求	设置范围和部位
MS06	废旧物品存放处	尺寸为80cm×60cm 白底红字	竖立、悬挂	废旧物品存放区
MS07	取土场	尺寸为80cm×60cm 白底红字 （以取土场为例）	竖立	取土场处
XMS08	弃土场	尺寸为80cm×60cm 白底红字 （以弃土场为例）	竖立	弃土(渣)堆放处
MS09	A89	直径为50cm，白底红字红圈（以A89为例，A为左右幅代号，左幅为L，右幅为R，89代表第89号墩）	粘贴（喷涂）	桥梁墩位处
MS10	梁（板）施工标识牌 桥　名 编　名 第__跨__幅__号梁 设计强度 浇筑日期 __年__月__日 张拉日期 __年__月__日 施工单位责任人 监理单位责任人	尺寸为40cm×30cm	喷涂、粘贴	梁（板）

附录6 标志标牌设置标准与制作

续上表

编 号	图 形	制 作 要 求	安 装 要 求	设置范围和部位
MS11	机械设备标识牌（设备名称、编号、规格型号、操作司机、机修责任人、电气负责人、进场日期、状态）	尺寸为40cm×30cm	悬挂、粘贴	施工机械设备处
MS12	（半）成品材料标识牌（品名、产地、规格型号、检验状态、使用部位、报告编号、试验人员、见证监理）	尺寸为40cm×30cm	竖立、悬挂	各种材料的半成品、成品存放区
MS13	材料标识牌（材料名称、规格型号、产地厂家、供应商、批（炉）号、数量、进场日期、使用部位、试验人员、验收负责人、检验状态、见证监理、试验报告编号）	尺寸为40cm×30cm	竖立	储料区
MS14	水泥混凝土（稳定碎石）配合比标识牌	尺寸为60cm×40cm	竖立、悬挂	拌和机及拌和楼操作室
MS15	沥青混合料生产配合比标识牌	尺寸为60cm×40cm	竖立、悬挂	拌和机及拌和楼操作室

续上表

编号	图形	制作要求	安装要求	设置范围和部位
MS16	支架构（配）件标识牌（名称、构件规格型号、进场日期、检验状态、检验报告编号、施工安全工程师、监理安全工程师）	尺寸为40cm×30cm	竖立	钢管支架构（配）件存放区
MS17	工程简介牌	尺寸为300cm×200cm或150cm×200cm	竖立	驻地、站场拌和站、梁场等醒目位置
MS18	驻地（施工）平面布置图	尺寸为300cm×200cm或150cm×200cm	竖立	驻地、站场拌和站、梁场等醒目位置
MS19	主要管理人员公示牌	尺寸为300cm×200cm或150cm×200cm	竖立	驻地、站场拌和站、梁场等醒目位置
MS20	安全管理规定公示牌	尺寸为300cm×200cm或150cm×200cm	竖立	驻地、站场拌和站、梁场等醒目位置

参 考 文 献

[1] 全国注册咨询工程师(投资)资格考试参考教材编写委员会.工程项目组织与管理(2008年版)[M].北京:中国计划出版社,2010.
[2] 王祖和,等.现代工程项目管理[M].北京:电子工业出版社,2009.
[3] 张创新,刘雪华.现代管理学概论[M].第3版.北京:清华大学出版社,2010.
[4] 中华人民共和国国家标准.GB/T 50326—2006 建设工程项目管理规范[S].北京:中国建筑工业出版社,2006.
[5] 全国一级建造师职业资格考试用书编写委员会.公路工程管理与实务[M].北京:中国建筑工业出版社,2007.
[6] 中国建设监理协会.建设工程质量控制[M].北京:中国建筑工业出版社,2003.
[7] 安徽省地方标准.DB 34/T 1663—2012 安徽省高速公路工地标准化建设指南[S].北京:人民交通出版社,2012.
[8] 安徽省交通建设工程质量监督局.公路水运工程质量通病防治手册[M].北京:人民交通出版社,2013.